Therese Hagstedt

Schnell gehäkelt

Dekorationsideen & Accessoires für Groß und Klein

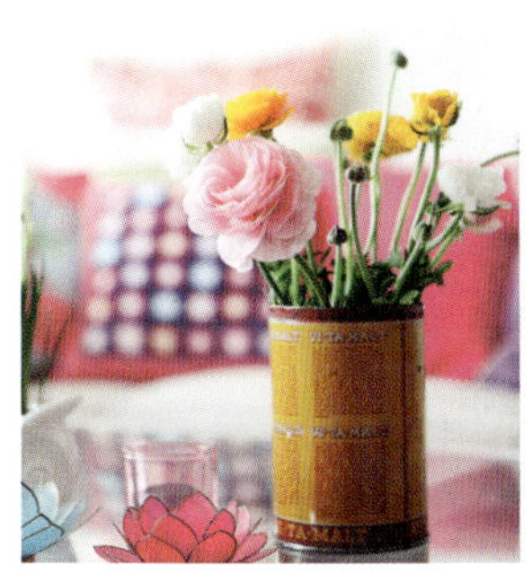

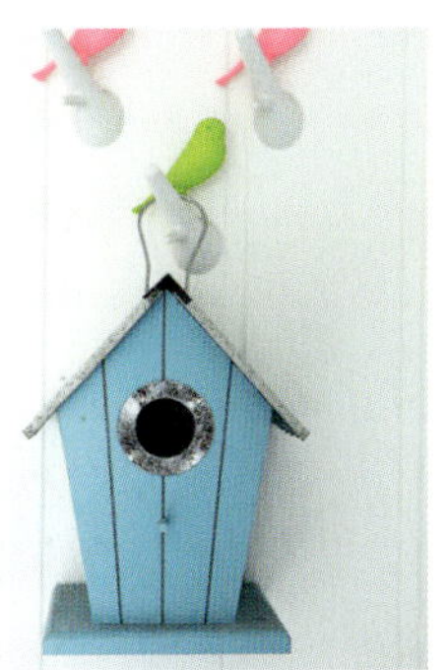

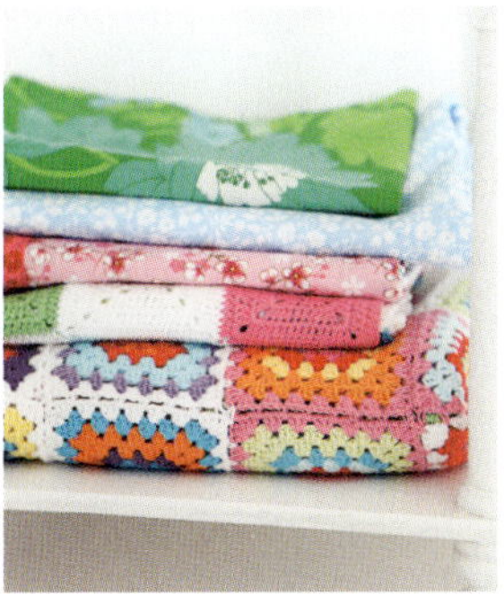

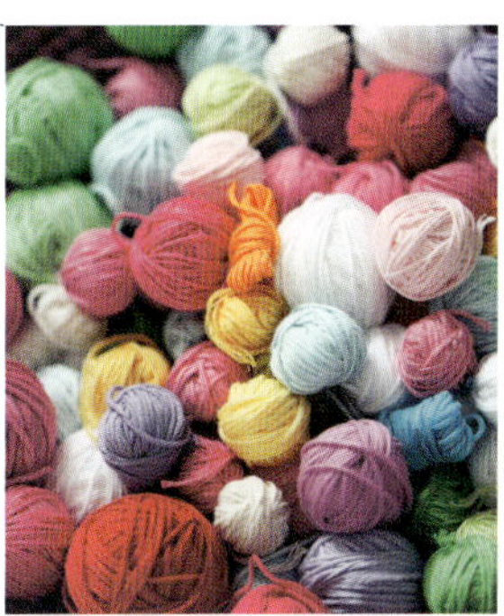

Bassermann

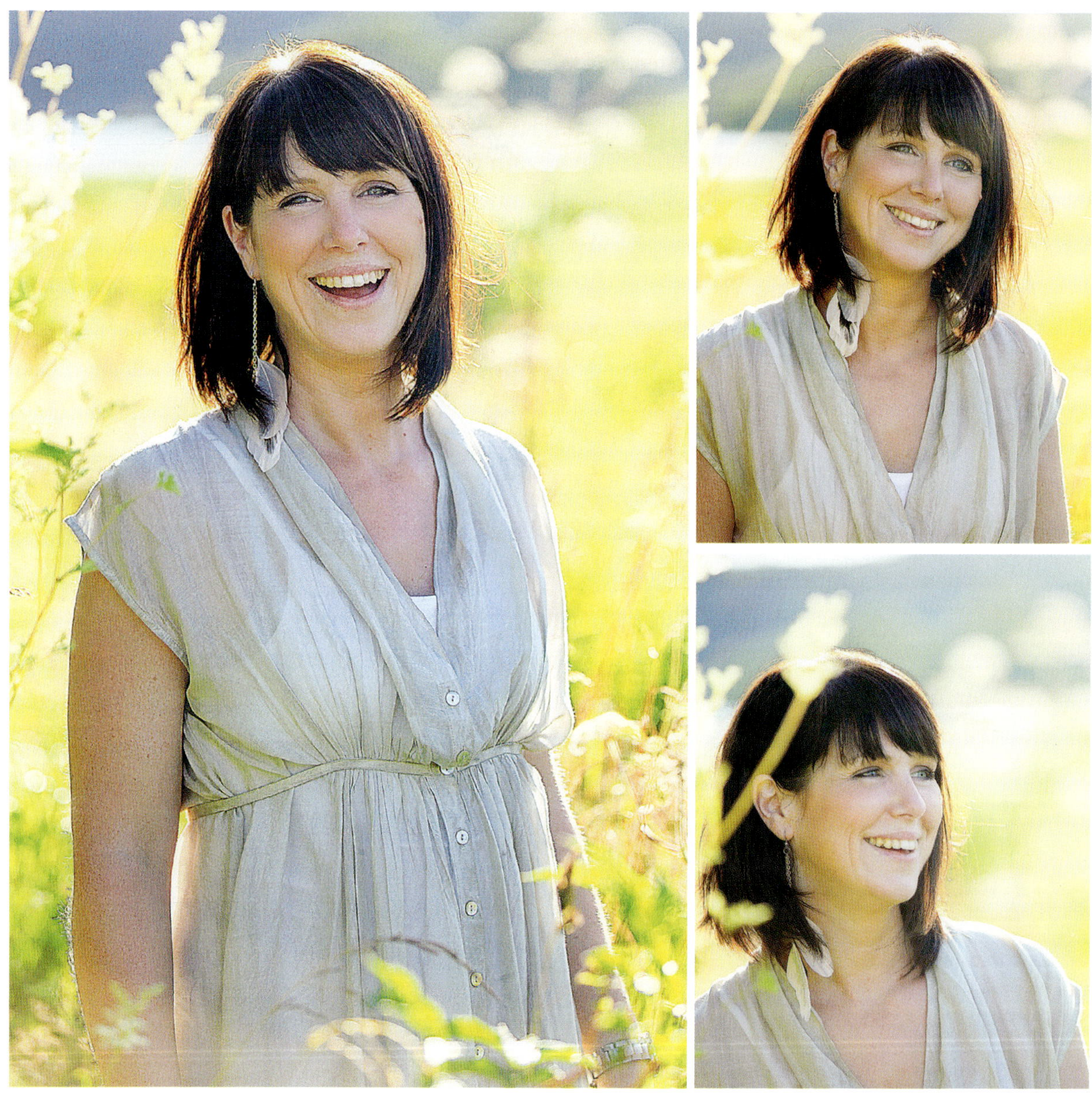

Vorwort

FARBEN MACHEN GLÜCKLICH! Mich selbst zumindest macht es ganz glücklich, wenn ich bestimmte Farbkombinationen sehe, und beim Einkauf von Garnen komme ich mir jedes Mal vor wie ein Kind im Bonbonladen. Die wunderbaren Farben der Garne und die Freude, etwas Eigenes zu schaffen, haben Häkeln zu meinem heiß geliebten Hobby werden lassen. Außerdem ist es die reinste Therapie für die Seele.

Ich habe mich mit fast allem beschäftigt, was man mit den Händen machen kann, mit Stricken, Sticken, Weben und vielem mehr. Vor einigen Jahren bin ich dann beim Häkeln hängen geblieben. Ich mag die Vielzahl der Möglichkeiten, die das Häkeln bietet, und dass es gleichzeitig so einfach ist. Häkeln ist leicht und macht Spaß. Natürlich gibt es auch komplizierte Projekte, aber in diesem Buch favorisiere ich einfache Muster.

Wenn Sie Häkelanfänger sind, sollten Sie sich die Häkelschule am Anfang des Buchs genau anschauen. Sie benötigen nur eine Häkelnadel und etwas Garn. Wenn Sie sich sicherer fühlen, können Sie anfangen zu improvisieren.

Das Buch enthält Anleitungen für Häkelprojekte, mit denen Sie Ihr Heim bunter machen können, zum Beispiel Kissenbezüge, Decken und Topflappen. Außerdem schöne Projekte für den Kleiderschrank wie Mützen, Schals, Hausschuhe sowie Stulpen und vieles mehr. Wenn Sie gerne für Kinder häkeln, stehen süße Kleidungsstücke, Wimpel, Mobiles und Schmusetiere zur Auswahl. Ein ganzes Kapitel ist Weihnachten gewidmet. Gehäkelte Accessoires in Ihren Lieblingsfarben ermöglichen Ihnen, Ihren ganz persönlichen Stil zu entwickeln. Sie werden garantiert Komplimente bekommen – und Sie können sicher sein, dass niemand das Gleiche hat wie Sie.

VIEL ERFOLG UND FREUDE BEIM HÄKELN!

Inhaltsverzeichnis

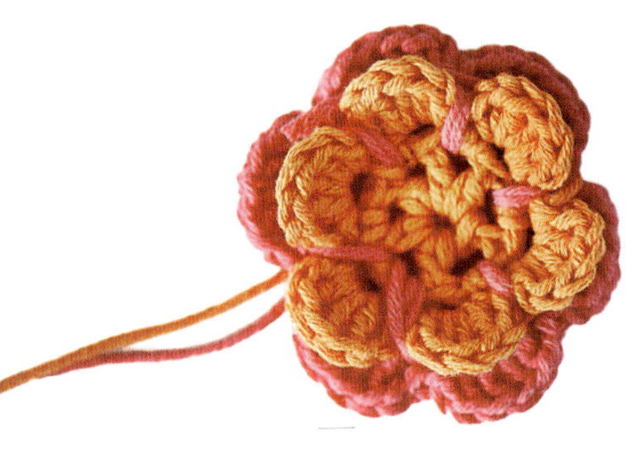

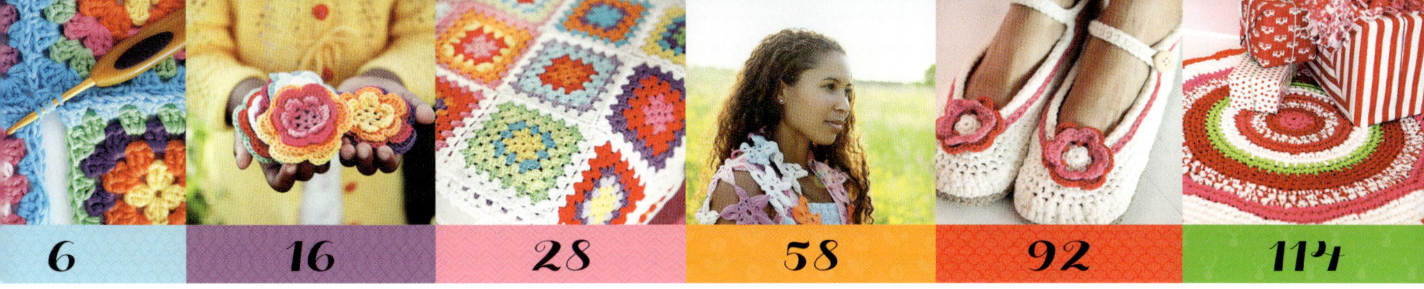

Frühling und Sommer 56

Herbst und Winter 84

Weihnachtliches 112

Garnverzeichnis 126

Danke! 127

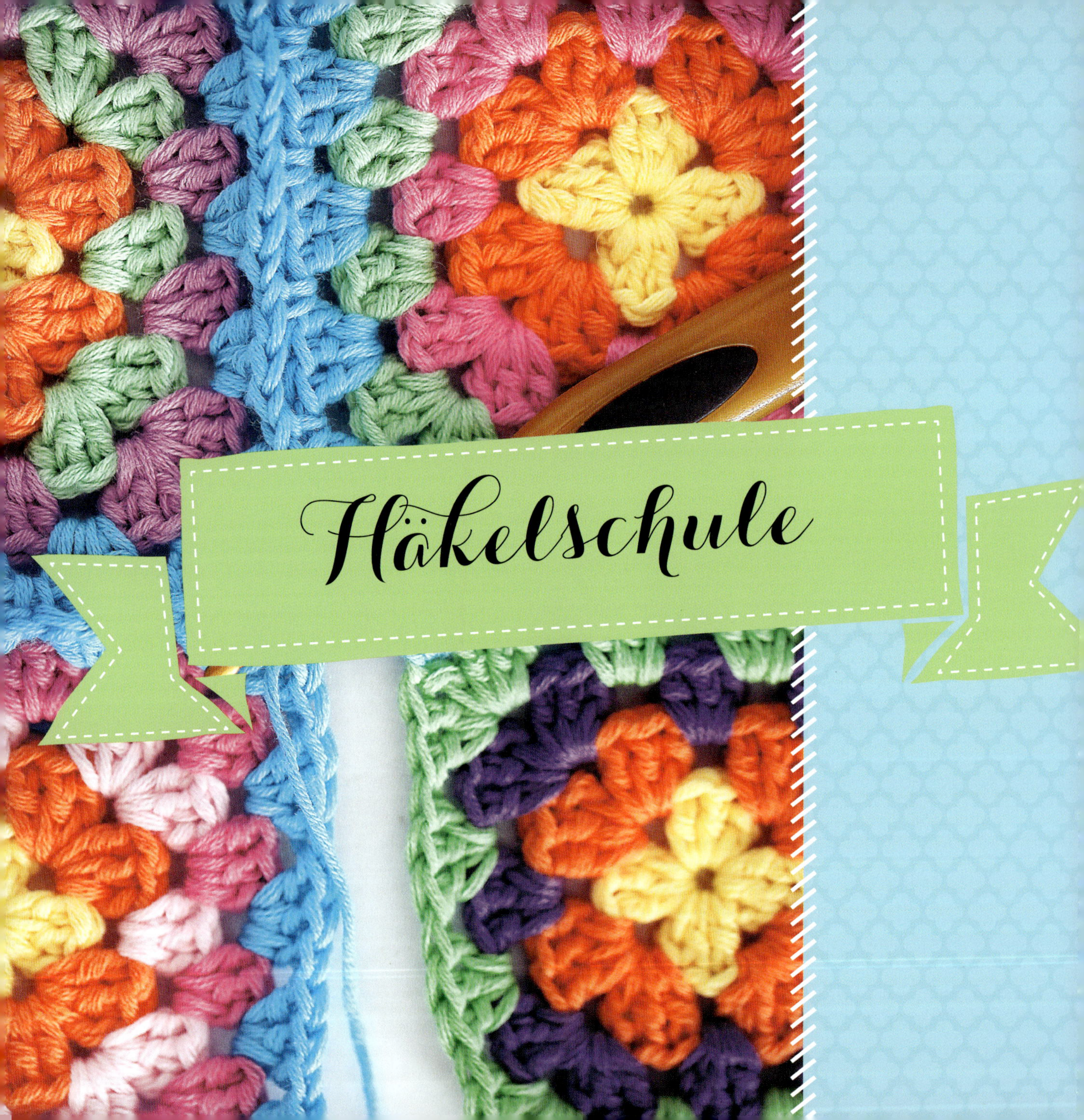
Häkelschule

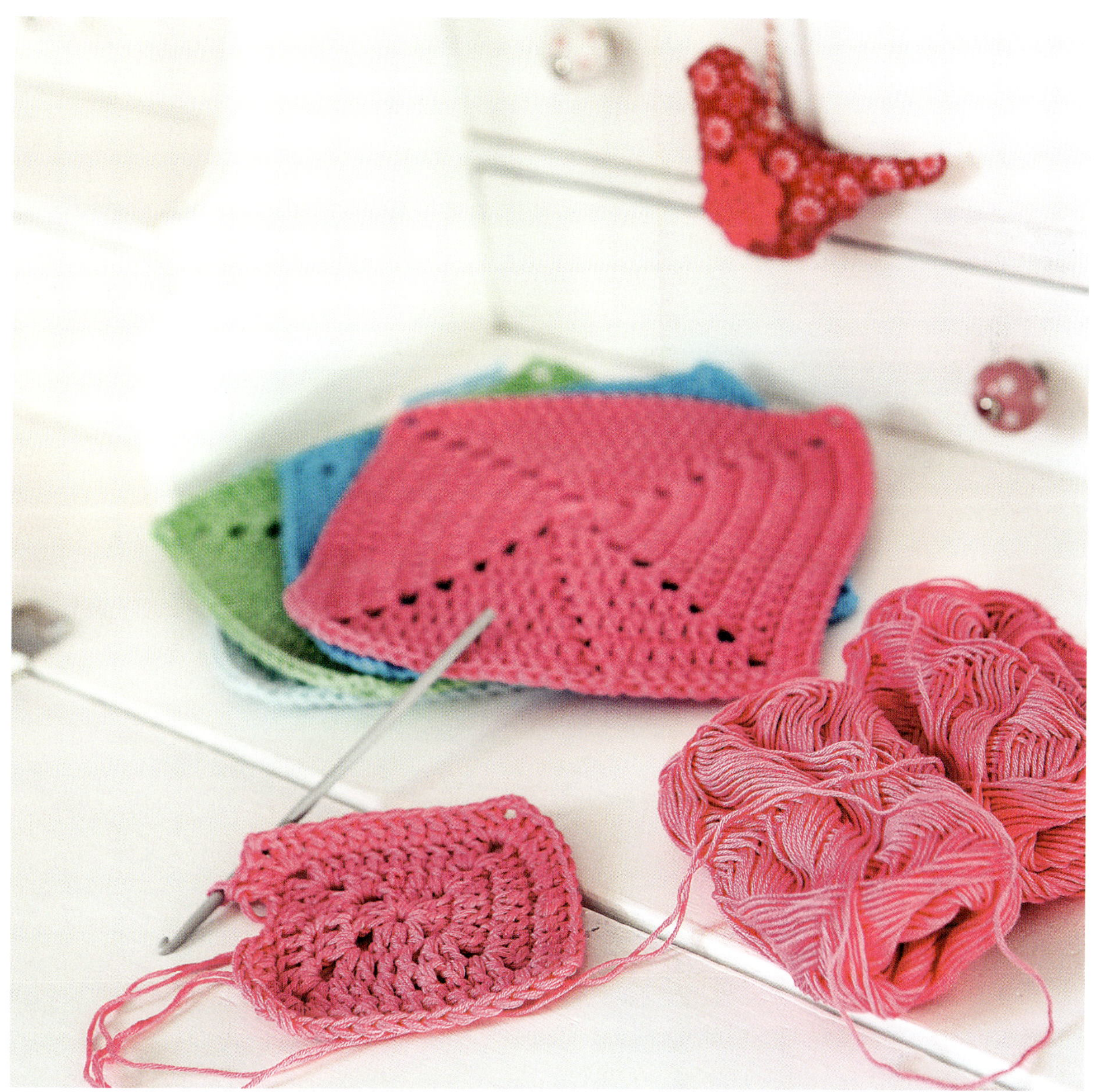

Maschen und Abkürzungen

Anfangsmasche

Jedes Häkelprojekt beginnt mit einer Anfangsmasche. So wird sie gemacht: **1.** Eine Schlaufe legen. Das kurze Ende des Garns liegt unter dem langen. **2.** Das lange Ende unter der Schlaufe durchführen und mit der Häkelnadel aufnehmen. **3.** Die Häkelnadel nach oben ziehen, sodass der Knoten festgezogen wird. Nun können Sie anfangen.

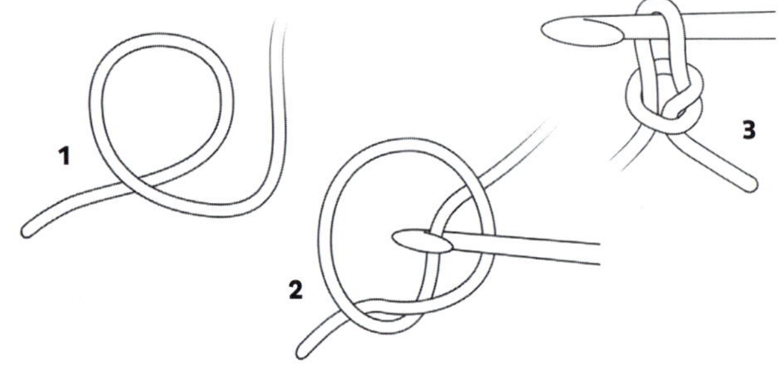

Luftmasche (Lm)

1. Ausgehend von der Anfangsmasche (wie abgebildet), das Garn um die Häkelnadel legen (Umschlag). **2.** Den Umschlag durch die Schlinge ziehen; wiederholen, bis die gewünschte Anzahl von Luftmaschen fertig ist.

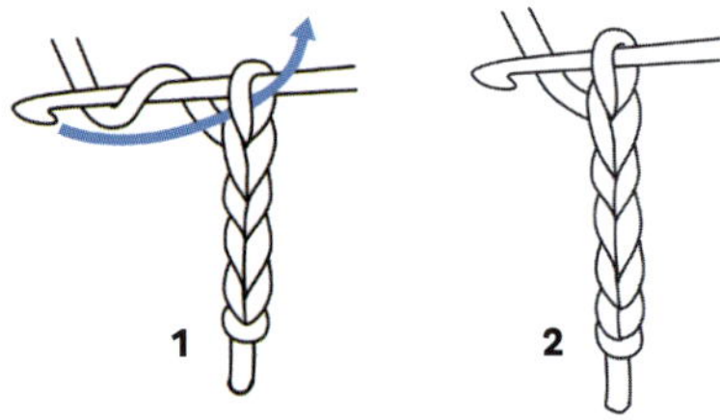

Feste Masche (fM)

1. Eine beliebige Anzahl Luftmaschen häkeln. Mit der Häkelnadel in die zweite Luftmasche ab der Häkelnadel einstechen. **2.** Einen Umschlag aufnehmen und durchholen. Sie haben nun zwei Schlingen auf der Häkelnadel. **3.** Wieder einen Umschlag aufnehmen und durch beide Schlingen ziehen. Für die folgenden festen Maschen jeweils in die nächste Luftmasche einstechen.

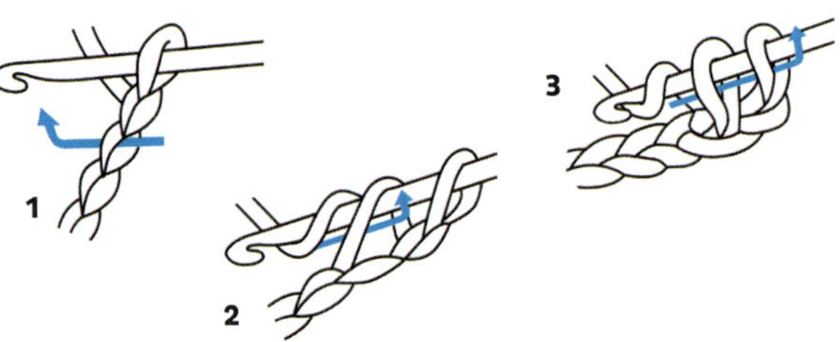

Halbes Stäbchen (hStb)

1. Eine beliebige Anzahl Luftmaschen häkeln. Einen Umschlag aufnehmen und mit der Häkelnadel in die dritte Luftmasche ab der Häkelnadel einstechen. **2.** Einen weiteren Umschlag aufnehmen und durchholen. Es liegen nun drei Schlingen auf der Häkelnadel. **3.** Wieder einen Umschlag aufnehmen und diesmal durch alle drei Schlingen auf der Häkelnadel ziehen. Jetzt liegt nur noch eine Schlinge auf der Häkelnadel. **4.** Für die folgenden halben Stäbchen jeweils in die nächste Luftmasche einstechen.

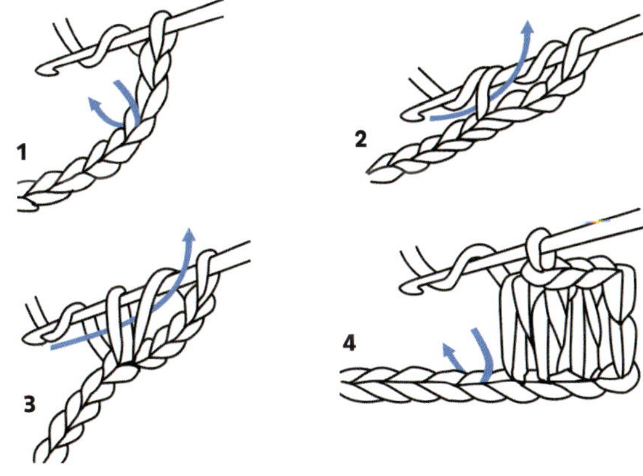

Stäbchen (Stb)

1. Eine beliebige Anzahl Luftmaschen häkeln. Einen Umschlag aufnehmen, dann mit der Häkelnadel in die vierte Luftmasche ab der Häkelnadel einstechen. **2.** Einen weiteren Umschlag aufnehmen und durch die Masche ziehen, sodass nun drei Schlingen auf der Häkelnadel liegen. **3.** Noch einen Umschlag aufnehmen und durch die beiden ersten Schlingen ziehen. **4.** Abschließend einen letzten Umschlag aufnehmen und durch die zwei verbleibenden Schlingen ziehen. Nun liegt nur noch eine Schlinge auf der Häkelnadel. **5.** Für die folgenden Stäbchen jeweils in die nächste Luftmasche einstechen.

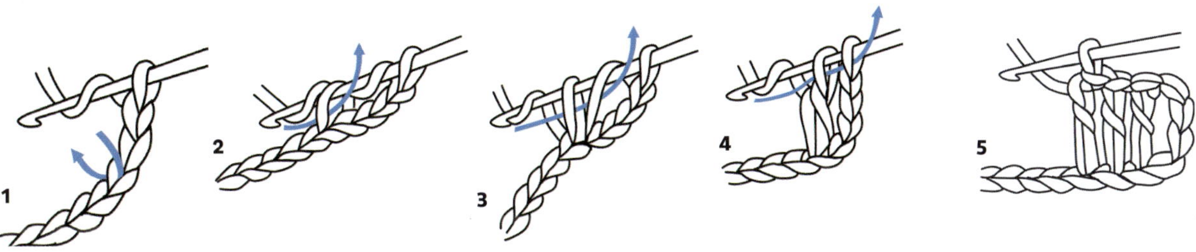

Doppelstäbchen (DStb)

1. Sie werden wie einfache Stäbchen gehäkelt, jedoch nimmt man zu Beginn zwei Umschläge auf. Mit der Häkelnadel dann in die fünfte Luftmasche ab der Häkelnadel einstechen. **2.** Einen weiteren Umschlag aufnehmen und durchholen, sodass nun vier Schlingen auf der Häkelnadel liegen. Wieder einen Umschlag aufnehmen und durch zwei der vier Schlingen ziehen. **3.** Einen weiteren Umschlag aufnehmen und durch zwei der drei Schlingen ziehen. **4.** Abschließend einen letzten Umschlag aufnehmen und durch die zwei verbleibenden Schlingen ziehen, sodass nun nur noch eine Schlinge auf der Häkelnadel liegt. **5.** Für die folgenden Doppelstäbchen jeweils in die nächste Luftmasche einstechen.

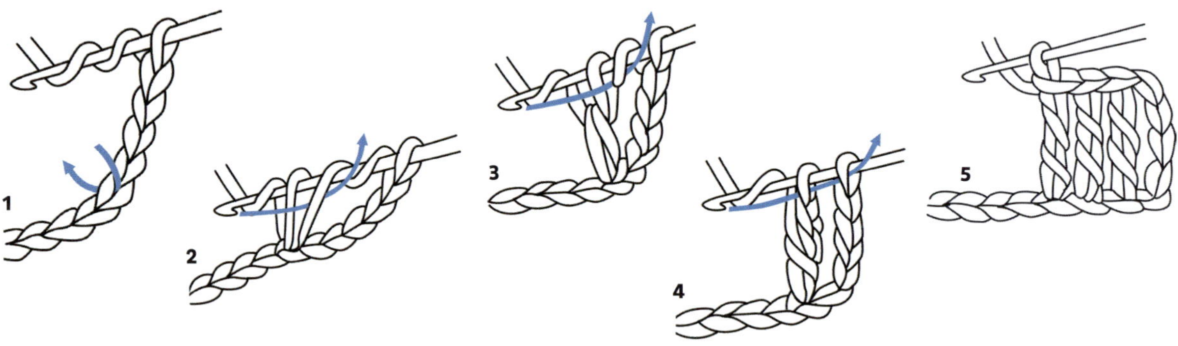

Kettmasche (Km)

Mit der Häkelnadel in eine Masche der vorherigen Reihe oder Runde einstechen und einen Umschlag aufnehmen. Das Garn durch die Schlinge auf der Häkelnadel ziehen.

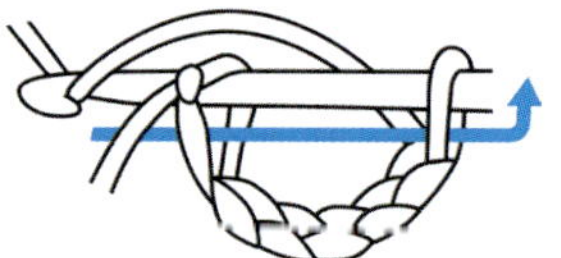

Luftmaschenbogen (Lm-Bogen)
Ein Luftmaschenbogen entsteht, wenn zwei oder mehr Luftmaschen hintereinander gehäkelt werden. Er kommt beispielsweise zwischen festen Maschen, halben Stäbchen, Stäbchen oder Doppelstäbchen vor.

Stäbchengruppe (Stb-Gruppe)
Eine Stäbchengruppe besteht aus mehreren Stäbchen, die in dieselbe Einstichstelle oder um denselben Luftmaschenbogen gehäkelt werden. Die Gruppe kann zwischen den Stäbchen auch Luftmaschen enthalten.

Masche (M)

Reihe (R) oder Runde (Rd)

Granny Square

Granny Squares lassen sich auf unzählige Weise variieren, sowohl was ihren Verwendungszweck betrifft als auch ihr Aussehen. Ich habe viele unterschiedliche Granny Squares ausprobiert, häkle jetzt aber meist eine Variante, die mir meine Tante Lisbeth empfohlen hat. Bei dieser Variante werden zwischen den Stäbchengruppen keine Luftmaschen gehäkelt, so wird das Quadrat fester und dichter. Probieren Sie es aus, es ist wirklich sehr einfach!

1. 4 Lm häkeln.

2. Mit 1 Km in die 1. Lm zum Ring schließen.

3. Erste Runde: 3 Lm (= 1. Stb) häkeln, dann 2 Stb in den Ring häkeln; 3 weitere Stb-Gruppen mit je 3 Stb und je 1 Lm zwischen den Gruppen häkeln. Enden mit 1 Lm, dann die Rd mit 1 Km in die 3. Anfangs-Lm schließen. Das Garn kürzen und den Faden durch die M ziehen.

4. Garnfarbe wechseln. Zweite Runde: Um den zuletzt gehäkelten Lm-Bogen herum einstechen und das Garn durchholen. Einen Umschlag aufnehmen und durch die Schlinge auf der Häkelnadel ziehen. Sie haben nun 1 Km in den Lm-Bogen gehäkelt.

5. Nun 3 Lm, 2 Stb, 1 Lm, 3 Stb in den 1. Lm-Bogen häkeln. *3 Stb überspringen und in den nächsten Lm-Bogen 3 Stb, 1 Lm, 3 Stb häkeln; ab * wdh, enden mit 3 Stb. Die Rd mit 1 Km in die 3. Anfangs-Lm schließen. Das Garn kürzen und den Faden durch die M ziehen, wenn Sie die Garnfarbe wechseln möchten.

6. Das Quadrat soll nun wie in Abbildung 6 aussehen, mit 4 Gruppen aus 3 Stb, 1 Lm, 3 Stb.

7. Dritte Runde: Mit dem neuen Garn beginnen und das Garn durch einen Zwischenraum zwischen den Stb-Gruppen an einer Seite des Quadrats ziehen. In den Zwischenraum 3 Lm und 2 Stb häkeln. Dann 3 Stb überspringen und in den Lm-Bogen in der Ecke 3 Stb, 1 Lm, 3 Stb häkeln, wieder 3 Stb überspringen und in den nächsten Zwischenraum 3 Stb häklen. In dieser Weise um das ganze Quadrat herumhäkeln, dann die Rd wie die 2. Rd (Punkt 5) schließen.

8. Nach der 3. Rd soll das Quadrat wie in Abbildung 8 aussehen.

9. Bauen Sie das Quadrat nun Runde um Runde weiter auf, und häkeln Sie immer 3 Stb in jeden Zwischenraum und 3 Stb, 1 Lm, 3 Stb in jede Ecke.

10. Häkeln Sie Runde um Runde weiter, bis das Quadrat die gewünschte Größe erreicht hat. Wenn das Quadrat fertig ist, alle Garnenden auf der Rückseite vernähen.

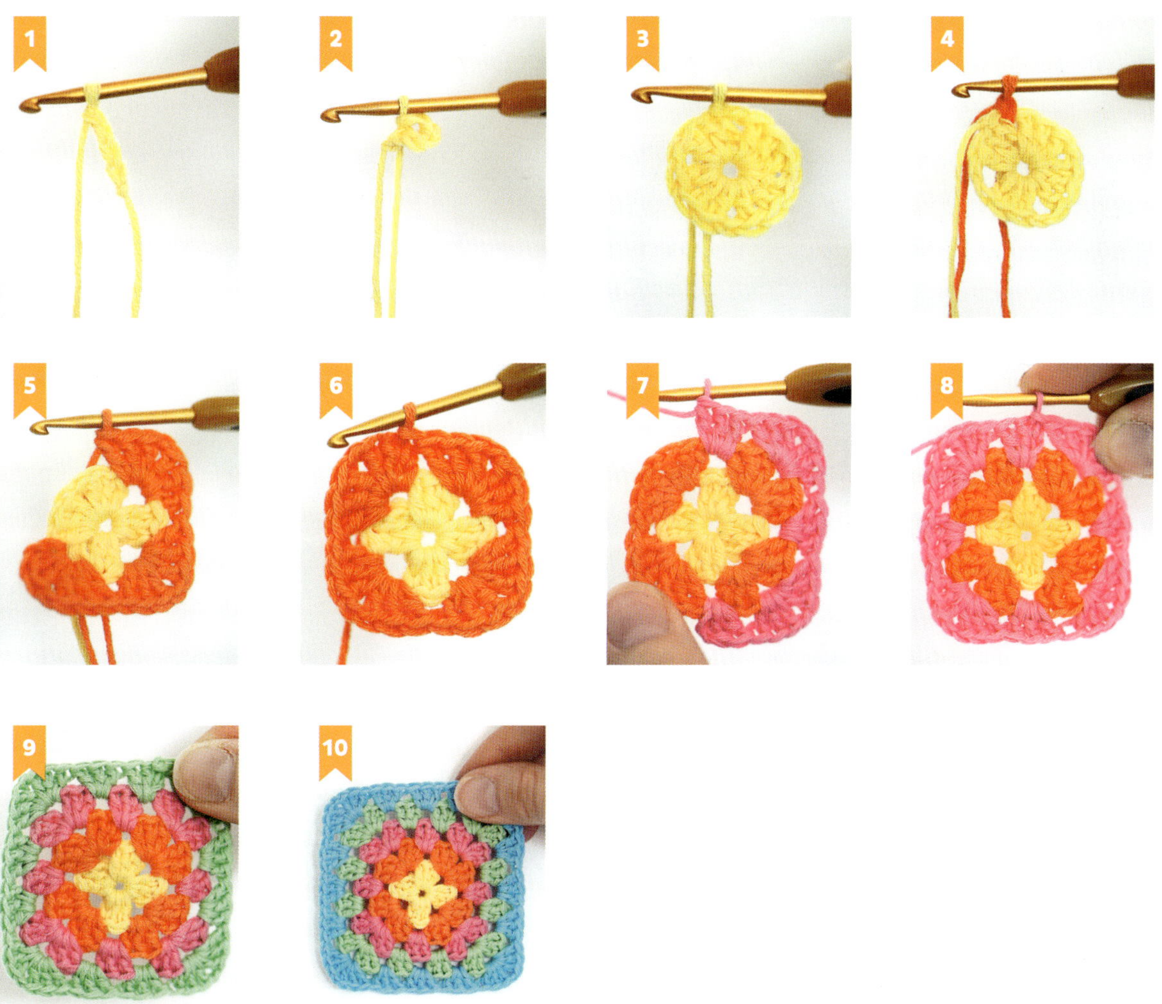
1
2
3
4
5
6
7
8
9
10

Granny Squares verbinden

Die Quadrate können auf vielerlei Art miteinander verbunden werden. Sie können sie zusammennähen oder -häkeln, nachdem Sie alle Quadrate für Ihr Projekt fertig haben. Weiter hinten im Buch werden verschiedene Methoden zum Verbinden der Quadrate beschrieben. Eine sehr praktische Methode ist, die Quadrate schon während der Herstellung zusammenzuhäkeln. Und es macht viel Freude, beim Verbinden der Quadrate zu erleben, wie das Häkelprojekt langsam an Gestalt gewinnt. Meistens gehe ich so vor:

1. Ein Quadrat komplett fertigstellen. Das nächste Quadrat so weit häkeln, bis nur noch die letzte Runde übrig ist. Weiterarbeiten bis zum Beginn der Seite, an der die Quadrate verbunden werden sollen.

2. Nun würden normalerweise 3 Stb, 1 Lm und 3 Stb im Lm-Bogen an der Ecke des Quadrats folgen. Die 3 Stb häkeln, aber statt 1 Lm zwischen den Stb-Gruppen mit der Häkelnadel in den entsprechenden Lm-Bogen (Ecke) des schon fertigen Quadrats einstechen. Einen Umschlag durchholen, dann einen neuen Umschlag aufnehmen und durch die beiden Schlingen ziehen (wie 1 fM). Danach die 3 übrigen Stb in dieselbe Ecke häkeln.

3. Am nächsten Zwischenraum des Quadrats in gleicher Weise vorgehen. Mit der Häkelnadel in den Zwischenraum am fertigen Quadrat einstechen. Einen Umschlag durchholen, dann einen neuen Umschlag aufnehmen und durch die beiden Schlingen ziehen (wie 1 fM). Dann 3 Stb in den folgenden Zwischenraum des halb fertigen Quadrats häkeln.

4. In Abbildung 4 sehen Sie zwei Quadrate, die entlang einer Seite zusammengehäkelt wurden.

5. An einer Ecke, an der vier Quadrate miteinander verbunden werden, mit der Häkelnadel in alle drei Ecken einstechen und einen Umschlag durchholen. Es sind nun 4 Schlingen auf der Häkelnadel. Erneut einen Umschlag aufnehmen und durch alle 4 Schlingen ziehen.

6. Nach der Ecke die Quadrate dann wieder wie oben beschrieben zusammenhäkeln.

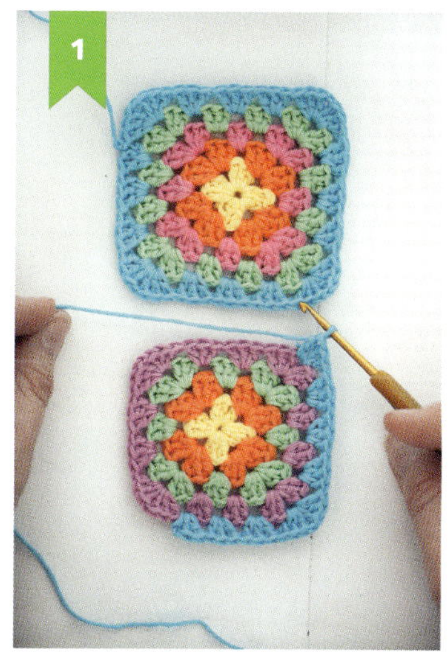
1

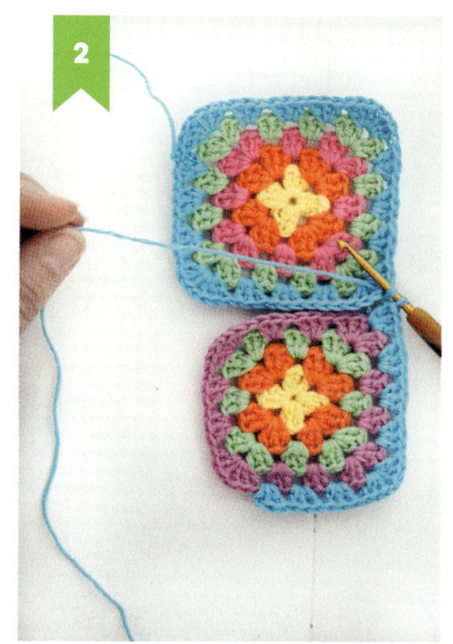
2

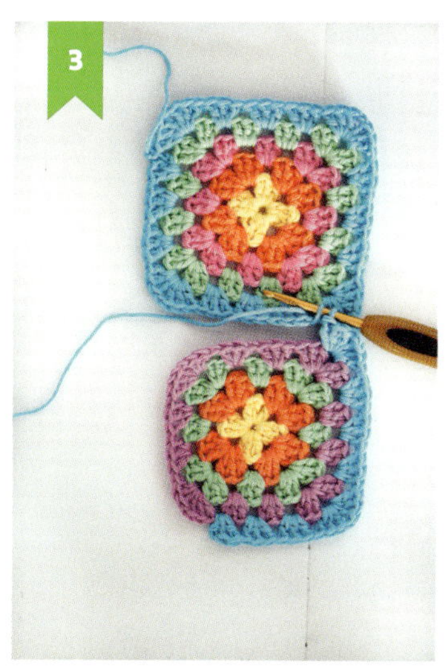
3

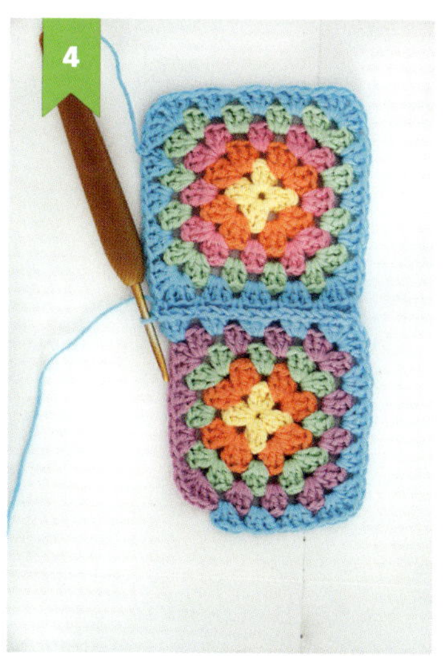
4

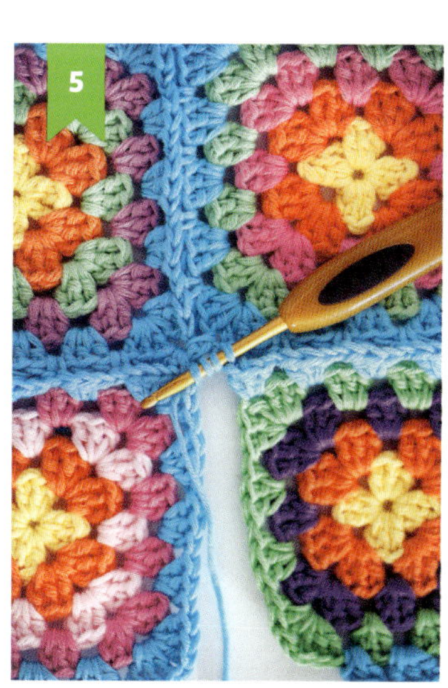
5

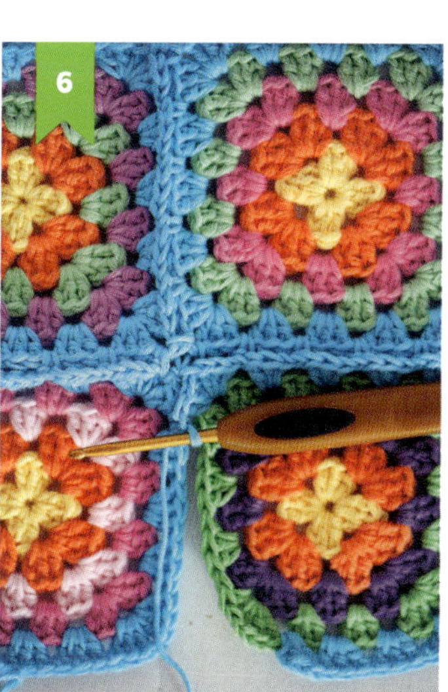
6

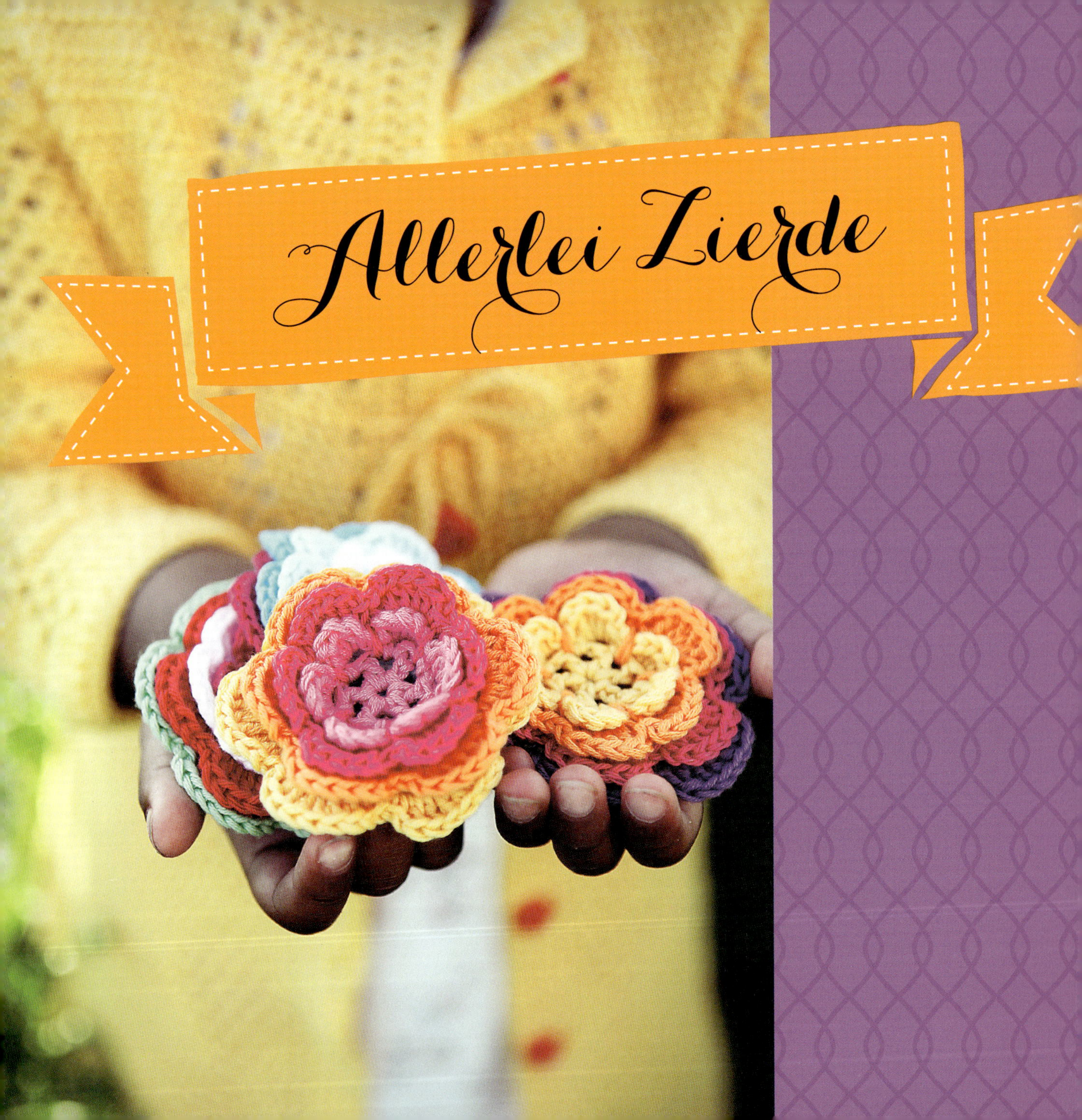
Allerlei Zierde

IN DIESEM KAPITEL FINDEN SIE süße kleine Sachen, mit denen sich fast alles verzieren lässt, das eines kleinen Farbtupfers bedarf. Blüten, Schmetterlinge und Herzen sind einfache kleine Objekte, die wenig Zeit brauchen. Sie haben sogar ein gewisses Suchtpotenzial, wenn man erst mal weiß, wie es geht. Außerdem eignen sie sich hervorragend zur Verwertung von Garnresten. Nehmen Sie einfach die Garne, die Sie zu Hause haben, und wählen Sie die Stärke der Häkelnadel passend zum Garn. Für größere, lockerere Blüten nehmen Sie eine größere Stärke, für kleinere, festere Blüten eine kleinere Nadel. Einfach ausprobieren!

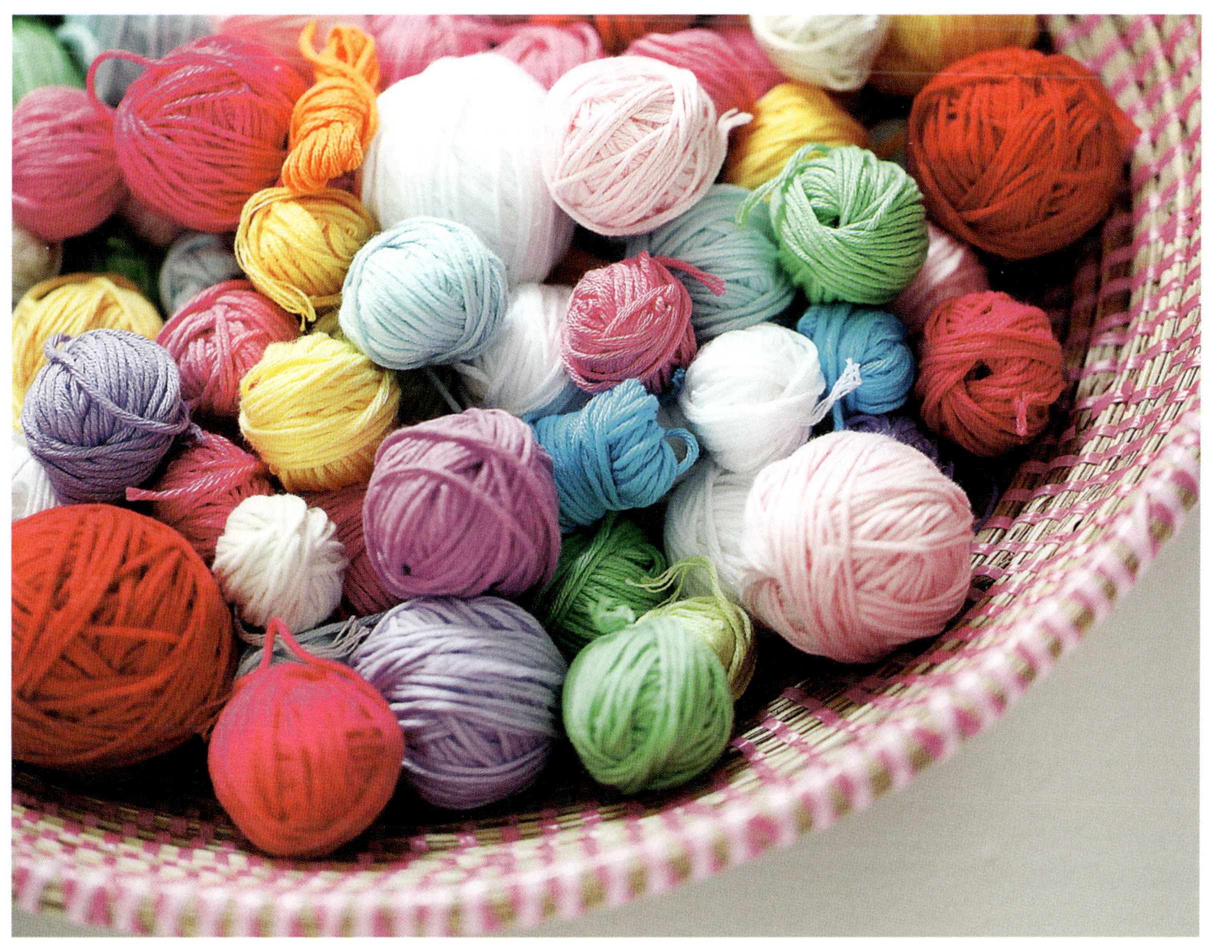

Mehrlagige Blüten

MEHRLAGIGE BLÜTE MIT MITTELRAD

Diese Blüten sind zu meinem Markenzeichen geworden, zwei Favoriten, mit denen ich häufig Mützen und andere Sachen verziere. Die Blütenblätter werden in mehreren Lagen gehäkelt, wobei Sie die Zahl der Lagen und damit die Größe der Blüte selbst festlegen. Beide Blüten werden nach demselben Prinzip gearbeitet und unterscheiden sich nur in der Mittelpartie. Die zweite Variante ist auf *Seite 20 beschrieben*.

Garn: Mandarin Petit *(siehe Seite 126)*
Häkelnadel: 3 mm

1. 4 Lm häkeln.
2. Mit 1 Km in die 1. Lm zum Ring schließen.
3. 4 Lm (= 1. Stb + 1 Lm) häkeln, *1 Stb in den Ring, 1 Lm; ab * noch 4 x wdh. Die Rd mit 1 Km in die 3. Anfangs-Lm schließen.
4. 1 Lm, 1 fM in den nächsten Lm-Bogen, *3 Lm häkeln, dann 1 fM in den nächsten Lm-Bogen der vorherigen Rd; ab * noch 4 x wdh, enden mit 3 Lm und 1 Km in die Anfangs-Lm. Sie haben nun 6 Lm-Bögen = Rd 2.
5. Nun werden die Blütenblätter gehäkelt. In jeden Lm-Bogen der vorherigen Rd 1 fM, 1 Lm, 3 Stb, 1 Lm, 1 fM häkeln. Die Rd mit 1 Km in die 1. fM schließen. Das Garn kürzen und den Faden durch die M ziehen.
6. Garnfarbe wechseln. Die Blüte wenden, mit der Häkelnadel in die 2. Rd einstechen und wie abgebildet 1 fM um das Blatt häkeln.
7. 4 Lm, *1 fM in die 2. Rd und um das Blatt, 4 Lm; ab * 5 x wdh. Die Rd mit 1 Km in die 1. fM schließen = Rd 4.
8. Sie haben nun 6 Lm-Bögen.
9. Die Blüte erneut wenden. In jeden Lm-Bogen 1 fM, 1 Lm, 4 Stb, 1 Lm, 1 fM häkeln. Enden mit 1 Km in die 1. fM. Das Garn kürzen und den Faden durch die M ziehen.
10. Garnfarbe wechseln. Die Blüte erneut wenden. 1 fM um eine fM von Rd 4 häkeln.
11. 5 Lm, dann 1 fM um die nächste fM der vorherigen Rd häkeln. Über die ganze Rd weiterarbeiten, bis Sie 6 Lm-Bögen haben, Rd mit 1 Km schließen.
12. Die Blüte erneut wenden. Dann 1 fM, 1 Lm, 5 Stb, 1 Lm, 1 fM in jeden Lm-Bogen häkeln. Das Garn kürzen und den Faden durch die M ziehen. Oder die Rd mit Lm-Bögen wdh und weitere Lagen mit Blütenblättern herstellen, dabei in jeder Rd 1 Stb mehr arbeiten.

Wenn die Blüte die gewünschte Größe erreicht hat, das Garn abschneiden und den Faden durch die M ziehen. Alle Garnenden vernähen.

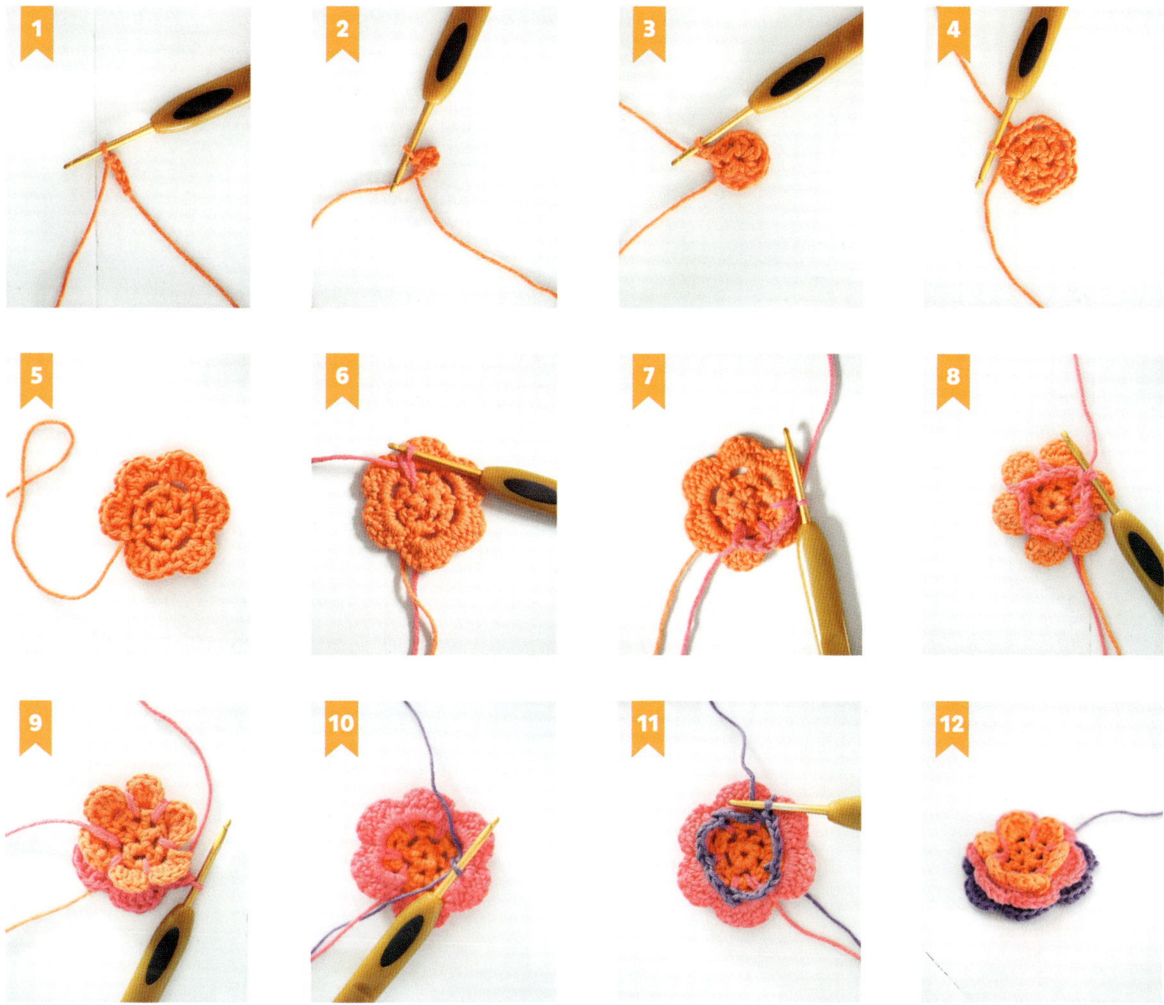
1
2
3
4
5
6
7
8
9
10
11
12

MEHRLAGIGE BLÜTE MIT FESTER MITTE

Garn: Mandarin Petit *(siehe Seite 126)*

Häkelnadel: 3 mm

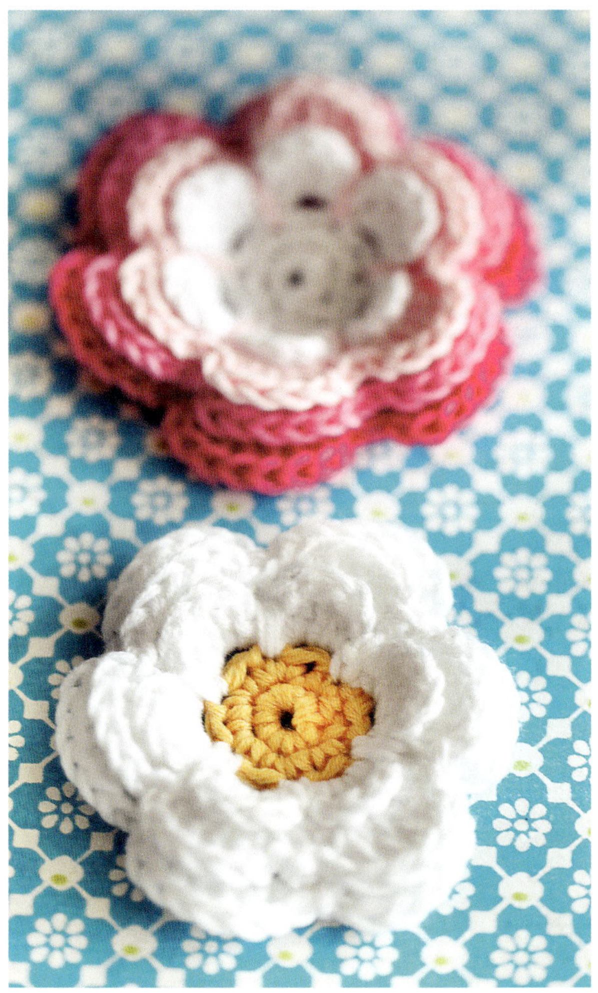

Lm häkeln und mit 1 Km in die 1. Lm zum Ring schließen. Jede Runde mit 1 Km in die 1. fM schließen.

Runde 1: 1 Lm, 6 fM in den Ring.

Runde 2: 1 Lm, *2 fM in jede M; ab * wdh bis zum Ende der Rd.

Runde 3: 1 Lm, 1 fM, *3 Lm, 1 M überspringen, 1 fM; ab * noch 4 x wdh, enden mit 3 Lm und 1 Km. Es sind nun 6 Lm-Bögen.

Runde 4: 1 Lm, dann 1 fM, 1 Lm, 3 Stb, 1 Lm, 1 fM in jeden Lm-Bogen häkeln.

Runde 5: Wenden, 1 Lm, *1 fM um die fM der 3. Rd häkeln, danach 4 Lm; ab * noch 5 x wdh, enden mit 1 Km in die 1. fM am Beginn der Rd. Es sind nun 6 Lm-Bögen. Wenden.

Runde 6: 1 Lm, dann in jeden Lm-Bogen 1 fM, 1 Lm, 4 Stb, 1 Lm, 1 fM häkeln. Das Garn kürzen und den Faden durch die M ziehen. Oder die letzte Rd wdh und 4–5 weitere Lagen herstellen, dabei in jeder Rd um 1 M erhöhen.

Wenn die Blüte die gewünschte Größe erreicht hat, das Garn abschneiden und den Faden durch die M ziehen. Alle Garnenden vernähen.

Blüte mit Bögen

Eine sehr interessante und dekorative Blüte, die mit einem etwas flauschigeren Garn gehäkelt am besten wirkt.

Garn: Sandnes Duo *(siehe Seite 126)*
Häkelnadel: 4 mm

4 Lm häkeln und mit 1 Km in die 1. Lm zum Ring schließen.
Runde 1: 1 Lm, 10 fM in den Ring (10 M). Die Rd mit 1 Km in die 1 fM schließen.
Runde 2: 1 Lm, *2 fM in jede M; ab * wdh bis zum Ende der Rd (20 M). Die Rd mit 1 Km in die 1. fM schließen.
Runde 3: *12 Lm, 1 Km in die nächste M des vorderen Lm-Bogens; ab * wdh bis zum Ende der Rd.
Runde 4: *14 Lm, 1 Km in die nächste M des hinteren Lm-Bogens; ab * wdh bis zum Ende der Rd.

Nach der letzten M das Garn kürzen und den Faden durch die M ziehen. Sie können ein ausreichend langes Stück zum Festnähen der Blüte übrig lassen. In der Mitte kann noch ein Knopf aufgenäht werden.

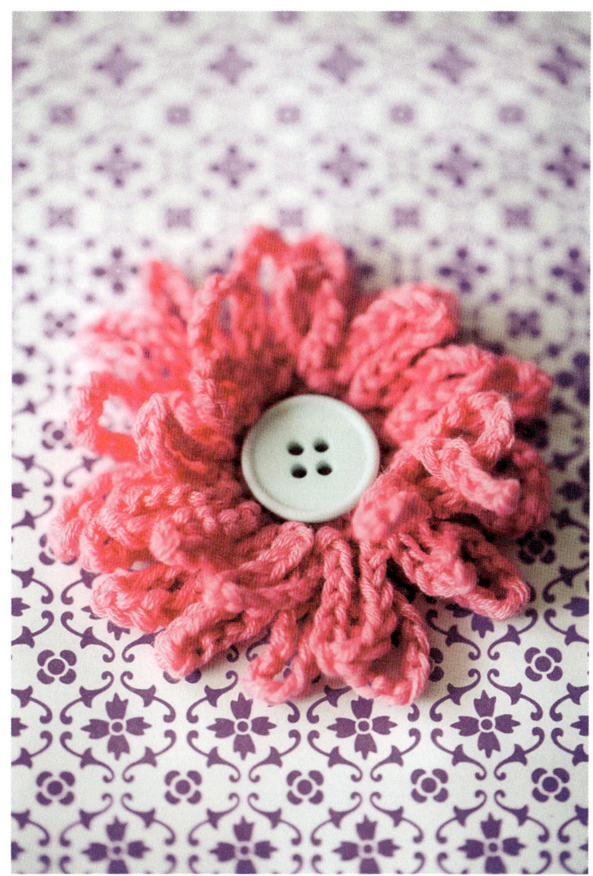

Einfache Blüten

Einfache Blüten sind Blüten, die in nur einer Lage gehäkelt werden. Sie sind als einfache Blüten hübsch, man kann aber davon auch mehrere Exemplare übereinanderlegen, anstatt mehrlagige Blüten zu häkeln. Die Größe der Blüte sollten Sie entsprechend dem zu verzierenden Objekt wählen.

EINFACHE BLÜTE 1

Garn: Mandarin Petit *(siehe Seite 126)*
Häkelnadel: 3 mm

4 Lm häkeln, mit 1 Km in die 1. Lm zum Ring schließen. Jede Runde mit 1 Km in die Anfangs-Lm schließen.
Runde 1: 1 Lm, 12 fM in den Ring.
Runde 2: 1 Lm, *1 Km, in die nächste M 3 Stb; ab * noch 5 x wdh. Das Garn kürzen und den Faden durch die M ziehen. Die Garnenden vernähen.

EINFACHE BLÜTE 2

Garn: Mandarin Petit *(siehe Seite 126)*
Häkelnadel: 3 mm

4 Lm häkeln, mit 1 Km in die 1. Lm zum Ring schließen.
Runde 1: 2 Lm (zählen als 1 Stb), 11 Stb in den Ring. Die Rd mit 1 Km in die 2. Anfangs-Lm schließen.
Runde 2: 1 Lm, *1 fM, in die nächste M 5 Stb; ab * noch 5 x wdh, enden mit 1 Km in die 1. Lm. Das Garn kürzen und den Faden durch die M ziehen. Die Garnenden vernähen.

EINFACHE BLÜTE 3

Garn: Mandarin Petit *(siehe Seite 126)*
Häkelnadel: 3 mm

4 Lm häkeln, mit 1 Km in die 1. Lm zum Ring schließen. Jede Runde mit 1 Km in die Anfangs-Lm schließen.
Runde 1: 1 Lm, 6 fM in den Ring. Die Rd mit 1 Km schließen.
Runde 2: 1 Lm *2 fM in jede M; ab * wdh bis zum Ende der Rd (12 M).
Runde 3: 1 Lm, *1 fM, in die nächste M 2 fM; ab * noch 5 x wdh (18 M).
Runde 4: 1 Lm, *1 fM, in die nächste M 5 Stb; ab * noch 8 x wdh. Das Garn kürzen und den Faden durch die M ziehen. Die Garnenden vernähen.

EINFACHE BLÜTE 4

Garn: Mandarin Petit *(siehe Seite 126)*
Häkelnadel: 3 mm

5 Lm häkeln, mit 1 Km in die 1. Lm zum Ring schließen.
Runde 1: 2 Lm (zählen als 1 Stb), 23 Stb in den Ring. Die Rd mit 1 Km in die 2. Anfangs-Lm schließen.
Runde 2: 4 Lm, 3 M überspringen, 1 fM, *3 Lm, 3 M überspringen, 1 fM; ab * noch 4 x wdh, enden mit 3 Lm und 1 Km.
Runde 3: 1 Km in den 1. Lm-Bogen, *in jeden Lm-Bogen 2 Stb, 1 Lm, 2 Stb; ab * noch 5 x wdh, enden mit 1 Km in die 2. Anfangs-Lm.
Runde 4: 1 Km in 1 Stb-Gruppe, *um die Lm der Stb-Gruppe 7 Stb, 2 Stb überspringen, 1 fM zwischen Stb; ab *

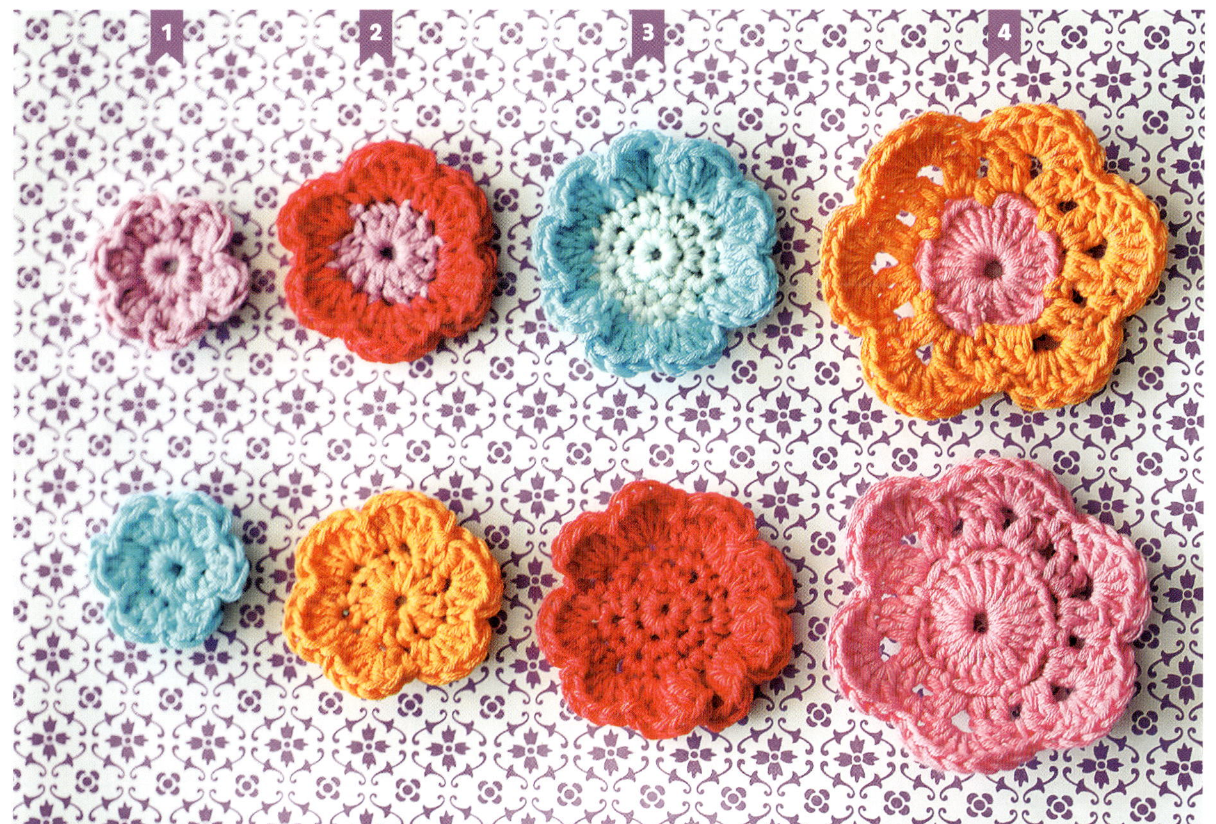

noch 5 x wdh, enden mit 1 Km in die 2. Anfangs-Lm. Das Garn kürzen und den Faden durch die M ziehen. Die Garnenden vernähen.

Gedrehte Blüten

Die tollen gedrehten Blüten werden als lange Spirale gehäkelt, zu einer Blüte zusammengerollt und mit ein paar Stichen fixiert. Die Blüten können unterschiedlich groß gearbeitet und in der Mitte mit einer Perle verziert werden.

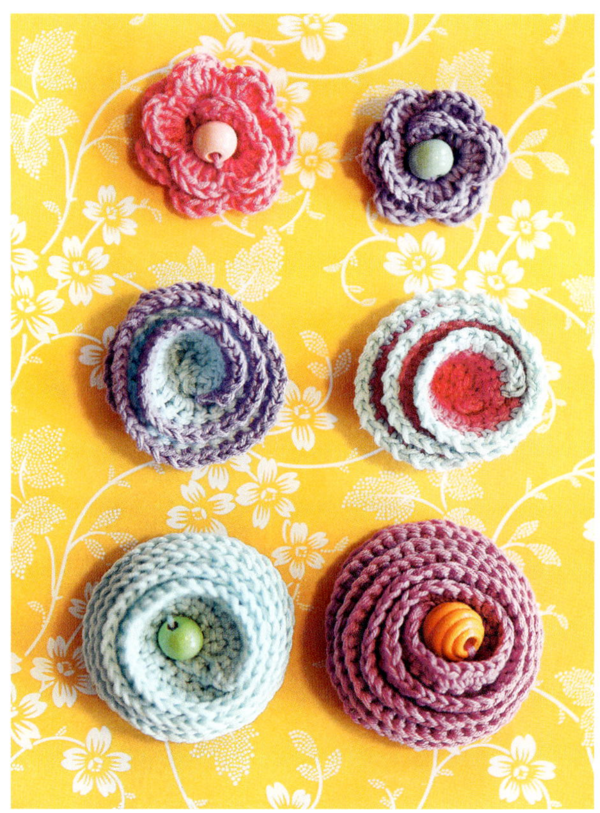

KLEINE GEDREHTE BLÜTE *Bild 1*

Garn: Mandarin Petit *(siehe Seite 126)*
Häkelnadel: 3 mm

27 Lm häkeln.
Reihe 1: 4 Lm überspringen, 1 fM in die 5. M ab der Häkelnadel, *2 Lm, 1 M überspringen, 1 fM; ab * wdh bis zum Ende der R, wenden.
Reihe 2: In jeden Zwischenraum aus 2 Lm der vorhergehenden R 1 fM, 1 Lm, 3 Stb, 1 Lm, 1 fM häkeln. Das Garn kürzen und den Faden durch die M ziehen.

Das Häkelstück spiralförmig wie abgebildet zu einer Blüte drehen und beim Vernähen des Garnendes mit einigen Stichen fixieren. Die Blüte in der Mitte nach Belieben mit einer Perle verzieren.

MITTLERE GEDREHTE BLÜTE *Bild 2*

Garn: Mandarin Petit *(siehe Seite 126)*
Häkelnadel: 3 mm

43 Lm häkeln.
Reihe 1: 1 Stb in die 4. Lm ab der Häkelnadel, dann bis zum Ende der R 1 Stb in jede Lm, wenden.
Reihe 2: 2 Lm, 1 Stb in die 1. M, 1 Stb. in die nächste M, *2 Stb in die nächste M, 1 Stb, in die nächste M; ab * wdh bis zum Ende der R, wenden.
Reihe 3: Farbe wechseln, 2 Lm, 1 fM in die 1. M, *1 Lm, 1 fM in die nächste M; ab * wdh bis zum Ende der R. Das Garn kürzen, dabei ein langes Ende lassen und den Faden durch die M ziehen.

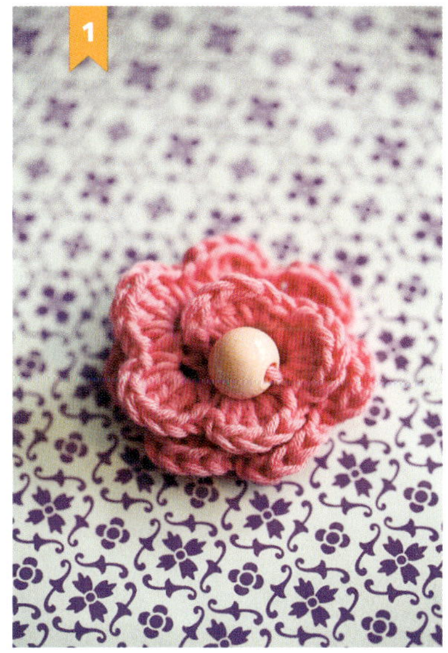

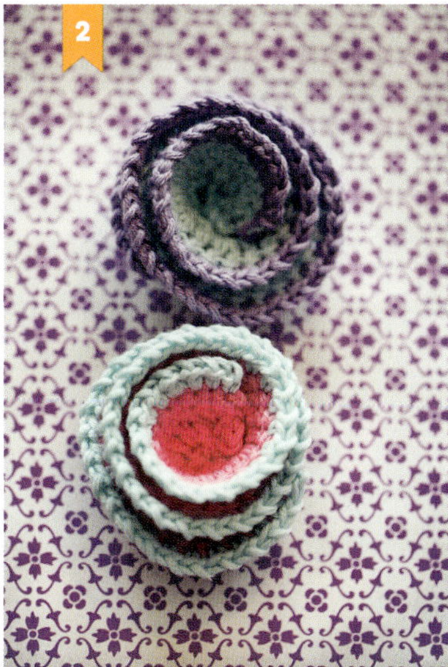

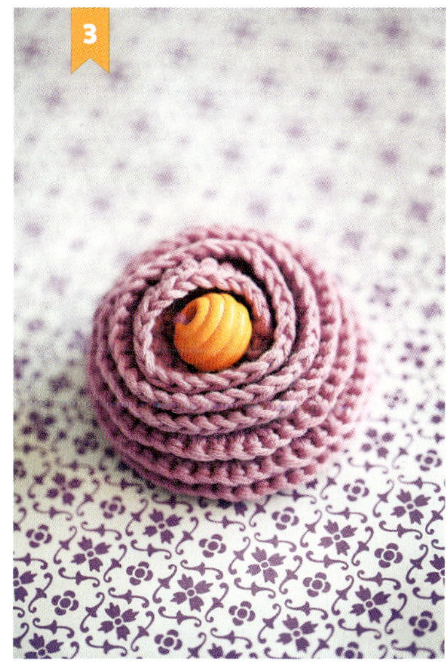

Das Stück spiralförmig wie abgebildet zu einer Blüte drehen und beim Vernähen des Garnendes mit ein paar Stichen fixieren.

GROSSE GEDREHTE BLÜTE *Bild 3*

Garn: Mandarin Petit *(siehe Seite 126)*
Häkelnadel: 3 mm

33 Lm häkeln.
Reihe 1: In der 2. Lm ab der Häkelnadel beginnen und in jede Lm 2 fM häkeln, wenden (64 M).
Reihe 2: 1 Lm, *1 fM, in die nächste M 2 fM; ab * wdh bis zum Ende der R, wenden (96 M).
Reihe 3: 1 Lm, *2 fM, in die nächste M 2 fM; ab * wdh bis zum Ende der R, wenden (128 M).
Reihe 4: 1 Lm, *3 fM, in die nächste M 2 fM; ab * wdh bis zum Ende der R, wenden (160 M).
Reihe 5: 1 Lm, *4 fM, in die nächste M 2 fM; ab * wdh bis zum Ende der R, wenden (192 M).
Reihe 6: 1 Lm, *5 fM, in die nächste M 2 fM; ab * wdh bis zum Ende der R (224 M).
Das Garn kürzen und den Faden durch die M ziehen.

Das Stück spiralförmig wie abgebildet zu einer Blüte drehen und beim Vernähen des Garnendes mit ein paar Stichen fixieren. Die Blüte kann in der Mitte mit einer Perle verziert werden.

Schmetterlinge

Ein kleiner Schmetterling als Verzierung ist echt niedlich. Haarspangen, Mützen, aber auch ein Kinderpulli lassen sich damit richtig aufpeppen. Soll der Schmetterling größer werden, das Garn doppelt nehmen und eine entsprechend stärkere Häkelnadel wählen.

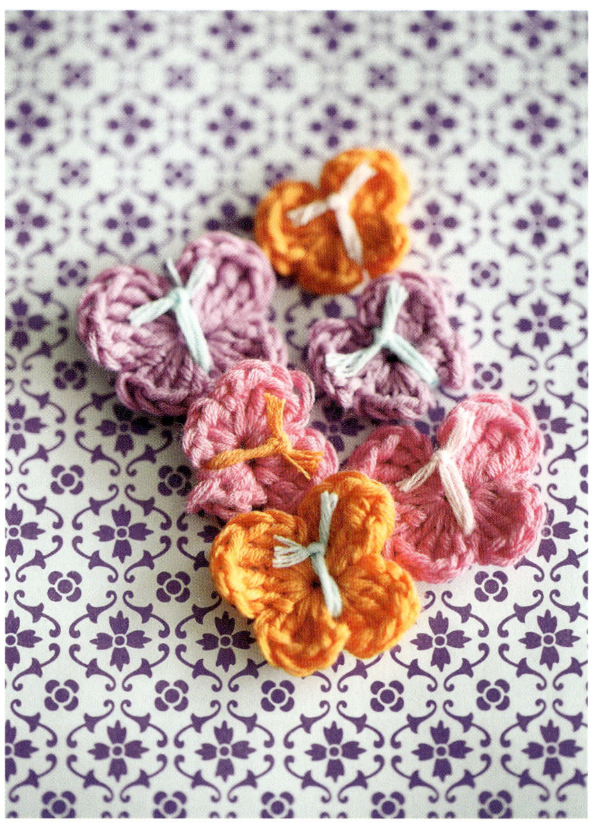

WINZIGER SCHMETTERLING

Garn: Mandarin Petit *(siehe Seite 126)*
Häkelnadel: 3 mm

4 Lm häkeln und mit 1 Km in die 1. Lm zum Ring schließen.
Runde 1: *2 Lm, 3 Stb in den Ring, 2 Lm, 1 Km in den Ring; ab * 1 x wdh, **1 Km, 3 fM in den Ring, 1 Lm, 1 Km in den Ring; ab ** 1 x wdh.
Das Garn kürzen und den Faden durch die M ziehen.

Garn einer anderen Farbe in der Mitte des Schmetterlingskörpers festknoten und die gekürzten Garnenden als Fühler stehen lassen.

KLEINER SCHMETTERLING

Garn: Mandarin Petit *(siehe Seite 126)*
Häkelnadel: 3 mm

4 Lm häkeln und mit 1 Km in die 1. Lm zum Ring schließen.
Runde 1: *3 Lm, 3 DStb in den Ring, 3 Lm, 1 Km in den Ring; ab * 1 x wdh, **2 Lm, 3 Stb in den Ring, 2 Lm, 1 Km in den Ring; ab ** 1 x wdh. Das Garn kürzen und den Faden durch die M ziehen.

Garn einer anderen Farbe in der Mitte des Schmetterlingskörpers festknoten und die gekürzten Garnenden als Fühler stehen lassen.

Herzen

Diese süßen Herzen sind vielseitig verwendbar. Sie verschönern Geburtstagspakete, zieren Mützen oder frischen ein Kissen auf. Und für Weihnachten können Sie daraus sogar eine Girlande anfertigen *(siehe Seite 120)*.

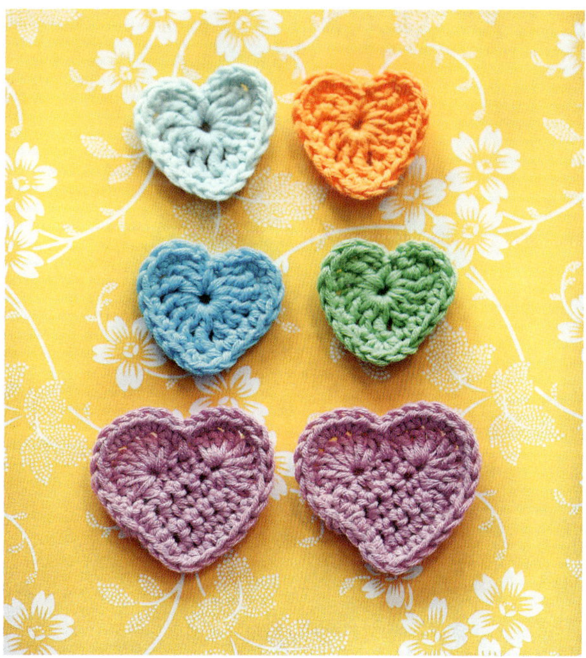

KLEINES HERZ

Garn: Mandarin Petit *(siehe Seite 126)*
Häkelnadel: 3 mm

4 Lm häkeln und mit 1 Km in die 1. Lm zum Ring schließen.
Runde 1: Alle M in den Ring häkeln. 2 Lm, 2 DStb, 3 Stb, 1 Lm, 1 DStb, 1 Lm, 3 Stb, 2 DStb, 2 Lm häkeln. Die Rd mit 1 Km in die 1. Lm schließen.
Runde 2: 2 Lm, je 2 fM in die nächsten 2 DStb, je 1 fM in die nächsten 3 Stb, 1 Lm, 3 fM in das nächsten DStb, 1 Lm, je 1 fM in die nächsten 3 Stb, je 2 fM in die nächsten 2 DStb, 2 Lm, 1 Km in dieselbe M wie die Km von Rd 1.

GRÖSSERES HERZ

Garn: Mandarin Petit *(siehe Seite 126)*
Häkelnadel: 3 mm

6 Lm häkeln.
Reihe 1: 1 fM in die 2. Lm ab der Häkelnadel, in die übrigen 4 Lm je 1 fM, wenden.
Reihe 2–4: 1 Lm, 1 fM in jede fM, wenden.
Reihe 5: 1 Lm, 1 fM in jede fM, nicht wenden! Sie haben nun ein Quadrat angefertigt, um das die übrigen Runden herumgehäkelt werden.
Runde 6: Nun nach links häkeln, 7 Stb um die äußerste fM der mittleren R der Seite. 1 Km in die letzte fM von R 1, 7 Stb in die mittlere der 5 fM von R 1, 1 M überspringen, 1 Km in die nächste M.
Runde 7: 1 Lm, *1 fM um die äußerste fM der nächsten R an der Seite; ab * noch 4 x wdh, 2 fM in die 1. fM von R 5, je 1 fM in die nächsten 7 M, je 2 fM in die nächsten 3 M, 1 fM die nächste M, 1 Km in die nächste Km, 1 fM in die nächste M, je 2 fM in die nächsten 3 M, je 1 fM in die nächsten 3 M, 1 Km in die 1. fM. Das Garn kürzen, den Faden durch die M ziehen.

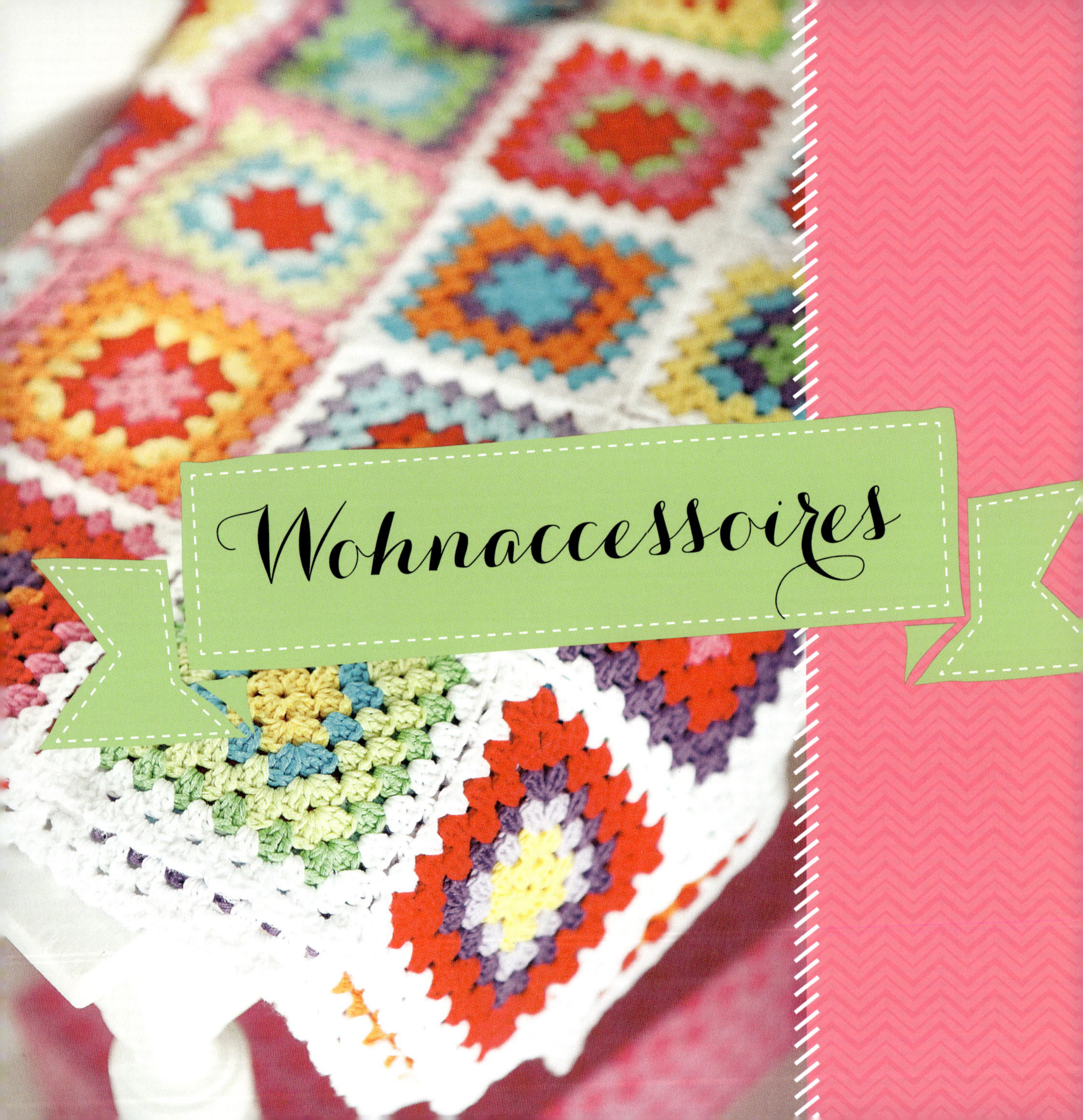
Wohnaccessoires

ES GIBT ZAHLLOSE MÖGLICHKEITEN, DAS HEIM MIT GEHÄKELTEN ACCESSOIRES zu verschönern. Hier zeige ich Ihnen, was ich bei mir zu Hause habe. Das Kapitel ist lediglich zur Anregung gedacht, da sich Bedarf und persönlicher Geschmack natürlich immer unterscheiden. Gehen Sie von dem aus, was Sie schon zu Hause haben, und passen Sie die Größe an.

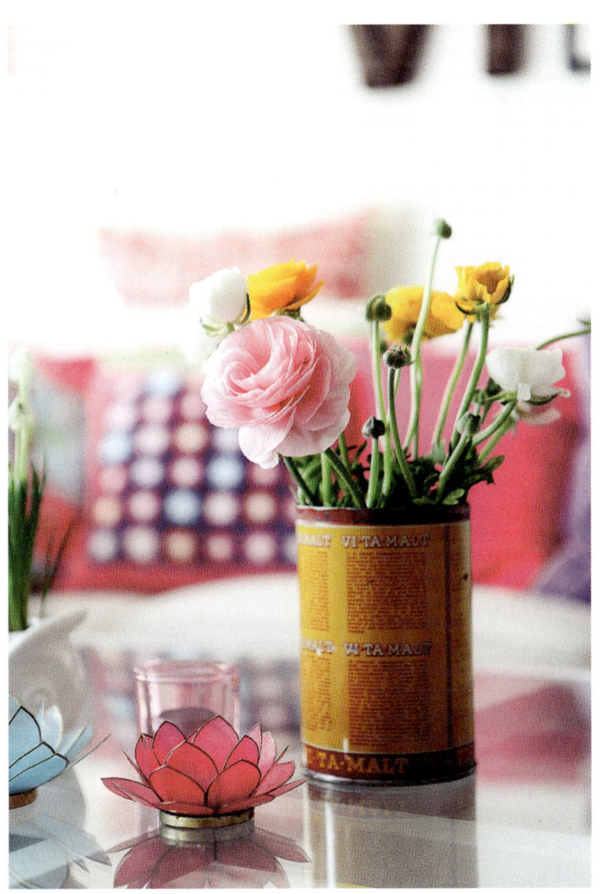

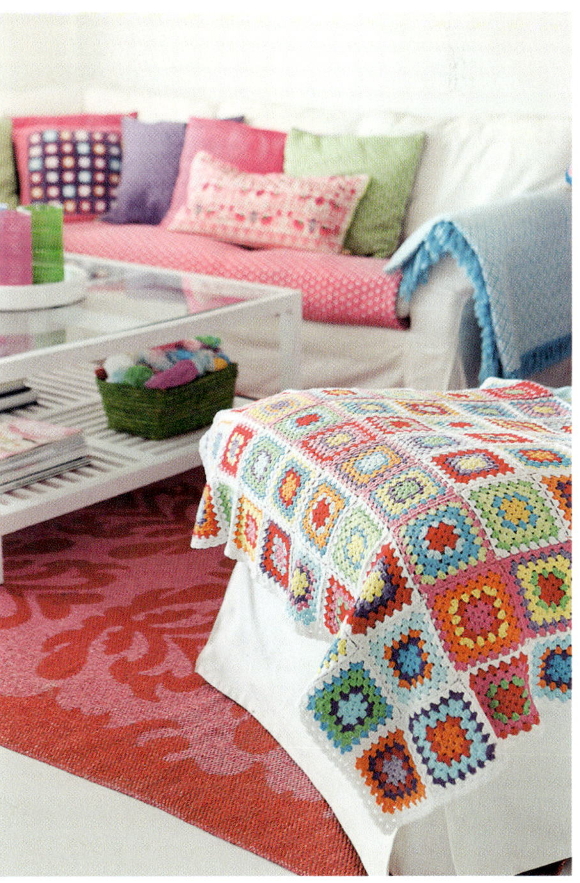

Kissen aus kleinen Granny Squares

Garn: Mandarin Petit *(siehe Seite 126)*
Garnverbrauch: ein typisches Garnresteprojekt
Häkelnadel: 3 mm

Durch die unzähligen Kombinationsmöglichkeiten lassen sich mit Granny Squares sehr unterschiedliche Effekte erzielen. Spielen Sie mit verschiedenen Größen und Farbkombinationen! Der bunte Kissenbezug hat die richtige Größe für ein Sofakissen. Der fertige Bezug misst 40 x 40 cm und besteht aus vielen kleinen Quadraten in wechselnden, aber sich wiederholenden Farben.

Die Granny Squares sind auf Seite 12 beschrieben. Die Vorderseite des Kissenbezugs besteht aus 6 x 6, also insgesamt 36 Quadraten mit weißer Mitte. Um die Mitte herum habe ich für die 2. Rd abwechselnd Orange, Hellrosa, Pink, Türkis und Helllila verwendet. Die 3. Rd (in der die Quadrate zusammengehäkelt werden, siehe Anleitung auf Seite 14) wurde jeweils aus dunklerem lilafarbenem Garn gehäkelt. Die lila Quadrate sind von einem Rahmen aus einfarbigen rosa Quadraten derselben Größe umgeben. Es sind 8 Quadrate auf jeder Seite. Nach dem Verbinden aller Quadrate und dem Vernähen der Garnenden ist die Vorderseite des Bezugs fertig.

RÜCKSEITE

Die Rückseite kann unterschiedlich gearbeitet werden. Am einfachsten ist es, eine Stoffrückseite an die gehäkelte Vorderseite zu nähen. Sie können auch eine Rückseite häkeln. Dazu so viele Lm häkeln, wie für die Breite des Kissenbezugs erforderlich ist. Dann Reihen mit fM häkeln, bis die Rückseite so groß wie die Vorderseite ist. Bei unserem Kissen besteht die Rückseite aus demselben rosa Garn wie der Rahmen der Vorderseite und ist als ein einziges großes Granny Square gearbeitet. Dazu wie bei einem normalen Granny Square beginnen und das Quadrat einfach immer größer werden lassen, bis es dann 40 x 40 cm misst. Ich habe für mein Kissen 28 Runden gehäkelt, bis das Quadrat groß genug war.

FERTIGSTELLUNG

Bei einer gehäkelten Rückseite den Kissenbezug wie folgt fertigstellen: Vorder- und Rückseite links auf links aufeinanderlegen, also wie sie beim fertigen Kissenbezug liegen. Dann die Teile zusammenhäkeln. Dazu mit der Häkelnadel in die M von Vorder- und Rückseite einstechen und den Bezug zunächst an 3 Seiten mit fM zusammenhäkeln. An den Ecken jeweils 3 fM in 1 M häkeln. Das Kissen in den Bezug schieben, dann die letzte Seite des Bezugs schließen. Es ist etwas ungewohnt, mit dem Kissen im Bezug zu häkeln, aber es geht ganz gut. Bei meinem Kissen habe ich um den Bezug herum noch 1 Rd mit fM gehäkelt. Die 2. Rd mit 1 Km schließen, dann das Garn kürzen und den Faden durch die M ziehen. Das Garnende vernähen. Und fertig ist das Kissen!

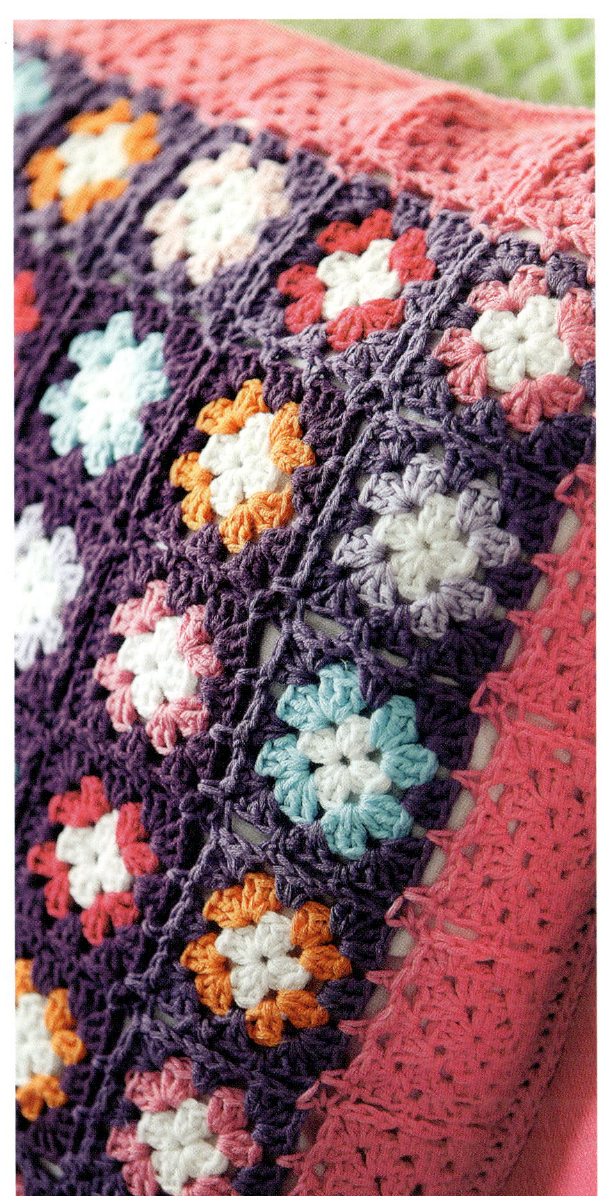

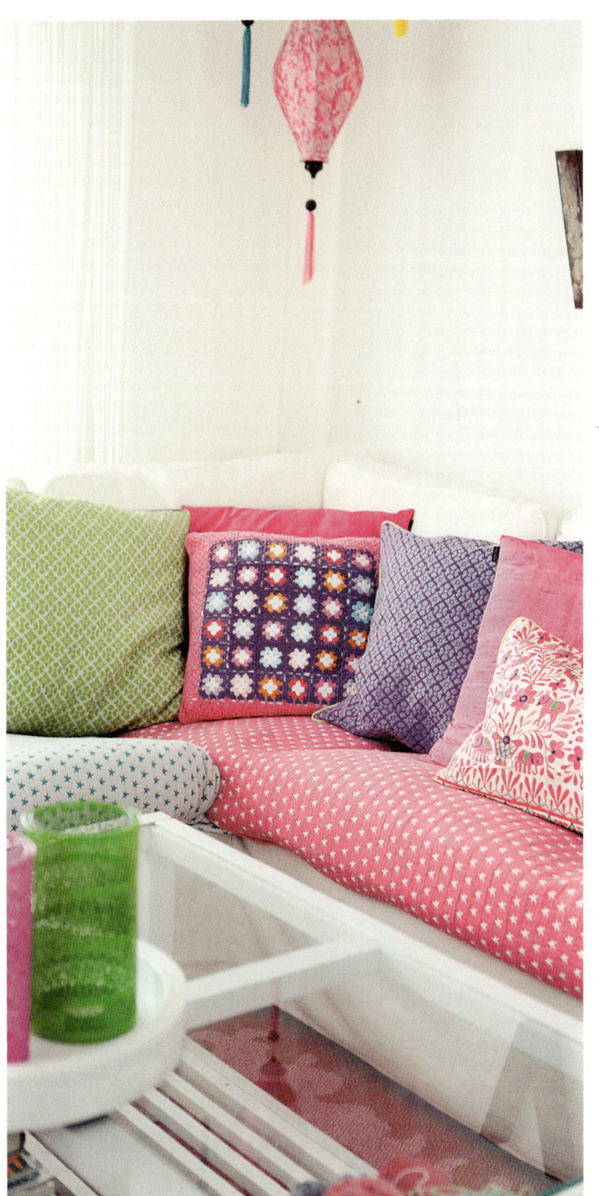

Kissen mit kleinen Blüten

Dies ist eine Alternative für alle, die kein ganzes Kissen häkeln möchten. Hier wurde ein einfacher weißer Kissenbezug mit bunten gehäkelten Blüten verziert. Und wer würde sich nicht über ein solches Kissen im Schlafzimmer freuen?

Garn: Mandarin Petit *(siehe Seite 126)*
Häkelnadel: 3 mm

BLÜTE

4 Lm häkeln und mit 1 Km in die 1. Lm zum Ring schließen.
Runde 1: 4 Lm (= 1. Stb + 1 Lm), *1 Stb in den Ring, 1 Lm; ab * noch 4 x wdh. Die Rd mit 1 Km in die 3. Lm am Anfang der Rd schließen.
Runde 2: 1 Lm, 1 fM in die 1. Lm *3 Lm, je 1 fM in die nächste Lm; ab * noch 4 x wdh, enden mit 3 Lm und 1 Km in die 1. fM.
Runde 3: 1 Lm, in jeden Lm-Bogen 1 fM, 1 Lm, 3 Stb, 1 Lm, 1 fM häkeln, enden wie in Rd 2. Nach dem letzten Blütenblatt das Garn kürzen und den Faden durch die M ziehen. Die Garnenden vernähen.

FERTIGSTELLUNG

Der Kissenbezug ist 50 x 50 cm groß und wurde mit 25 Blüten verziert. Die äußeren Blüten jeweils 5 cm vom Rand entfernt in einem gegenseitigen Abstand von 10 cm aufnähen. Die übrigen Blüten zwischen den äußeren Blüten in Reihen anordnen.

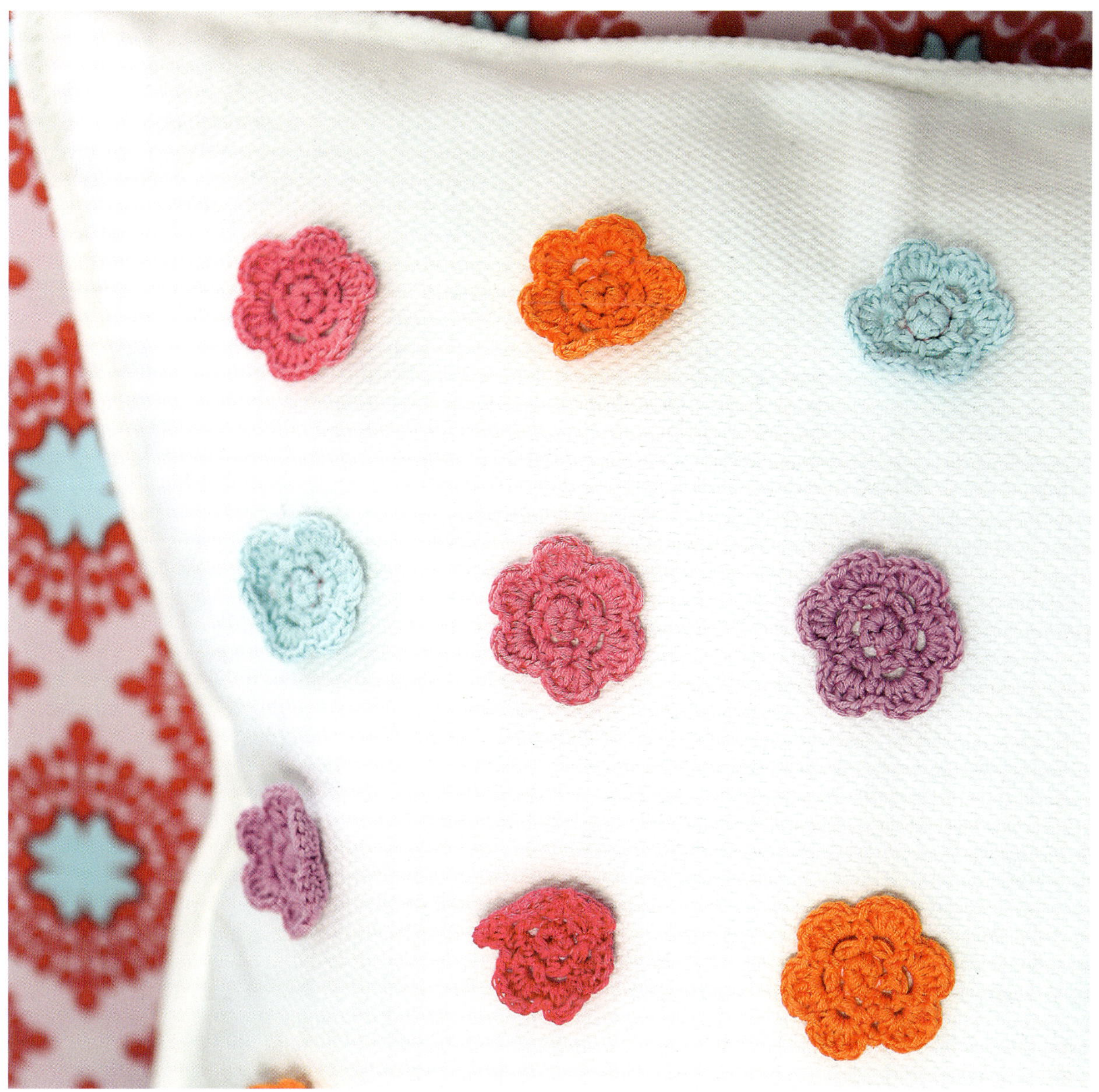

Linnéas Kissen aus Wheel Squares

Garn: Mandarin Petit *(siehe Seite 126)*, außer das rote Garn, das von einem anderen Hersteller ist
Garnverbrauch: Grundfarbe (Rot) ca. 100 g, die übrigen Garne sind Reste in den Farben Orange, Rosa, Lila, Hell-türkis, Limone und Grün.
Häkelnadel: 3 mm

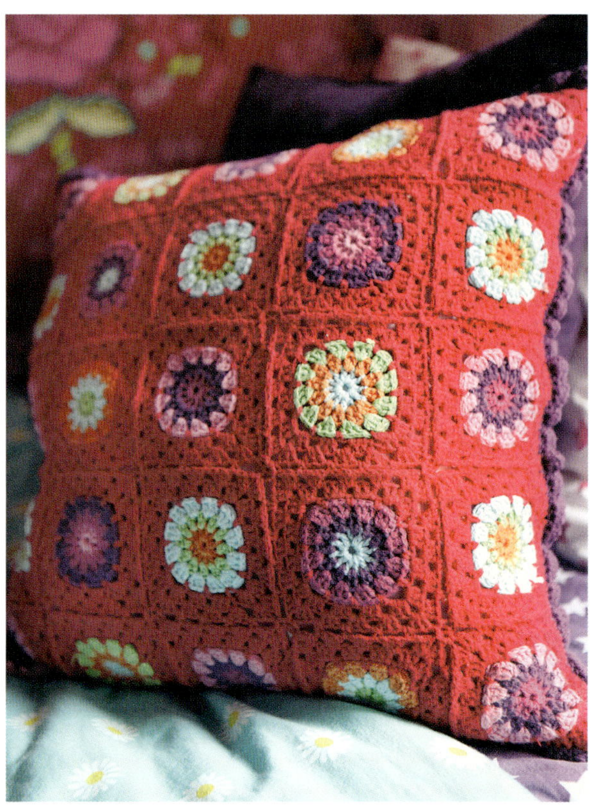

QUADRAT

4 Lm häkeln und mit 1 Km in die 1. Lm zum Ring schließen. Alle Rd mit 1 Km in die 2. Anfangs-Lm schließen.

Runde 1: 2 Lm (= 1. Stb), 11 Stb in den Ring.

Runde 2: 2 Lm, 1 Stb in den 1. Zwischenraum zwischen den Stb der vorherigen Rd, dann je 2 Stb zwischen die Stb der vorherigen Rd.

Runde 3: 1 Km in das 2. Stb, 2 Lm, dann je Stb in den nächsten Zwischenraum zwischen Stb-Gruppen der vorherigen Rd, dann je 3 Stb in jeden nachfolgenden Zwischenraum, wdh bis zum Ende der Rd (12 Gruppen).

Runde 4: 1 Km in das 3. Stb, 1 Lm, *1 fM in den Zwischenraum zwischen den Stb-Gruppen, 4 Lm; ab * wdh bis zum Ende der Rd. Die Rd mit 1 Km in die 1. fM schließen.

Runde 5: 2 Lm, 2 Stb in den ersten Lm-Bogen, danach 3 Stb in jeden Lm-Bogen, jedoch 3 Stb, 1 Lm in jeden 3. Lm-Bogen, sodass sich vier Ecken ergeben und ein Quadrat entsteht.

Runde 6: 1 Km in das 3. Stb, 2 Lm, 2 Stb in den 1. Zwischenraum zwischen den Stb-Gruppen, danach 3 Stb in jeden Zwischenraum zwischen den Stb-Gruppen, in den Ecken jedoch 3 Stb, 1 Lm, 3 Stb.

VERBINDEN DER QUADRATE

Wenn das 2. Quadrat bis auf die letzte Seite fertig ist, die beiden Quadrate in der letzten Rd an einer Seite zusammenhäkeln, *siehe Anleitung auf Seite 14*. Mit dem nächsten Quadrat fortsetzen und nach und nach alle Quadrate zusammenhäkeln.

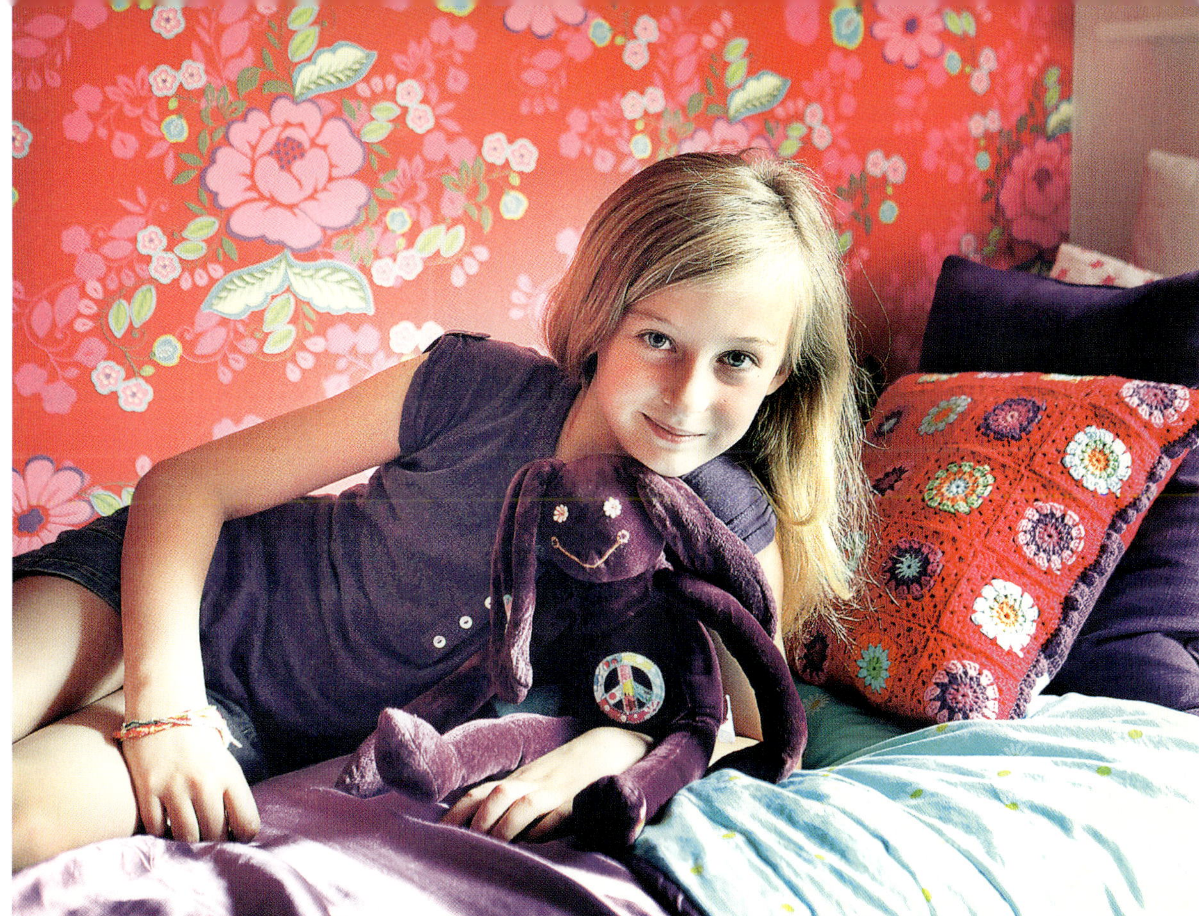

RÜCKSEITE

Das Kissen besteht aus 5 x 5, also insgesamt 25 Quadraten, und misst 50 x 50 cm. Für die Rückseite entsprechend der Breite der Vorderseite Lm und dann Reihen mit fM häkeln, bis die Rückseite so groß ist wie die Vorderseite.

FERTIGSTELLUNG

So wird das Kissen fertiggestellt: Vorder- und Rückseite links auf links aufeinanderlegen. Mit der Häkelnadel in die M von Vorder- und Rückseite einstechen und 3 Seiten des Bezugs mit fM zusammenhäkeln. An den Ecken jeweils 3 fM in 1 M häkeln. Das Innenkissen in den Bezug schieben und die letzte Seite zusammenhäkeln.

Bei meinem Kissen habe ich noch 1 Rd hinzugefügt: *1 fM, 2 M überspringen, 5 Stb, 2 M überspringen; ab * wdh bis zum Ende der Rd. Dies ergibt eine hübsche Spitze als Randabschluss. Wenn Ihnen das nicht gefällt, häkeln Sie stattdessen noch 1 Rd mit fM.

Zickzackkissen

Dieser Kissenbezug ist 40 x 60 cm groß, lässt sich aber natürlich in jeder beliebigen Größe anfertigen. Dazu einfach etwas mehr Luftmaschen häkeln, als für die Kissenbreite eigentlich erforderlich ist, da sich das Muster etwas zusammenzieht. Sollten Maschen übrig bleiben, nachdem Sie mit dem Häkeln begonnen haben, lassen diese sich später beim Vernähen der Fäden leicht mit verarbeiten. Wenn die Zahl der Luftmaschen genau aufgehen soll, müssen Sie für das Muster ein Vielfaches von 12 + 2 Luftmaschen häkeln.

Garn: Mandarin Petit doppelt *(siehe Seite 126)*
Garnverbrauch: ca. 200 g in Rosa und je ca. 100 g in Weiß, Orange, Rot, Pink, Rosa, Helltürkis, Limone und Grün
Häkelnadel: 3,5 mm

134 Lm locker häkeln. Das Muster muss mit einem „Tal" beginnen und enden, damit es nicht in die falsche Richtung wächst. Stellen Sie es sich als V vor. Das Muster baut auf normalen Stb auf: 4 Stb, 3 Stb zusammen abmaschen, 4 Stb, 3 Stb zunehmen usw.

Reihe 1: In der 3. Lm ab der Häkelnadel beginnen (zählt als 1. Stb) und *4 Stb, 1 Tal (siehe unten), 4 Stb, 1 Berg (siehe unten) häkeln; ab * wdh bis zum Ende der R. Die Maschenzahl muss so aufgehen, dass die R mit einem Tal und 4 Stb endet. Wenden.

Reihe 2–58: 2 Lm (zählen als 1. Stb) und 3 Stb häkeln, dann *1 Tal, 4 Stb, 1 Berg, 4 Stb häkeln; ab * wdh bis zum Ende der R. Die Täler und Berge sollten sich nun an denselben Stellen wie in der vorherigen Reihe befinden.

Berg = 3 Stb in dieselbe Lm häkeln
Tal = 3 M wie folgt zusammen abmaschen: 1 Umschlag aufnehmen, mit der Häkelnadel in die M einstechen und das Garn durchholen (3 Schlingen auf der Häkelnadel), 1 Umschlag aufnehmen und durch 2 der Schlingen ziehen. Nochmals 1 Umschlag aufnehmen, mit der Häkelnadel in die 2. M einstechen und das Garn durchholen (4 Schlingen auf der Häkelnadel), 1 Umschlag aufnehmen und das Garn durch 2 der Schlingen ziehen. Erneut 1 Umschlag aufnehmen, mit der Häkelnadel in die 3. M einstechen und das Garn durchholen (5 Schlingen auf der Häkelnadel). Nun zum Abschluss noch einmal 1 Umschlag aufnehmen und das Garn durch alle 5 Schlingen ziehen.

Das Kissen wird in einem Stück gearbeitet. Für die bunten Streifen nach jeder 4. Reihe die Garnfarbe wechseln. Statt am Ende alle Garnenden zu vernähen (das sind einige!), können Sie die Garnenden beim Farbwechsel ein paar Maschen weit mit einhäkeln. Bei dem abgebildeten Kissen habe ich für die gewünschte Größe 58 Reihen gehäkelt.

FERTIGSTELLUNG

Hat das Stück die gewünschte Größe erreicht, den Bezug links auf links kantengleich legen und entlang einer Schmalseite mit festen Maschen zusammenhäkeln. Die Häkelnadel durch die vordere und die hintere M einstechen und das Garn durch beide M hindurchziehen. In der Ecke 3 feste M in 1 M häkeln. Danach den Bezug entlang einer Längsseite zusammenhäkeln. Das Innenkissen in den Bezug schieben und die letzte Seite zusammenhäkeln.

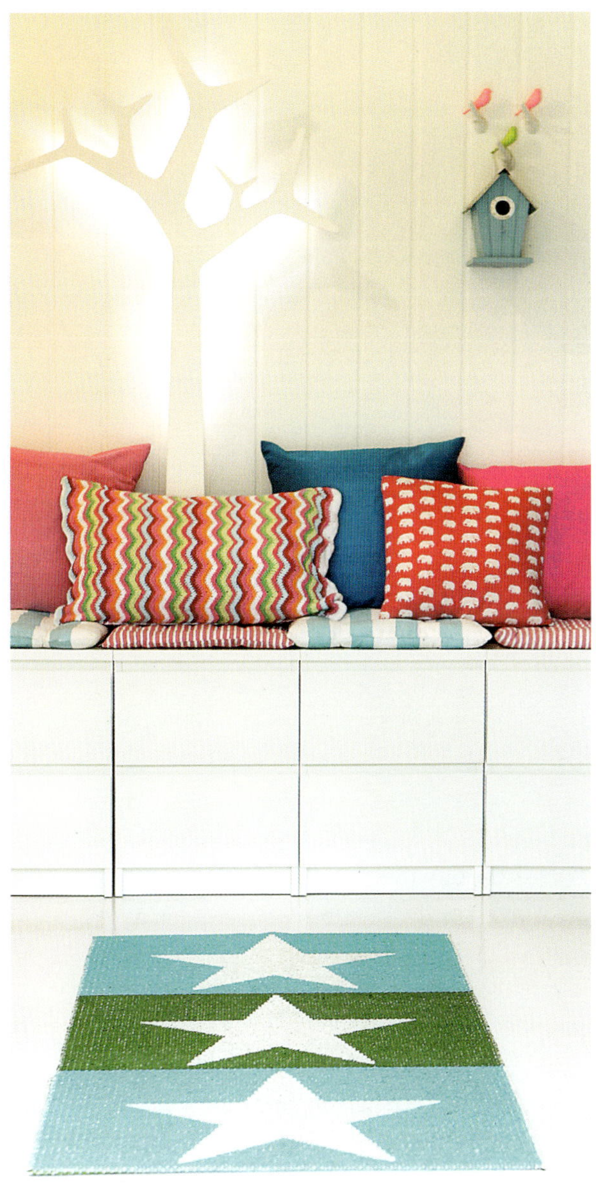

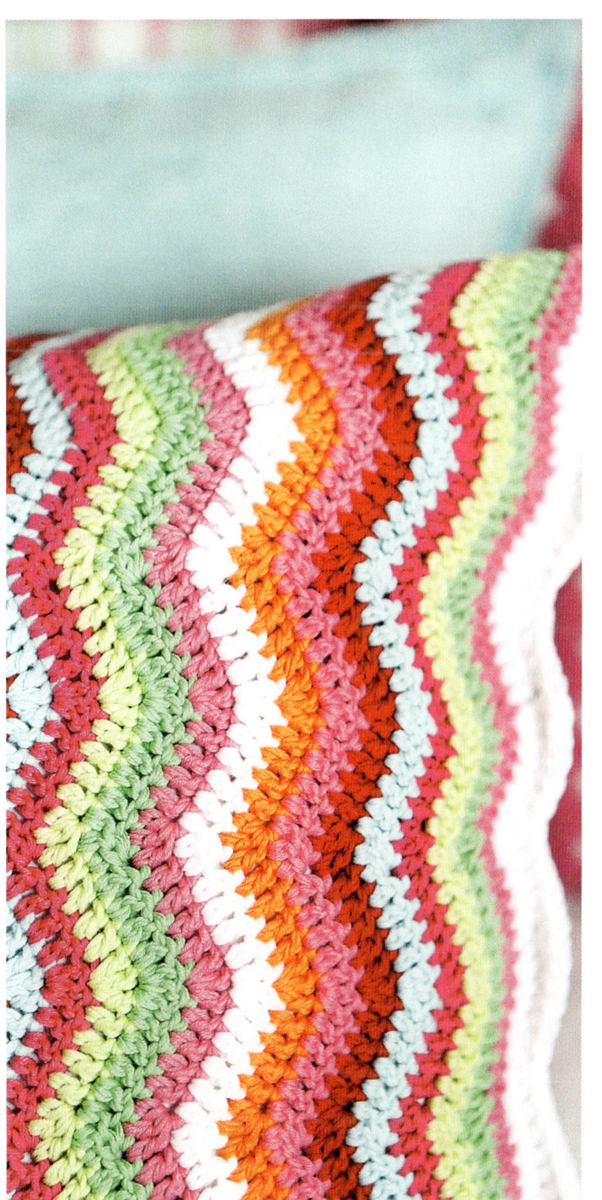

Sofadecke

Garn: Mandarin Petit *(siehe Seite 126)*, außer das rote Garn, das von einem anderen Hersteller ist

Garnverbrauch: Hier können Sie hervorragend Ihre Garnreste verwerten, nehmen Sie einfach, was Sie haben. Ich habe die Farben Weiß, Gelb, Orange, Rosa, Hellrosa, Türkis, Mittellila, Dunkellila, Helltürkis, Limone und Grün verwendet.

Häkelnadel: 3 mm

Die Decke besteht aus Granny Squares, die während der Herstellung zusammengehäkelt werden *(siehe Anleitung auf Seite 12–15)*. Jedes Quadrat besteht aus 7 Rd, alle Quadrate haben unterschiedliche Farben. Bei den meisten Quadraten ist die 7. Rd in Weiß gehäkelt, aber damit die Decke spannender wirkt, habe ich bei einigen Quadraten als Abschlussfarbe Rosa statt Weiß verwendet. Die übrigen Runden sind einfach in unterschiedlichen Farben gehäkelt. Anregungen für Farbzusammenstellungen bietet die Abbildung.

Die Decke ist 9 Quadrate breit und 14 Quadrate lang, sie besteht also aus insgesamt 126 Quadraten. Die Quadrate werden bereits während der Herstellung zusammengehäkelt, siehe Seite 14.

Wenn alle Quadrate fertig und die Garnenden vernäht sind, muss noch eine Einfassung um die gesamte Decke herumgehäkelt werden. Dazu an einem Lm-Zwischenraum beginnen. In jeden Zwischenraum zwischen den Stb-Gruppen der Quadrate je 3 Stb häkeln. In den Ecken genau wie bei den Quadraten 3 Stb, 1 Lm, 3 Stb häkeln.

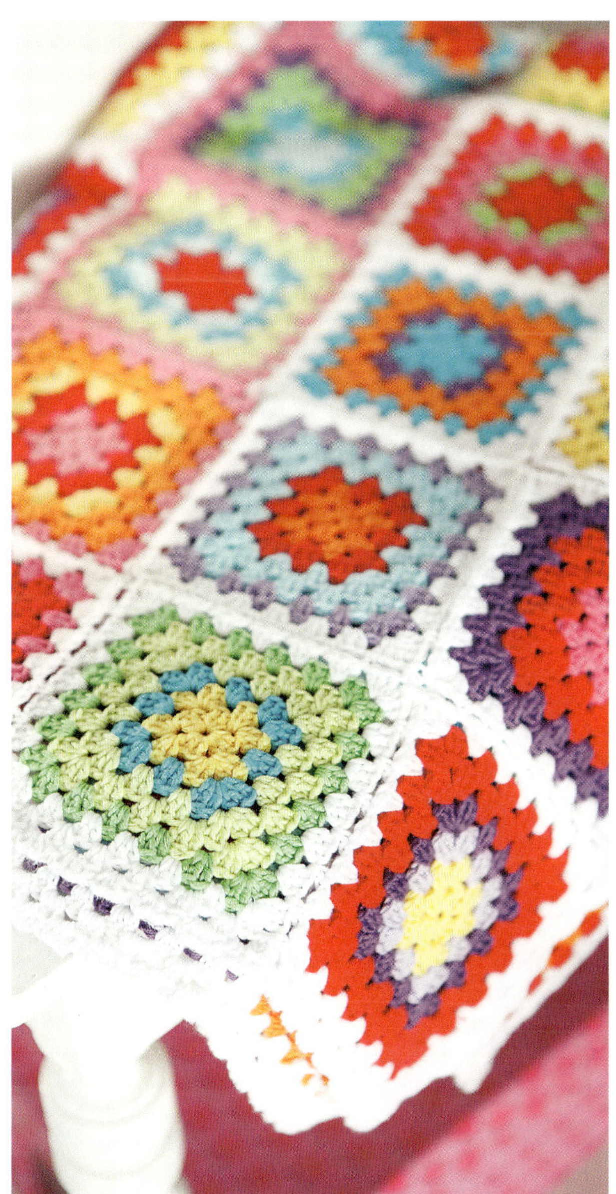

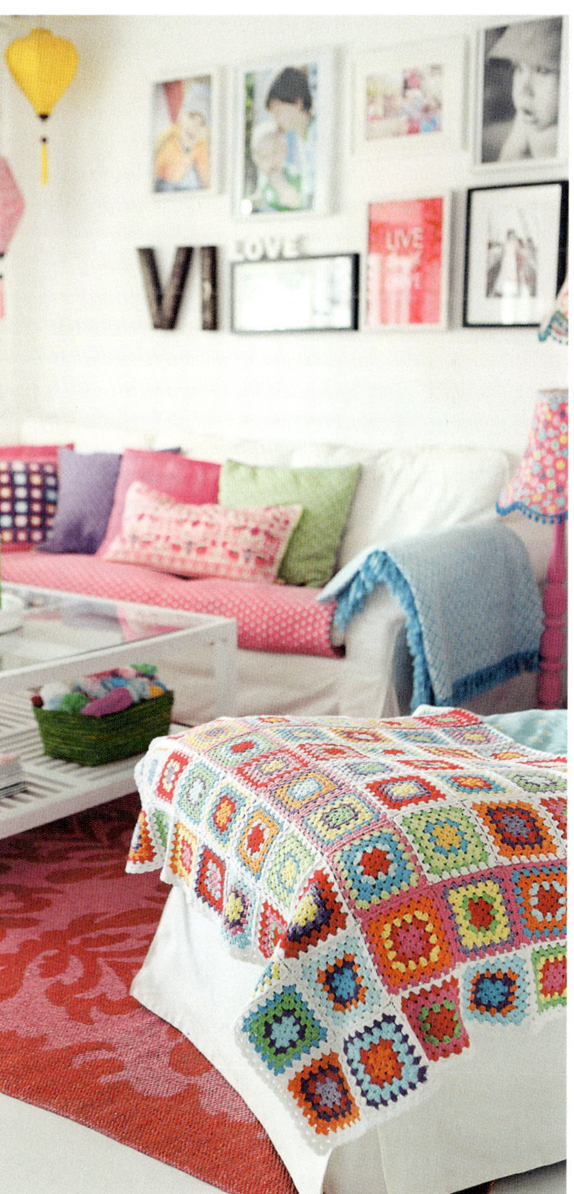
VI
LOVE

Ozzys Decke

Eine bunte Decke in der richtigen Größe für ein kleines Jungenbett. Die Decke misst ca. 120 x 90 cm und besteht aus 13 x 10 Quadraten.

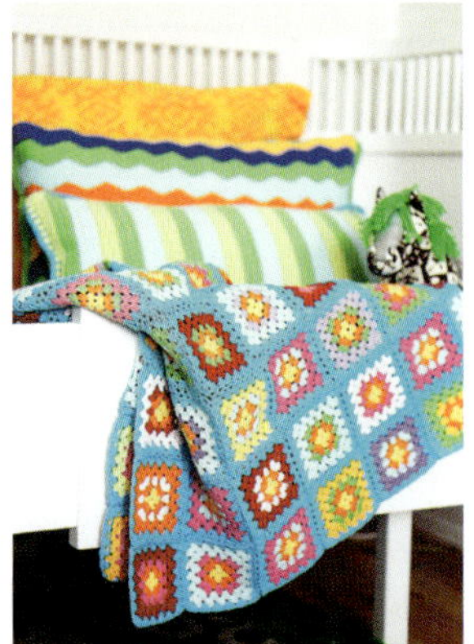

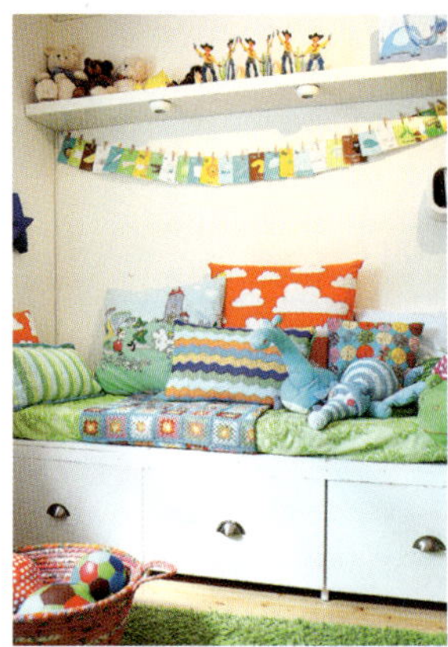

Garn: Mandarin Petit *(siehe Seite 126)*
Garnverbrauch: Dieses Projekt eignet sich hervorragend zur Verwertung von Garnresten. Ich habe Garn in den Farben Weiß, Gelb, Orange, Rot, Rosa, Hellrosa, Türkis, Helllila, Helltürkis, Limone und Grün verwendet.
Häkelnadel: 3 mm

Anleitung für Granny Squares, *siehe Seite 12*. In der Mitte sind alle Quadrate gleich gehäkelt, in Gelb und Orange, jedoch sind die Farben der folgenden 3 Rd jeweils unterschiedlich. Die äußerste Rd ist in einer einheitlichen Farbe gearbeitet, in Türkis. Diese Farbe habe ich auch zum Zusammenhäkeln verwendet. Alle Quadrate bestehen also aus 6 Rd. Nach der Fertigstellung alle Quadrate in der Anordnung auslegen, in der sie zusammengehäkelt werden. 1 fM an der Seite des 1. Quadrats häkeln, dann 1 Lm und 1 fM an der Seite des 2. Quadrats häkeln. Wieder 1 Lm häkeln, 1 M am 1. Quadrat überspringen, 1 fM in das 1. Quadrat häkeln. Auf diese Weise weiterarbeiten, bis alle Quadrate verarbeitet sind. Meine Decke hat bisher keine Einfassung, damit ich sie einfach vergrößern kann, wenn mein Sohn herausgewachsen ist.

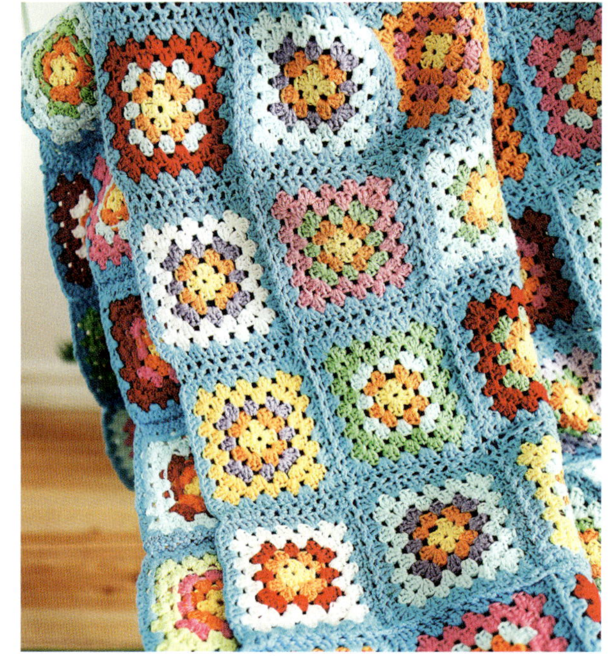

Babydecke

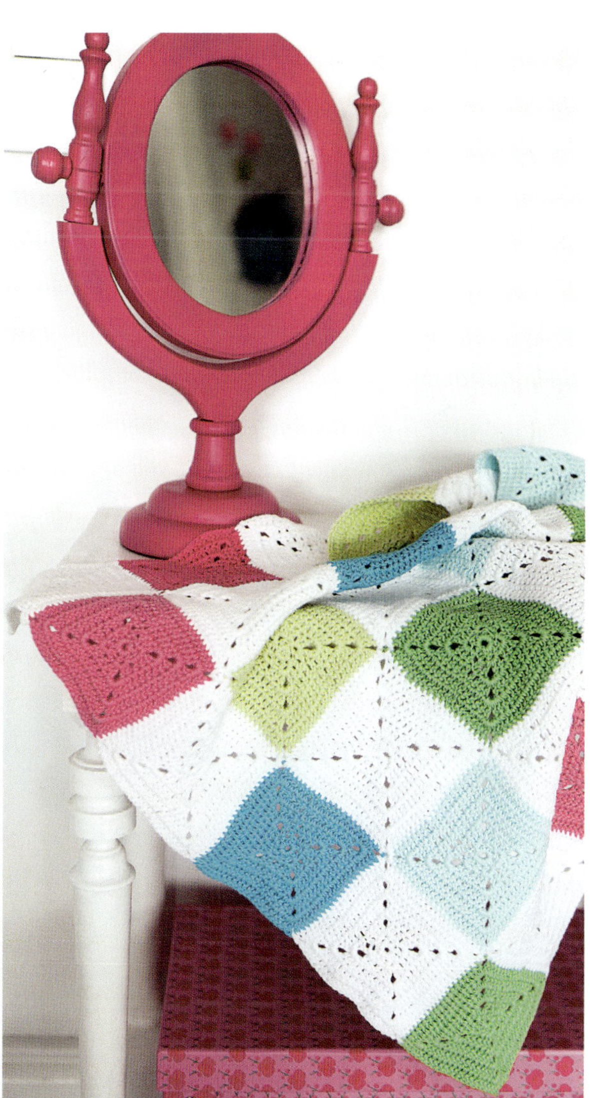

Bei dieser Variante der Granny Squares fehlt das für den Grundtyp charakteristische Lochmuster. Hieraus lässt sich diese Decke nähen, die genau die richtige Größe für ein Baby hat. Die Quadrate sind abwechselnd ganz in Weiß und in verschiedenen hellen Farben gearbeitet. Jedes Quadrat ist ca. 9,5 x 9,5 cm groß, die Decke insgesamt 76 x 57 cm.

Garn: Mandarin Petit *(siehe Seite 126)*
Garnverbrauch: Häkeln Sie mittelfest, reicht 1 Knäuel für etwa 4–5 Quadrate. Ich habe Garn in den Farben Weiß, Pink, Rosa, Türkis, Helltürkis, Limone und Grün verwendet.
Häkelnadel: 3 mm

QUADRAT

4 Lm häkeln und mit 1 Km in die 1. Lm zum Ring schließen. Jede Runde mit 1 Km in die 3. Anfangs-Lm schließen.
Runde 1: 3 Lm (= 1. Stb), 2 Stb. *1 Lm, 3 Stb; ab * wdh, bis 4 Gruppen mit Stb fertig sind, enden mit 1 Lm. Dabei alle Stb in den Ring häkeln.
Runde 2: 3 Lm, 1 Stb in jede M bis zum Ende der Rd. In den Ecken 2 Stb, 1 Lm, 2 Stb in den Zwischenraum häkeln.
Runde 3–6: Wie Rd 2 häkeln. Zum Vergrößern die Zahl der Maschen in den Ecken erhöhen. Nach Rd 6 das Garn kürzen und den Faden durch die M ziehen.

Für diese Decke benötigen Sie 48 Quadrate, 6 Quadrate in der Breite, 8 Quadrate in der Länge. Sind die Quadrate fertig, werden sie zusammengehäkelt. Dazu jeweils 2 Quadrate rechts auf rechts aufeinanderlegen und mit weißem Garn und fM zusammenhäkeln.

Leos Decke

Garn: Mandarin Petit *(siehe Seite 126)* in den Farben Weiß, Türkis, Helltürkis, Grün und Marine sowie ein rotes Garn eines anderen Herstellers
Garnverbrauch: 100 g in Türkis, 200 g in Weiß, 150 g in Helltürkis, 150 g in Grün, 150 g in Marine, 330 g in Rot
Häkelnadel: 3 mm

Leos Decke besteht aus Granny Squares *(siehe Seite 12)*, die im Lauf der Herstellung zusammengehäkelt werden *(siehe Seite 14)*. Jedes Quadrat besteht aus 2 Rd türkisfarbenem Garn in der Mitte und danach 4 Rd in einer anderen Farbe. Bei jedem zweiten Quadrat sind die 4 äußeren Rd in Weiß gearbeitet. Die letzte Rd wird mit rotem Garn gearbeitet, mit dem die Quadrate auch verbunden werden. Die Decke ist 12 Quadrate breit und 15 Quadrate lang. Es werden also 180 Granny Squares benötigt.

Wenn alle Quadrate fertig hergestellt und zusammengehäkelt sind, erhält die Decke noch eine Einfassung. Dazu die gesamte Decke mit rotem Garn und fM umhäkeln. Danach zu Dunkelblau wechseln und 1 Rd Stb um die Decke häkeln. Zum Abschluss eine weitere Rd mit fM in Türkis häkeln. In die Eckmasche jeweils 3 feste M bzw. Stb häkeln.

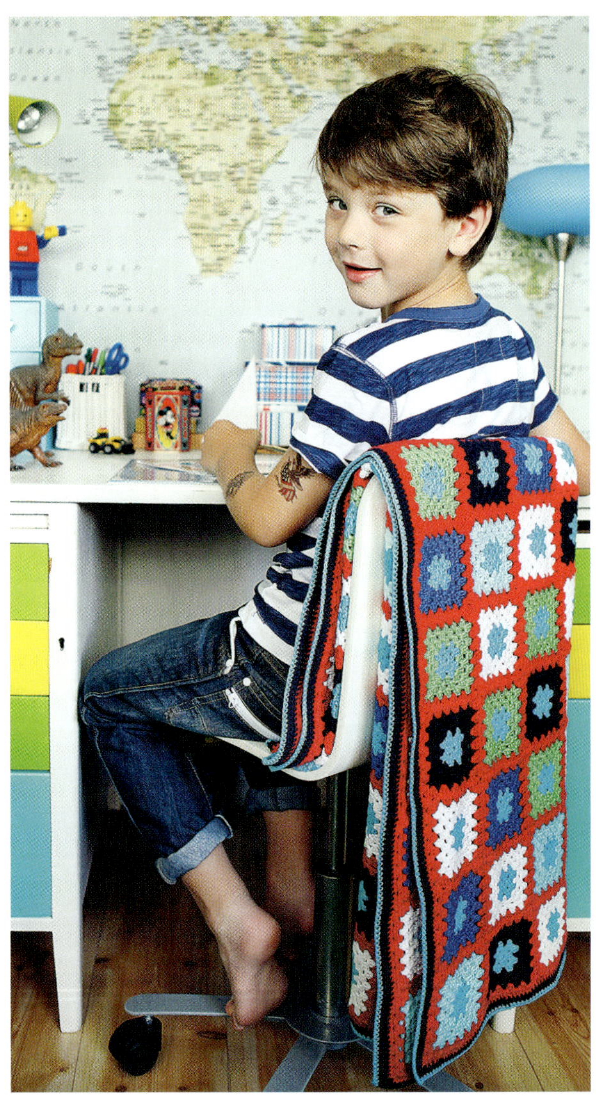

Topflappen aus Granny Squares

Garn: Mandarin Petit *(siehe Seite 126)* oder Garnreste
Häkelnadel: 2,5 mm

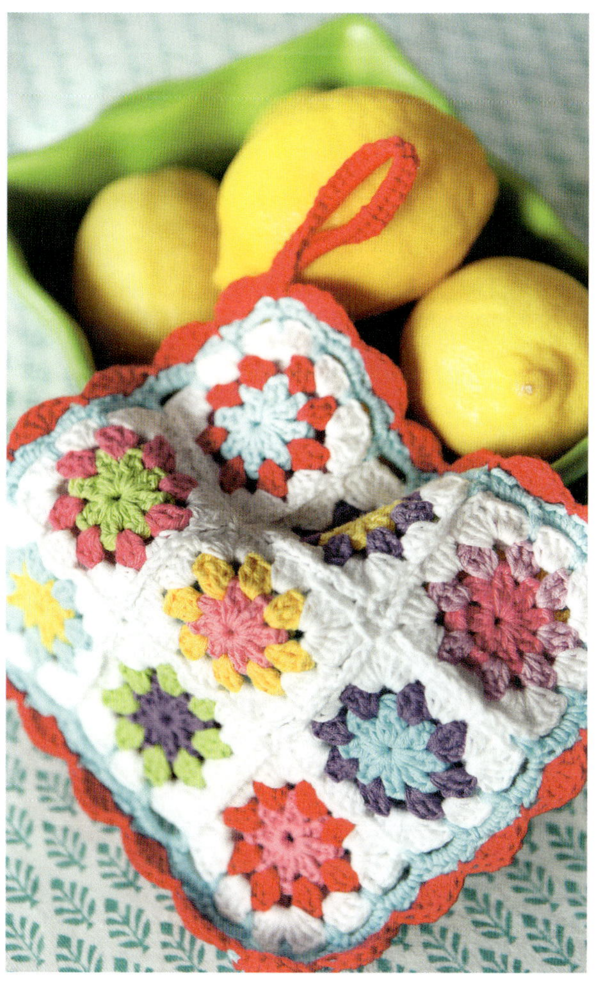

QUADRAT

4 Lm häkeln und mit 1 Km in die 1. Lm zum Ring schließen. Jede Rd mit 1 Km in die 3. Anfangs-Lm schließen. Nach jeder Rd das Garn kürzen und die Farbe wechseln.

Runde 1: 3 Lm (= 1. Stb), 1 Stb, *1 Lm, 2 Stb; ab * wdh, bis 8 Stb-Gruppen fertig sind (alle Stb in den Ring häkeln), enden mit 1 Lm.

Runde 2: 3 Lm, 2 Stb, *1 Lm, 3 Stb; ab * wdh bis zum Ende der Rd. Bei den Stb jeweils in die Zwischenräume zwischen den Stb-Gruppen der Vor-Rd einstechen. Enden mit 1 Lm.

Runde 3: 3 Lm, 2 Stb, dann in die Zwischenräume abwechselnd 1 Lm, 3 Stb bzw. 1 Lm, 3 Stb, 1 Lm, 3 Stb häkeln, sodass 4 Ecken entstehen. Während der letzten Rd die Quadrate zusammenhäkeln, *siehe Anleitung auf Seite 14*.

Der Topflappen ist doppelt gehäkelt und besteht aus einer Vorder- und einer Rückseite mit jeweils 9 Quadraten. Die beiden Topflappenseiten links auf links aufeinanderlegen und die Einfassung wie folgt häkeln:

Runde 1: *1 fM, 3 Lm, 3 M überspringen; ab * wdh um den Topflappen herum. Bei den fM mit der Häkelnadel durch beide Teile einstechen, sodass sie verbunden werden.

Runde 2: 5 fM in jeden Lm-Bogen bis zum Ende der Rd.

Runde 3: *1 fM, 2 M überspringen, in die nächste M 5 Stb, 2 M überspringen; ab * wdh bis zum Ende der Rd.

Abschließend 15–20 Lm für den Aufhänger häkeln und mit 1 Km am Topflappen befestigen, sodass eine Schlaufe entsteht. Diesen Lm-Bogen mit fM umhäkeln, damit die Schlaufe kräftiger wird. Das Garn kürzen und den Faden durch die M ziehen. Garnenden vernähen.

Quadratischer Topflappen 1

Garn: Mandarin Petit *(siehe Seite 126)* oder Garnreste
Häkelnadel: 2,5 mm

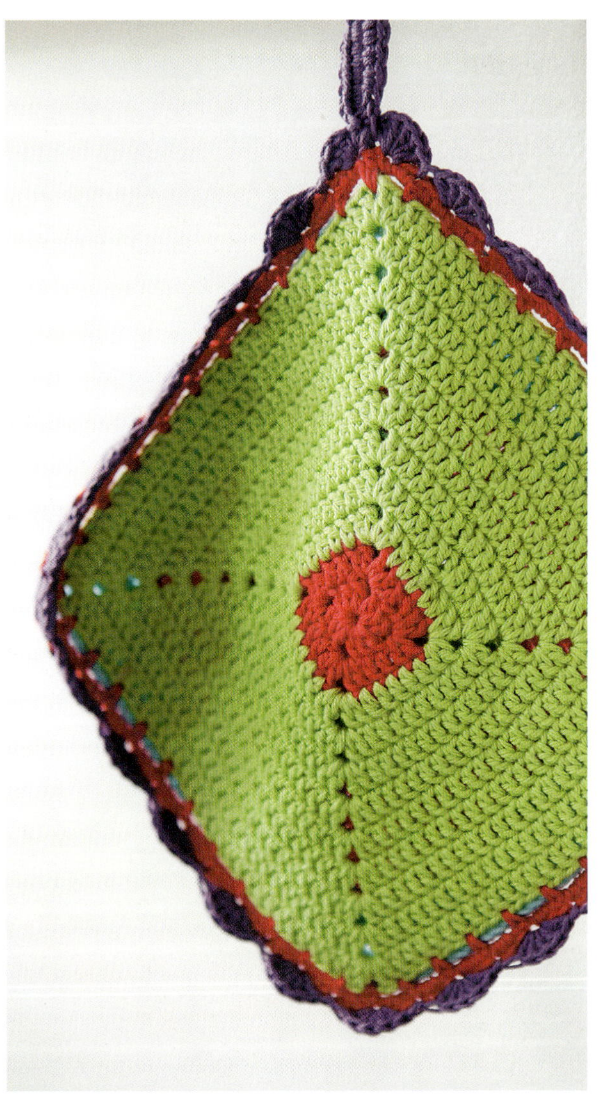

4 Lm häkeln und mit 1 Km in die 1. Lm zum Ring schließen. Jede Runde mit 1 Km in die 3. Anfangs-Lm schließen.
Runde 1: 3 Lm (= 1. Stb), 2 Stb, *1 Lm, 3 Stb; ab * wdh, bis 4 Stb-Gruppen fertig sind (alle Stb in den Ring häkeln), enden mit 1 Lm.
Runde 2: 3 Lm, 1 Stb in jede M bis zum Ende der Rd. In den Ecken 2 Stb, 1 Lm, 2 Stb in den Zwischenraum häkeln.
Runde 3–11: Rd 2 wdh, dabei die Zahl der Maschen durch Zunehmen in den Ecken erhöhen. Nach Belieben die Garnfarbe wechseln. Beim abgebildeten Topflappen habe ich nach der Rd 2 eine andere Farbe verwendet. Nach Rd 11 das Garn kürzen und den Faden durch die M ziehen.

Der Topflappen ist doppelt gearbeitet. Nach der Vorderseite daher noch eine Rückseite häkeln. Beide links auf links aufeinanderlegen und mit folgender Einfassung zusammenhäkeln:
Runde 1: *1 fM, 3 Lm, 2 M überspringen; ab * wdh bis zum Ende der Rd. Bei den fM mit der Häkelnadel durch beide Teile einstechen, sodass sie zusammengehäkelt werden.
Runde 2: 3 fM in jeden Lm-Bogen bis zum Ende der Rd.
Runde 3: *1 fM, 2 M überspringen, in die nächste M 5 Stb, 2 M überspringen; ab * wdh bis zum Ende der Rd.

Zum Schluss 15–20 Lm für den Aufhänger häkeln und mit 1 Km am Topflappen befestigen. Diesen Lm-Bogen mit fM umhäkeln. Das Garn kürzen und den Faden durch die M ziehen. Garnenden vernähen.

Quadratischer Topflappen 2

Garn: Mandarin Petit *(siehe Seite 126)* oder Garnreste
Häkelnadel: 2,5 mm

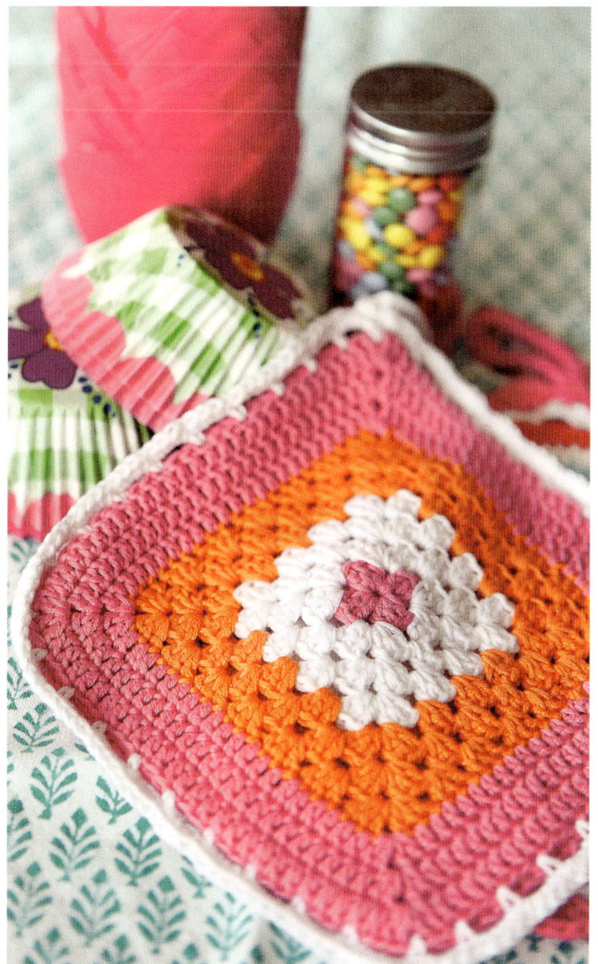

Ein Granny Square nach der Anleitung auf Seite 12 über 7 Rd häkeln. Beim abgebildeten Topflappen habe ich jeweils nach Rd 1, 4 und 7 die Garnfarbe gewechselt.

Runde 8–10: 3 Lm (= 1. Stb), dann je 1 Stb in alle Maschen bis zum Ende der Rd. In den Ecken 2 Stb 1 Lm, 2 Stb häkeln. Die Rd mit 1 Km in die 3. Anfangs-Lm schließen.

Nach Rd 10 das Garn kürzen und den Faden durch die M ziehen. Die Garnenden vernähen. Der Topflappen ist doppelt gearbeitet, es sind also zwei gleiche Teile anzufertigen. Die beiden Teile links auf links aufeinander-legen und mit folgender Einfassung zusammenhäkeln:

Runde 1: *1 fM, 3 Lm, 2 M überspringen; ab * wdh bis zum Ende der Rd. Bei den fM mit der Häkelnadel durch beide Teile einstechen, sodass sie verbunden werden.

Runde 2: 3 fM in jeden Lm-Bogen bis zum Ende der Rd.

Für den Aufhänger 15–20 Lm häkeln, mit 1 Km am Topflappen befestigenund den Lm-Bogen mit fM umhäkeln. Das Garn kürzen und den Faden durch die M ziehen.

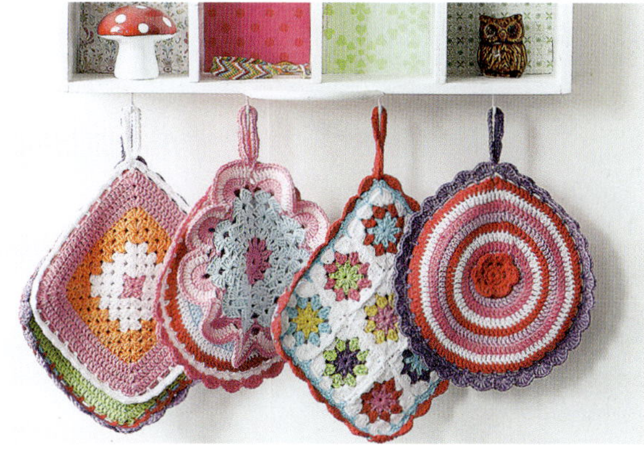

Runder Topflappen

Garn: Mandarin Petit *(siehe Seite 126)* oder Garnreste
Häkelnadel: 2,5 mm

4 Lm häkeln und mit 1 Km in die 1. Lm zum Ring schließen. Jede Rd mit 1 Km in die 3. Anfangs-Lm schließen.

Runde 1: 3 Lm (= 1. Stb), 11 Stb in den Ring.

Runde 2: 3 Lm, 1 Stb in dieselbe Masche wie die Km, dann 2 Stb in alle M bis zum Ende der Rd = 24 Stb.

Runde 3: 3 Lm, in die nächste M 2 Stb, *1 Stb, in die nächste M 2 Stb; ab * wdh bis zum Ende der Rd.

Runde 4: 3 Lm, 1 Stb, in die nächste M 2 Stb, *2 Stb, in die nächste M 2 Stb; ab * wdh bis zum Ende der Rd.

Runde 5: 3 Lm, 2 Stb, in die nächste M 2 Stb, *3 Stb, in die nächste M 2 Stb; ab * wdh bis zum Ende der Rd.

Runde 6: 3 Lm, 3 Stb, in die nächste M 2 Stb, *4 Stb, in die nächste M 2 Stb; ab * wdh bis zum Ende der Rd.

Runde 7: 3 Lm, 4 Stb, in die nächste M 2 Stb, *5 Stb, in die nächste M 2 Stb; ab * wdh bis zum Ende der Rd.

Runde 8: 3 Lm, 5 Stb, in die nächste M 2 Stb, *6 Stb, in die nächste M 2 Stb; ab * wdh bis zum Ende der Rd.

Runde 9: 3 Lm, 6 Stb, in die nächste M 2 Stb, *7 Stb, in die nächste M 2 Stb; ab * wdh bis zum Ende der Rd.

Der Topflappen ist doppelt gearbeitet. Nach der Vorderseite daher noch eine Rückseite häkeln. Vorder- und Rückseite links auf links aufeinanderlegen und mit folgender Einfassung zusammenhäkeln:

Runde 1: *1 fM zwischen 2 Stb, 3 Lm, 3 M überspringen; ab * wdh bis zum Ende der Rd. Bei den fM mit der Häkelnadel durch beide Teile einstechen.

Runde 2: 3 fM in jeden Lm-Bogen bis zum Ende der Rd.

Runde 3: *1 fM, 2 M überspringen, in die nächste M 5 Stb, 2 M überspringen; ab * wdh bis zum Ende der Rd.

Für den Aufhänger 15–20 Lm häkeln, mit 1 Km am Topflappen befestigen und den Lm-Bogen mit fM umhäkeln. Das Garn kürzen und den Faden durch die M ziehen.

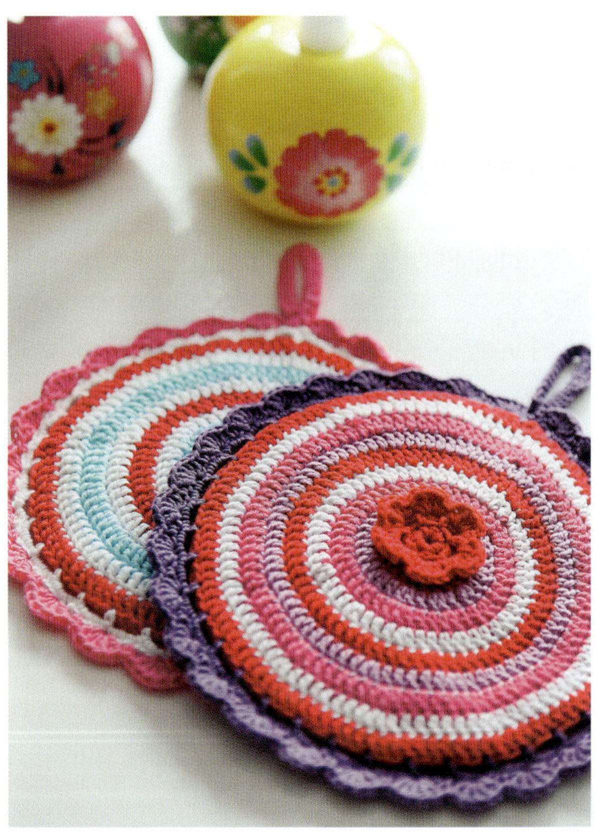

Retro-Topflappen

Dieses Muster stammt von einem alten Topflappen vom Flohmarkt. Vielleicht haben Sie das Muster schon einmal gesehen?

Garn: Mandarin Petit *(siehe Seite 126)* oder Garnreste
Häkelnadel: 3 mm

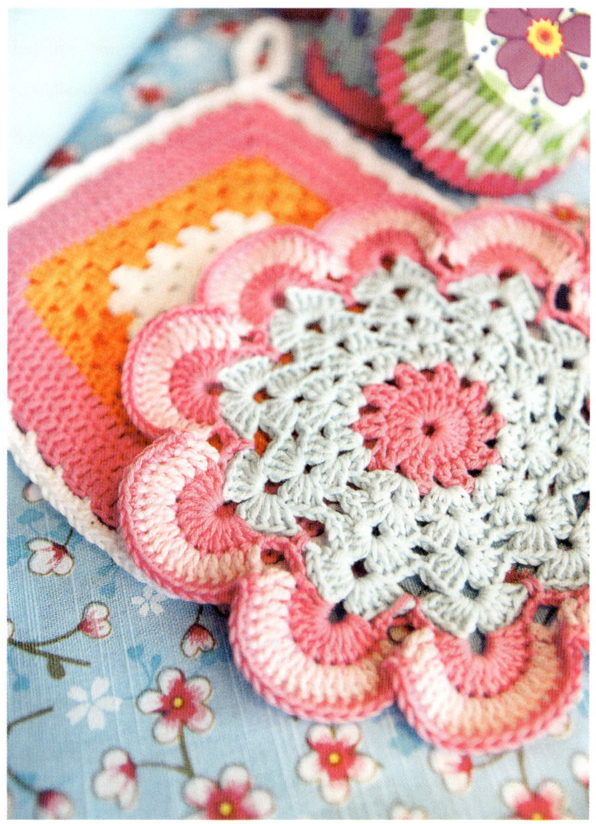

5 Lm häkeln und mit 1 Km in die 1. Lm zum Ring schließen. Jede Rd mit 1 Km in die 3. Anfangs-Lm schließen.

Runde 1: 3 Lm (= 1. Stb), 19 Stb in den Ring.

Runde 2: 3 Lm, 1 Stb, 2 Lm, *2 Stb, 2 Lm; ab * wdh bis zum Ende der Rd. Garnfarbe wechseln.

Runde 3: 1 Km zum nächsten Lm-Bogen häkeln, 3 Lm, 1 Stb, 1 Lm, 2 Stb in den Lm-Bogen. *2 Stb, 1 Lm, 2 Stb in den nächsten Lm-Bogen; ab * wdh bis zum Ende der Rd.

Runde 4: 1 Km zum nächsten Lm-Bogen häkeln, 3 Lm, 2 Stb, 2 Lm, 3 Stb in den Lm-Bogen. *3 Stb, 2 Lm, 3 Stb in den nächsten Lm-Bogen; ab * wdh bis zum Ende der Rd.

Runde 5: 1 Km zum nächsten Lm-Bogen häkeln, 3 Lm, 3 Stb, 3 Lm, 4 Stb in den Lm-Bogen. *4 Stb, 3 Lm, 4 Stb in den nächsten Lm-Bogen; ab * wdh bis zum Ende der Rd.

Runde 6: 1 Km zum nächsten Lm-Bogen häkeln, 3 Lm, 4 Stb, 4 Lm, 5 Stb in den Lm-Bogen. *5 Stb, 4 Lm, 5 Stb in den nächsten Lm-Bogen; ab * wdh bis zum Ende der Rd. Garnfarbe wechseln.

Runde 7: 1 fM in den Zwischenraum zwischen den Stb-Gruppen, 2 Lm, *13 Stb in den nächsten Lm-Bogen, 2 Lm, 1 fM in den Zwischenraum zwischen den Stb-Gruppen, 2 Lm; ab * wdh bis zum Ende der Rd. Die Rd mit 1 Km in die 1. fM schließen. Garnfarbe wechseln.

Runde 8: An einer Stb-Gruppe beginnen, *3 Stb, in die nächsten 7 M je 2 Stb, 3 Stb; ab * wdh bis zum Ende der Rd. Garnfarbe wechseln.

Runde 9: Den gesamten Topflappen mit fM umhäkeln.

Für den Aufhänger 15–20 Lm häkeln, mit 1 Km am Topflappen befestigen und den Lm-Bogen mit fM umhäkeln.

Apfelhülle

Eine praktische kleine Hülle, damit der Apfel für die Pause gut eingepackt in die Tasche kommt. Ein einfaches Projekt, also gleich mehrere in verschiedenen Farben häkeln.

Garn: Mandarin Petit doppelt *(siehe Seite 126)* oder Garnreste
Häkelnadel: 3,5 mm
Sonstiges Material: Knopf

4 Lm häkeln, mit 1 Km in die 1. Lm zum Ring schließen. Jede Runde mit 1 Km in die 1. fM schließen.
Runde 1: 1 Lm, 6 fM in den Ring (6 M).
Runde 2: 1 Lm, 2 fM in jede M bis zum Ende der Rd (12 M).
Runde 3: 1 Lm, *1 fM, in die nächste M 2 fM; ab * wdh bis zum Ende der Rd (18 M).
Runde 4: 1 Lm, *2 fM, in die nächste M 2 fM; ab * wdh bis zum Ende der Rd (24 M).
Runde 5: 1 Lm, *3 fM, in die nächste M 2 fM; ab * wdh bis zum Ende der Rd (30 M).
Runde 6: 1 Lm, dann fM bis zum Ende der Runde (30 M).
Runde 7: 1 Lm, *4 fM, in die nächste M 2 fM; ab * wdh bis zum Ende der Rd (36 M).
Runde 8: 1 Lm, dann fM bis zum Ende der Runde (36 M).
Runde 9: 1 Lm, *5 fM, in die nächste M 2 fM; ab * wdh bis zum Ende der Rd (42 M).
Runde 10: 1 Lm, dann fM bis zum Ende der Runde (42 M). Nach dieser Runde für die Öffnung in Reihen weiterhäkeln und nach jeder Reihe wenden.
Reihe 11–15: 1 Lm, dann fM bis zum Ende der R, wenden.

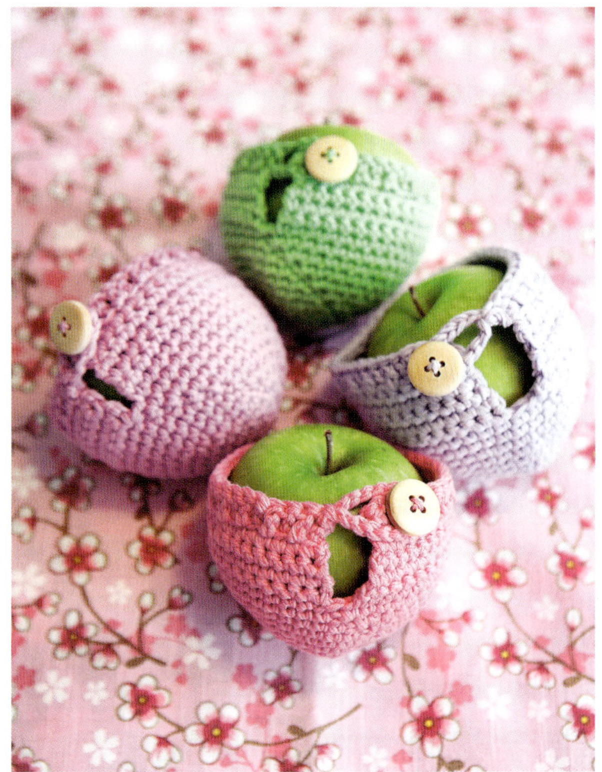

In R 11 bereits nach der vorletzten Masche wenden.
Reihe 16: 2 Lm, Stb bis zum Ende der R, dabei abwechselnd in das vordere und in das hintere Maschenglied einstechen.

10 Lm häkeln und mit 1 Km zur Öse schließen. Das Garn kürzen und den Faden durch die M ziehen. Zum Schluss einen passenden Knopf festnähen.

Becherhalter

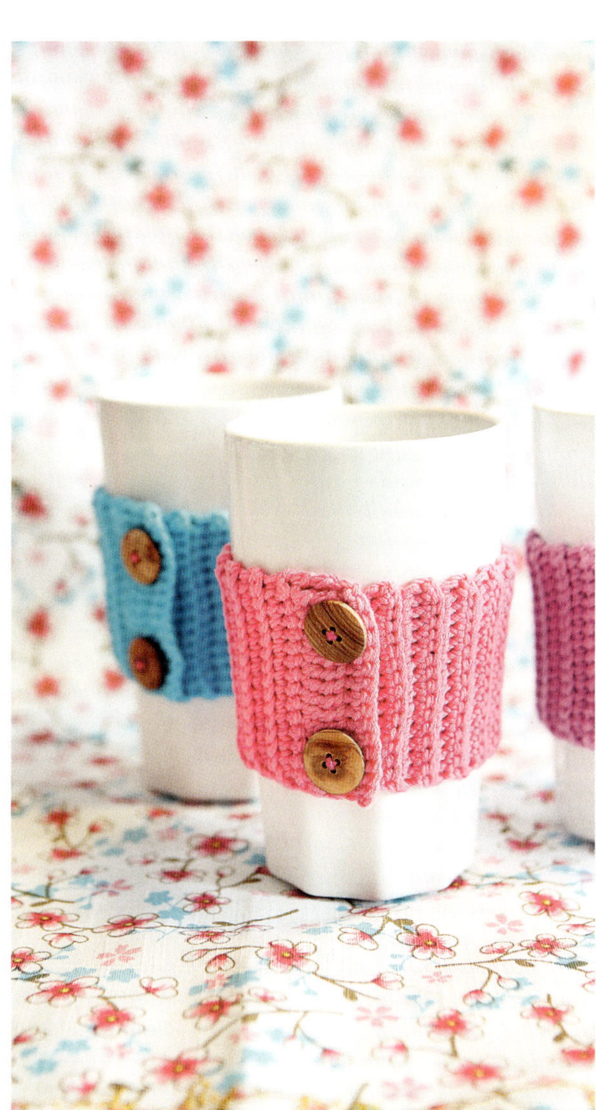

Der Becherhalter ist sehr dekorativ, aber vor allem ist er hilfreich, wenn der Becher heiß ist. Das Muster ist einfach und passt zu den meisten Bechern. Zum Anpassen an den Becherumfang kann das Muster länger oder kürzer gehäkelt werden. Nehmen Sie an Ihrem eigenen Becher Maß!

Garn: Mandarin Petit doppelt *(siehe Seite 126)* oder Garnreste
Häkelnadel: 3,5 mm
Sonstiges Material: 2 Knöpfe

17 Lm häkeln.
Reihe 1: Ab der 2. Lm nach der Häkelnadel fM häkeln bis zum Ende der R, enden mit 1 Lm. Wenden.
Reihe 2–41: FM häkeln bis zum Ende der R, dabei jeweils in das hintere Maschenglied der Maschen der vorherigen R einstechen. Enden mit 1 Lm. Wenden.
Reihe 42: 3 Lm (= 1. Stb), dann Stb bis zum Ende der R, enden mit 1 Lm. Wenden. (Die Zwischenräume zwischen den Stb dienen als Knopfloch für die Knöpfe.)
Reihe 43: FM häkeln bis zum Ende der R. Das Garn kürzen und den Faden durch die M ziehen. Garnenden vernähen und zwei Knöpfe in passender Größe festnähen.

Untersetzer

Kleine, äußerst dekorative Untersetzer in Blütenform für den Kaffeetisch. Der kleinere Untersetzer eignet sich gut für Gläser oder Kaffeetassen, der etwas größere passt perfekt unter große Henkelbecher.

KLEINER UNTERSETZER

Garn: Mandarin Petit doppelt *(siehe Seite 126)* oder Garnreste

Häkelnadel: 3,5 mm

4 Lm häkeln und mit 1 Km in die 1. Lm zum Ring schließen.

Runde 1: 3 Lm (= 1. Stb), 15 Stb in den Ring (16 M). Die Rd mit 1 Km in die 3. Anfangs-Lm schließen.

Runde 2: 3 Lm, 1 Stb in dieselbe M wie die Km, 2 Stb in jede M bis zum Ende der Rd (32 M). Die Rd mit 1 Km in die 3. Anfangs-Lm schließen.

Runde 3: 1 Lm, 1 fM in dieselbe M wie die Km, 2 fM, in die nächste M 2 fM, *3 fM, in die nächste M 2 fM; ab * wdh bis zum Ende der Rd (40 M). Die Rd mit 1 Km in die 1. fM schließen.

Runde 4: 1 Lm, 5 M, 3 Lm, *5 fM, 3 Lm; ab * wdh bis zum Ende der Rd. Die Rd mit 1 Km in die 1. fM schließen.

Runde 5: 1 Km in die 3. fM, 1 Lm, *1 fM in die 3. fM, 7 Stb in den Lm-Bogen; ab * wdh bis zum Ende der Rd. Die Rd mit 1 Km in die 1. fM schließen. Das Garn kürzen und den Faden durch die M ziehen. Die Garnenden vernähen.

GROSSER UNTERSETZER

Garn: Mandarin Petit doppelt *(siehe Seite 126)* oder Garnreste

Häkelnadel: 3,5 mm

4 Lm häkeln und mit 1 Km in die 1. Lm zum Ring schließen.

Runde 1: 3 Lm (= 1. Stb), 15 Stb in den Ring (16 M). Die Rd mit 1 Km in die 3. Anfangs-Lm schließen.

Runde 2: 3 Lm, 1 Stb in dieselbe M wie die Km, 2 Stb in jede M bis zum Ende der Rd (32 M). Die Rd mit 1 Km in die 3. Anfangs-Lm schließen.

Runde 3: 3 Lm, in die nächste M 2 Stb, *1 Stb, in die nächste M 2 Stb; ab * wdh bis zum Ende der Rd (48 M). Die Rd mit 1 Km in die 3. Anfangs-Lm schließen.

Runde 4: 3 Lm, 1 Stb, in die nächste M 2 Stb, *2 Stb, in die nächste M 2 Stb; ab * wdh bis zum Ende der Rd (64 M). Die Rd mit 1 Km in die 3. Anfangs-Lm schließen.

Runde 5: 1 Lm, 1 fM in dieselbe M wie die Km, 6 fM, in die nächste M 2 fM, *7 fM, in die nächste M 2 fM; ab * wdh bis zum Ende der Rd (72 M). Die Rd mit 1 Km in die 1. fM schließen.

Runde 6: 1 Lm, 6 fM, 3 Lm, *6 fM, 3 Lm; ab * wdh bis zum Ende der Rd. Die Rd mit 1 Km in die 1. fM schließen.

Runde 7: 1 Km in die 3. fM, 1 Lm, *1 fM in die 3. fM, 7 Stb in den Lm-Bogen; ab * wdh bis zum Ende der Rd. Die Rd mit 1 Km in die 1. fM schließen. Das Garn kürzen und den Faden durch die M ziehen. Die Garnenden vernähen.

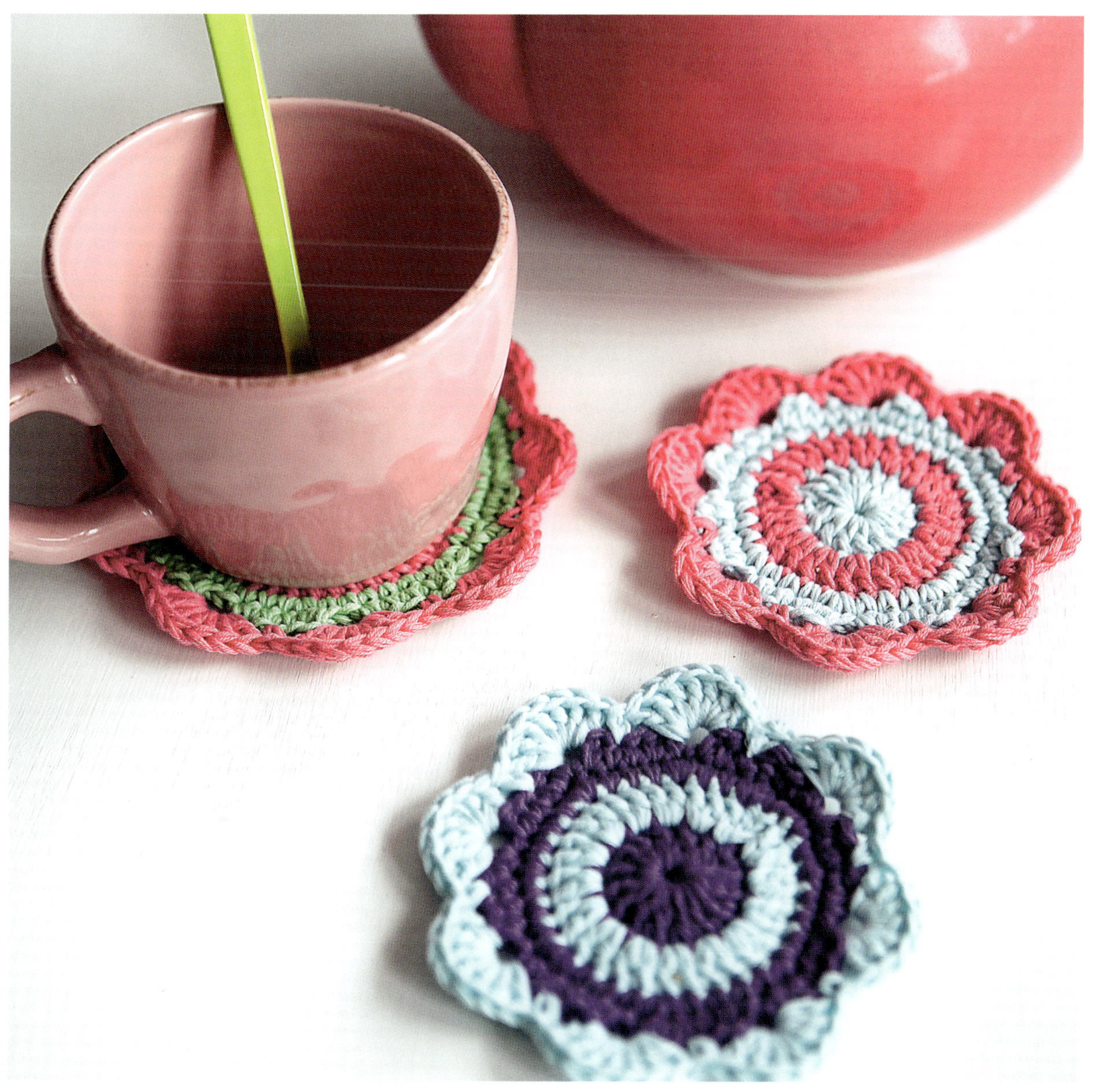

Kleiderbügel

Alte Kleiderbügel findet man für wenig Geld auf dem Flohmarkt. Ein Kleiderbügelüberzug ist ein einfaches Projekt, also ideal für Anfänger. Und die bunten Kleiderbügel sehen ungeheuer dekorativ aus. Verstecken Sie sie nicht im Kleiderschrank, sondern hängen Sie sie in die Garderobe.

KLEIDERBÜGEL MIT STREIFENMUSTER

Garn: Mandarin Petit *(siehe Seite 126)* oder Garnreste
Häkelnadel: 3 mm

16 Lm häkeln.
Reihe 1: 1 fM in die 2. Lm nach der Häkelnadel, fM bis zum Ende der R, wenden.
Reihe 2–88: 1 Lm, fM bis zum Ende der R, wenden. Entsprechend der Größe des Kleiderbügels die Zahl der Reihen anpassen. Ist die erforderliche Länge erreicht, das Garn kürzen und den Faden durch die M ziehen.

Den Bezug der Länge nach zusammenlegen und mit fM schließen, dabei an einer Schmalseite beginnen. Bei diesem Beispiel habe ich zum Schließen eine andere Garnfarbe verwendet. Zum Zusammenhäkeln in gleichmäßigem Abstand in den zu schließenden Rand einstechen. Nach der Schmalseite die Längsseite zusammenhäkeln. Vor dem Schließen der anderen Schmalseite den Kleiderbügel in den Bezug schieben, vorher den Haken herausdrehen. Dann den Haken wieder in den Bügel drehen.

Die abgebildeten Kleiderbügel sind zusätzlich mit Blüten und Herzen verziert. Inspiration finden Sie im Kapitel „Allerlei Zierde".

KLEIDERBÜGEL MIT PUNKTEN

Bei diesem Kleiderbügelbezug werden zunächst zwei gleiche Teile angefertigt und anschließend zusammengehäkelt.

Garn: Mandarin Petit *(siehe Seite 126)* oder Garnreste
Häkelnadel: 3 mm

98 Lm häkeln.
Reihe 1: 1 fM in die 2. Lm ab der Häkelnadel, *2 Lm überspringen, in die nächste M 5 Stb, 2 Lm überspringen, 1 fM; ab * wdh bis zum Ende der R.
Reihe 2: Nun die ganze Arbeit um 180° drehen (ohne zu wenden) und auf der anderen Seite der Anfangsluftmaschen weiterarbeiten. Das Muster aus R 1 wdh. Darauf achten, dass alle M den entsprechenden M aus R 1 genau gegenüberliegen, sodass Punkte entstehen.
Runde 3: Garnfarbe wechseln und 1 Rd um die Punkte herumhäkeln wie folgt: jeweils 3 fM an der Oberseite der Punkte und 1 hStb, 1 Stb, 1 hStb zwischen den Punkten.

Auf diese Weise noch die zweite Seite des Kleiderbügelbezugs anfertigen.
Runde 4: Wenn beide Seiten fertig sind, mit fM zusammenhäkeln. An einer Längsseite beginnen, dann eine Schmalseite und die andere Längsseite. Den Kleiderbügel einschieben, vorher den Haken herausdrehen, und die zweite Schmalseite schließen.

Den Haken wieder hineindrehen, wenn der Kleiderbügel fertig ist.

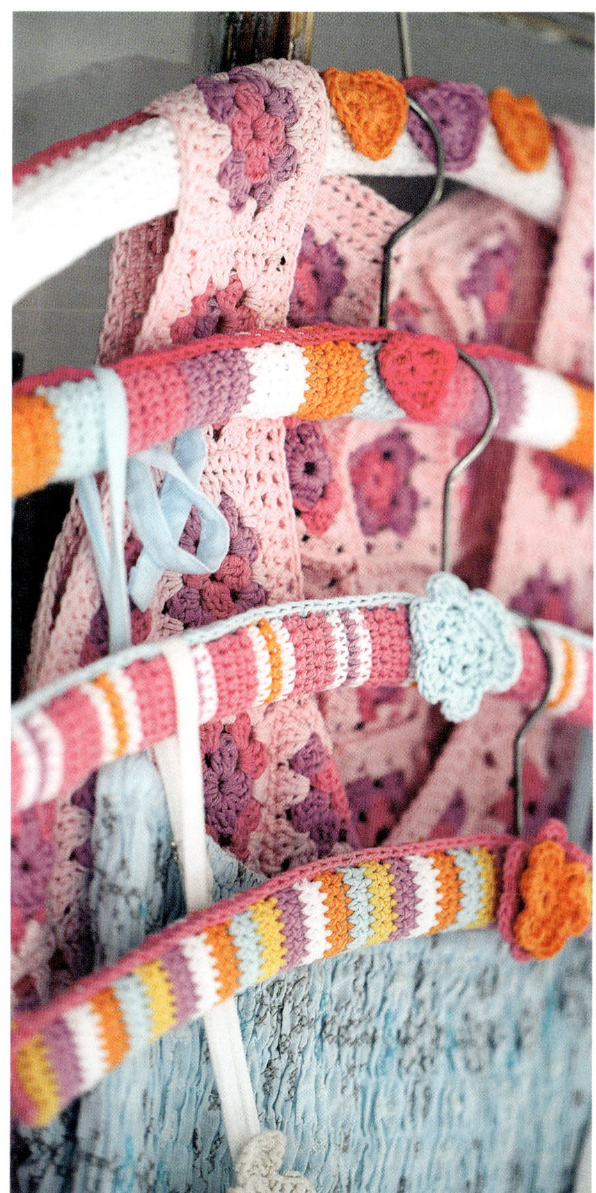

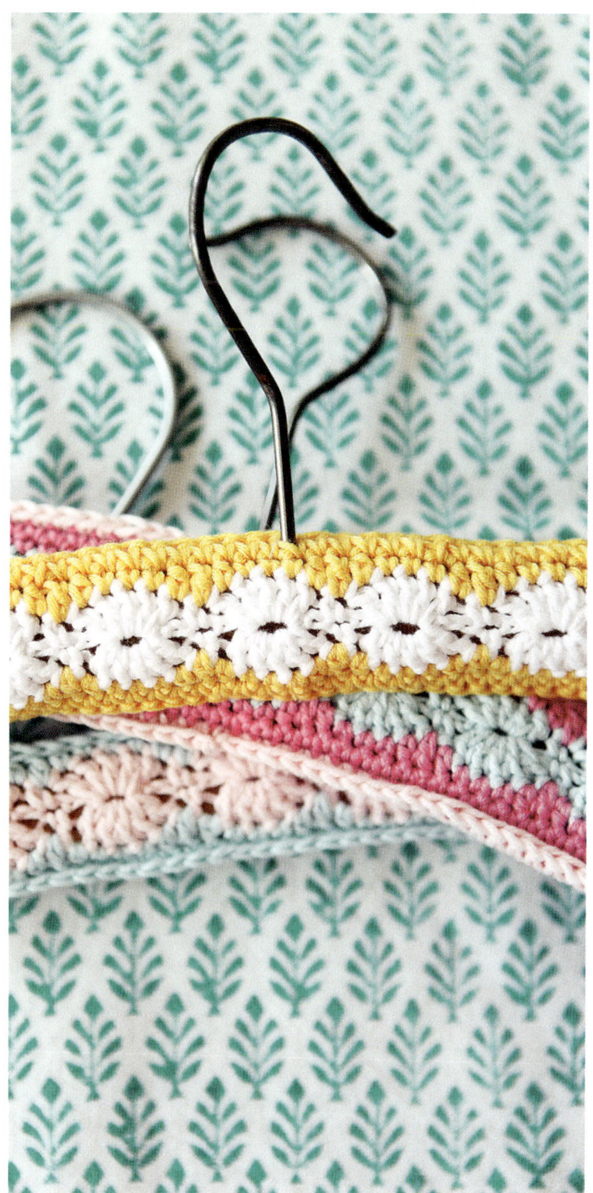

Mobile mit Fischen

Ein einfaches, aber hübsches kleines Mobile mit bunten Fischen in beliebiger Länge.

Garn: Mandarin Petit *(siehe Seite 126)*
Garnverbrauch: Für die Fische reichen Garnreste.
Häkelnadel: 3 mm
Sonstiges Material: kindersichere Augen für die Fische, in Bastelgeschäften erhältlich, Füllwatte für die Fische sowie bunte Holzperlen zum Verzieren, 1 Glöckchen für das untere Ende, nach Belieben, elastischen Faden zum Aufziehen der Fische und Perlen

KÖRPER

4 Lm häkeln und mit 1 Km zum Ring schließen. Jede Rd mit 1 Km in die Anfangs-Lm schließen.
Runde 1: 1 Lm, 6 fM in den Ring (6 M).
Runde 2: 1 Lm, *1 fM, in die nächste M 2 fM; ab * wdh bis zum Ende der Rd (9 M).
Runde 3: 1 Lm, *2 fM, in die nächste M 2 fM; ab * wdh bis zum Ende der Rd (12 M).
Runde 4: 1 Lm, *3 fM, in die nächste M 2 fM; ab * wdh bis zum Ende der Rd (15 M).
Runde 5: 1 Lm, *4 fM, in die nächste M 2 fM; ab * wdh bis zum Ende der Rd (18 M).
Runde 6: 1 Lm, dann fM bis zum Ende der Rd (18 M).
Runde 7: 1 Lm, *5 fM, in die nächste M 2 fM; ab * wdh bis zum Ende der Rd (21 M).
Runde 8–10: 1 Lm, dann fM bis zum Ende der Rd (21 M).

Die Augen einsetzen.

Runde 11: 1 Lm, *5 fM, 2 fM zusammen abmaschen (= in die nächste M einstechen, 1 Umschlag durchholen, in die nächste M einstechen, 1 Umschlag durchholen, erneut 1 Umschlag aufnehmen und durch die 3 Schlingen auf der Nadeln ziehen); ab * 1 x wdh, enden mit 3 fM, 2 x 2 fM zusammen abmaschen (17 M).
Runde 12: 1 Lm, *4 fM, 2 fM zusammen abmaschen; ab * noch 1 x wdh, enden mit 3 fM, 2 fM zusammen abmaschen (14 M).

In den Körper Füllwatte geben.

Runde 13: 1 Lm, *2 fM zusammen abmaschen; ab * wdh bis zum Ende der Rd (7 M).

SCHWANZFLOSSE

Runde 14: 1 Lm, *in die nächste M 2 fM; ab * wdh bis zum Ende der Rd (14 M).
Runde 15: 1 Lm, *in die nächste M 2 fM; ab * wdh bis zum Ende der Rd (28 M).
Runde 16: 1 Lm, dann fM bis zum Ende der Rd (28 M).
Runde 17: 1 Lm, dann fM bis zum Ende der Rd (28 M).
Runde 18: Die Schwanzflosse flach zusammendrücken und mit fM durch beide Lagen zusammenhäkeln. Das Garn kürzen, den Faden durch die M ziehen, Garnende vernähen.

Wie viele Fische das Mobile bekommen soll, legen Sie natürlich selbst fest. Bei meinem sind es sieben Fische.

Für einen größeren Fisch können Sie eine Häkelnadel Nr. 3,5 verwenden und mit doppeltem Garn häkeln.

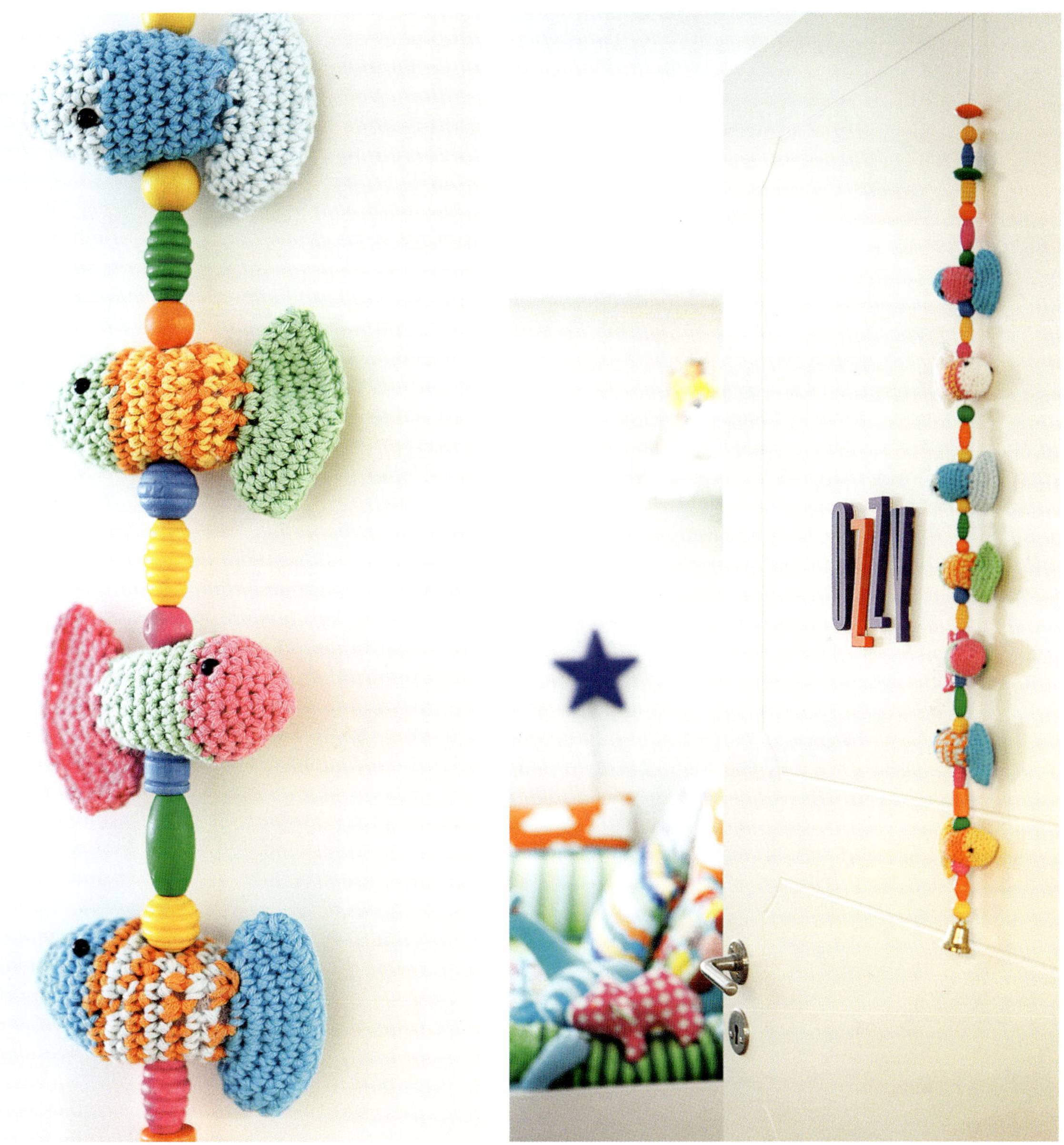
OZZY

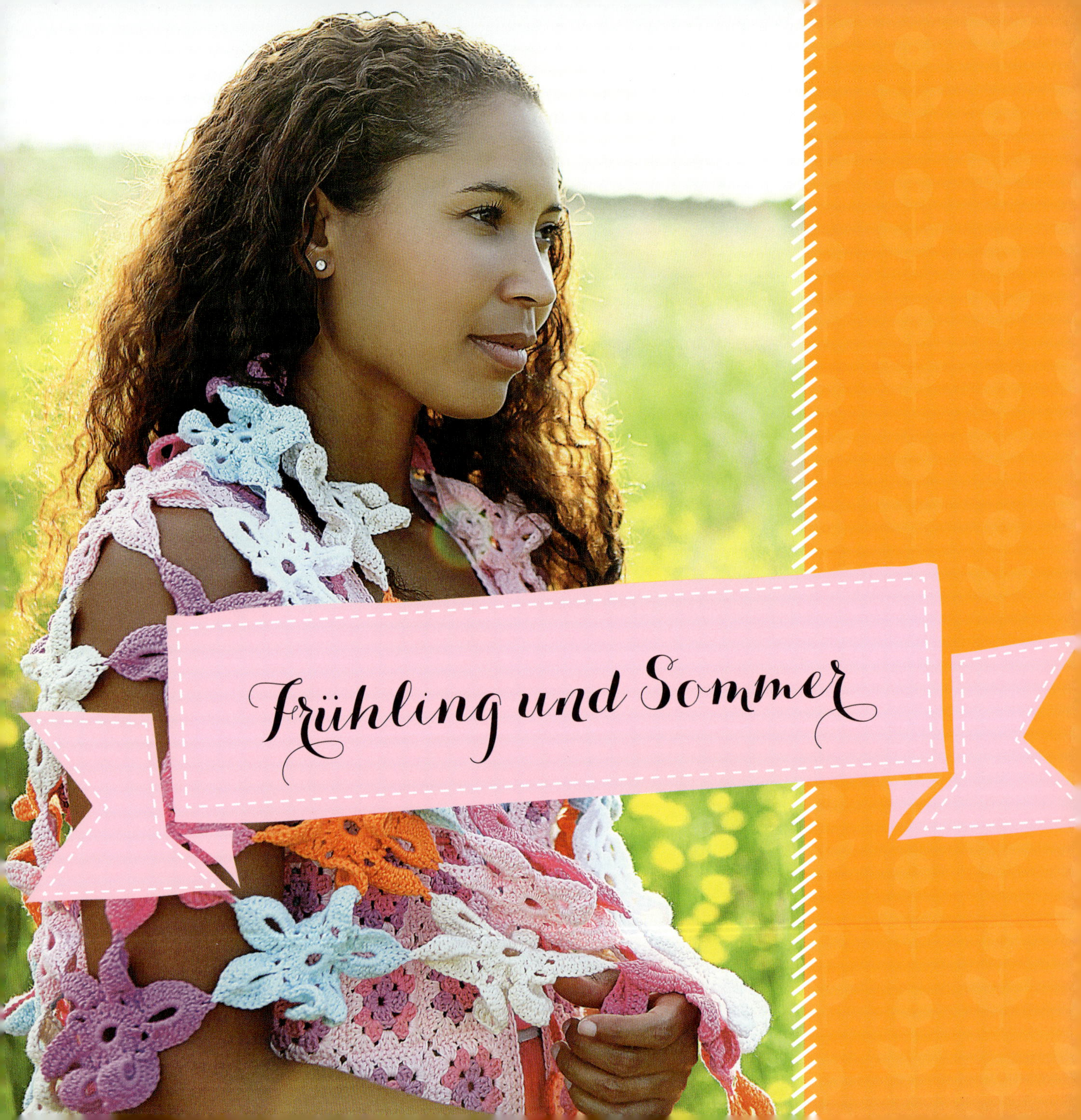

Frühling und Sommer

ENDLICH IST ES WIEDER FRÜHLING, UND DER SOMMER KOMMT BALD. Bei milderen Temperaturen und dem wunderbaren Licht im Frühjahr werde zumindest ich unglaublich süchtig nach schönen, leuchtenden Farben. Eine perfekte Zeit, in schicken gehäkelten Accessoires und Kleidern zu schwelgen.

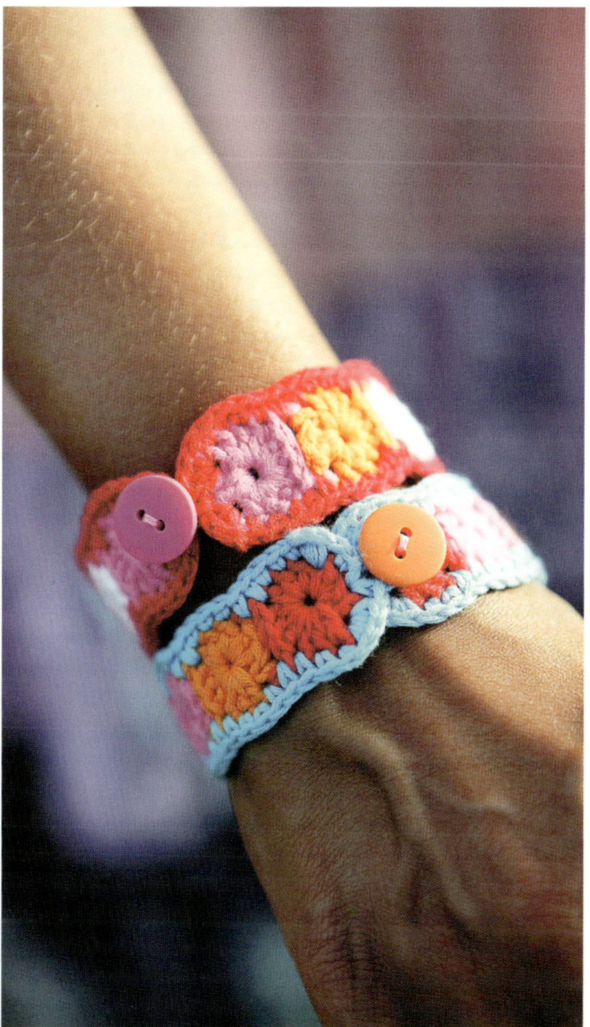

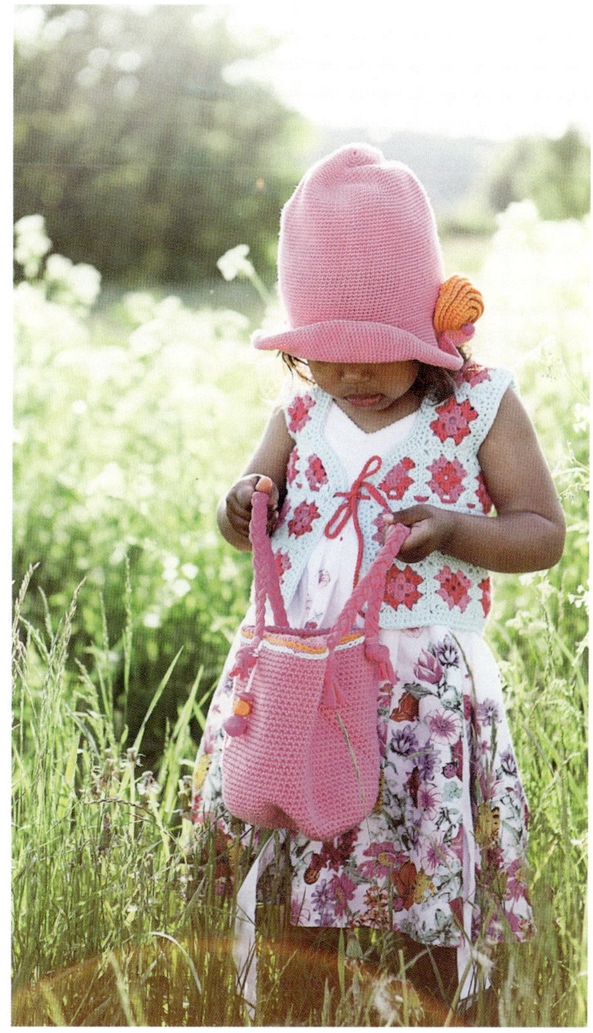

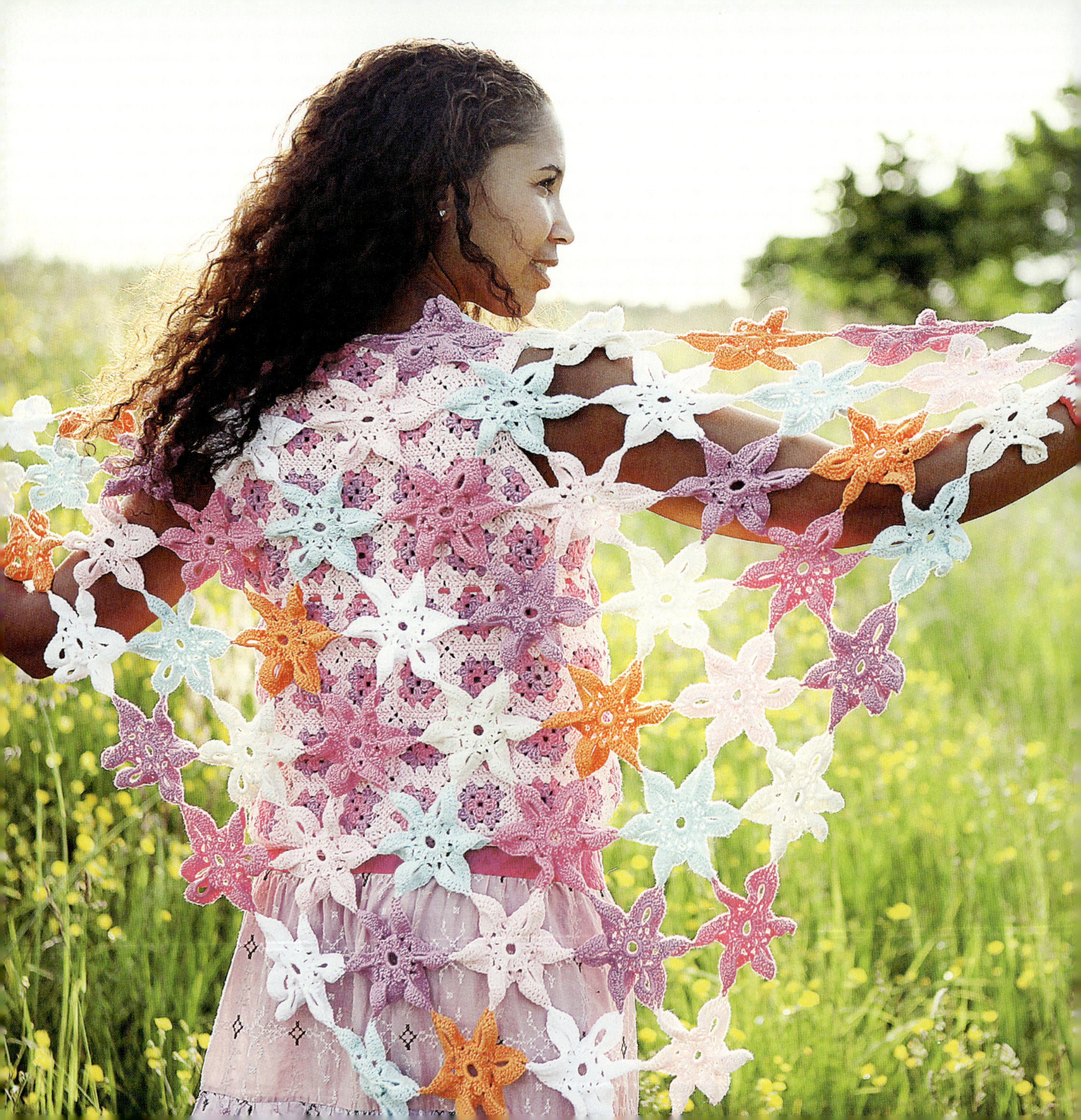

Dreieckschal aus Blüten

Ein leichter Schal in frühlingshaften Farben, gehäkelt nach dem gleichen Prinzip wie der Blütenschal im Herbst-/Winterkapitel, *siehe Seite 90*, jedoch mit anderen Blüten und dreieckig statt endlos.

Garn: Mandarin Petit *(siehe Seite 126)*
Garnverbrauch: Je nach Größe. Im Beispiel wurden je 50 g von insgesamt sieben Farben verwendet (Weiß, Naturweiß, Orange, Hellrosa, Rosa, Lila und Helltürkis).
Häkelnadel: 3 mm

BLÜTE

8 Lm häkeln und mit 1 Km zum Ring schließen.
Runde 1: 3 Lm, 1 Stb, *2 Lm, 2 Stb; ab * noch 10 x wdh, 2 Lm, 1 Km in die 3. Anfangs-M (12 Stb-Gruppen).
Runde 2: 1 Km in den 1. Lm-Bogen, 1 Lm, 1 fM in den Lm-Bogen, *9 Lm, 1 fM in denselben Lm-Bogen, 5 Lm, 1 fM in den nächsten Lm-Bogen, 5 Lm, 1 fM in den nächsten Lm-Bogen; ab * wdh bis zum Ende der Rd. Die Rd mit 1 Km in die 1. Lm schließen (6 große und 12 kleine Lm-Bogen).
Runde 3: 1 Km zum nächsten Lm-Bogen aus 9 Lm, 4 Lm (= 1. DStb), 8 DStb, 3 Lm, 9 DStb in den Lm-Bogen, *1 fM in den nächsten Lm-Bogen, 1 fM in den nächsten Lm-Bogen, 9 DStb, 3 Lm, 9 DStb in den nächsten großen Lm-Bogen; ab * wdh bis zum Ende der Rd. Die Rd mit 1 Km in die 4. Anfangs-Lm schließen.

Die Blüten werden mit 1 fM zusammengehäkelt, wenn Sie an der Spitze eines Blütenblatts angelangt sind. Dazu die Blütenblätter aneinanderlegen und 1 fM in einen kleinen Lm-Bogen des anderen Blütenblatts häkeln, bevor Sie an Ihrem aktuellen Blütenblatt weiterarbeiten.

Bei diesem Schal habe ich mit einer Blüte begonnen, die nächste Reihe bestand aus zwei Blüten, die dritte aus drei Blüten und so weiter. Fahren Sie auf diese Weise fort, bis Sie elf Blüten in einer Reihe haben.

Einfache Mütze mit Blüte

Mützen sind überschaubare, nicht zu kleine Projekte, die Spaß machen. Setzen Sie dort, wo die Runde beginnt und endet, ein Stück Garn in einer anderen Farbe ein, so erkennen Sie den Rundenbeginn besser.

Diese einfache, aber wunderbare Mütze kann auf viele Arten variiert werden. Häkeln Sie eine einfarbige Mütze mit einer bunten Blüte oder eine munter gestreifte Variante. Sie können die Mütze locker oder eng arbeiten.

Garn: Mandarin Petit doppelt *(siehe Seite 126)*
Garnverbrauch: ca. 100 g für die Mütze und Garnreste für die Blüte
Häkelnadel: 3,5 mm

4 Lm häkeln, mit 1 Km in die 1. Lm zum Ring schließen. Jede Rd mit 1 Km in die Anfangs-Lm schließen.
Runde 1: 1 Lm, 6 fM in den Ring.
Runde 2: 1 Lm, dann in jede M 2 fM (12 M).
Runde 3: 1 Lm, *1 fM, in die nächste M 2 fM; ab * wdh bis zum Ende der Rd (18 M).
Runde 4: 1 Lm, *2 fM, in die nächste M 2 fM; ab * wdh bis zum Ende der Rd (24 M).
Runde 5: 1 Lm, *3 fM, in die nächste M 2 fM; ab * wdh bis zum Ende der Rd (30 M).
Runde 6: 1 Lm, *4 fM, in die nächste M 2 fM; ab * wdh bis zum Ende der Rd (36 M).
Runde 7: 1 Lm, *5 fM, in die nächste M 2 fM; ab * wdh bis zum Ende der Rd (42 M).
Runde 8: 1 Lm, dann fM bis zum Ende der Rd (42 M).
Runde 9: 1 Lm, *6 fM, in die nächste M 2 fM; ab * wdh bis zum Ende der Rd (48 M).
Runde 10: 1 Lm, dann fM bis zum Ende der Rd (48 M).
Runde 11: 1 Lm, *7 fM, in die nächste M 2 fM; ab * wdh bis zum Ende der Rd (54 M).
Runde 12: 1 Lm, dann fM bis zum Ende der Rd (54 M).

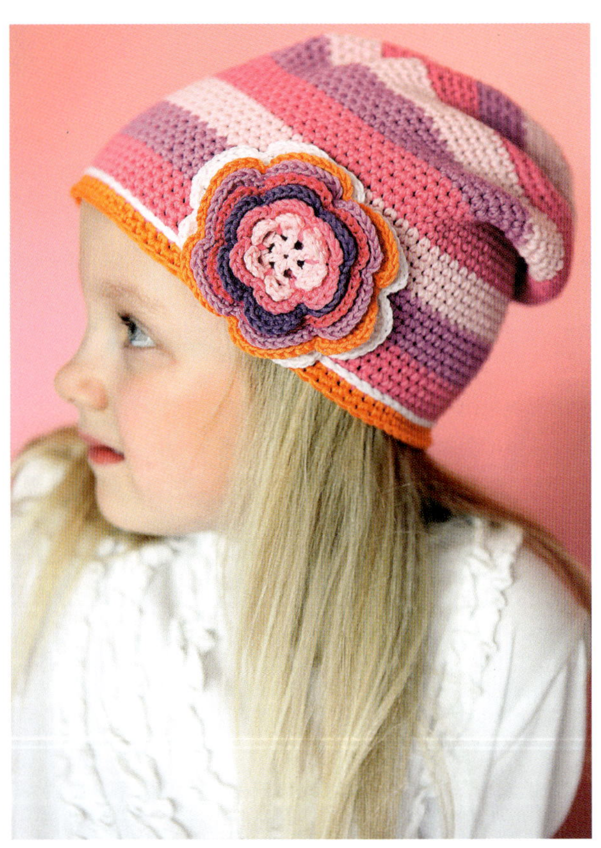

Runde 13: 1 Lm, *8 fM, in die nächste M 2 fM; ab * wdh bis zum Ende der Rd (60 M).
Runde 14: 1 Lm, dann fM bis zum Ende der Rd (60 M).
Runde 15: 1 Lm, *9 fM, in die nächste M 2 fM; ab * wdh bis zum Ende der Rd (66 M).
Runde 16: 1 Lm, dann fM bis zum Ende der Rd (66 M).
Runde 17: 1 Lm, *10 fM, in die nächste M 2 fM; ab * wdh bis zum Ende der Rd (72 M).
Runde 18: 1 Lm, dann fM bis zum Ende der Rd (72 M).
Runde 19: 1 Lm, *11 fM, in die nächste M 2 fM; ab * wdh bis zum Ende der Rd (78 M).

Für die kleinere Kindergröße hier die Zunahme beenden.

Runde 20: 1 Lm, dann fM bis zum Ende der Rd (78 M).
Runde 21: 1 Lm, *12 fM, in die nächste M 2 fM; ab * wdh bis zum Ende der Rd (84 M).

Für die größere Kindergröße hier die Zunahme beenden.

Runde 22: 1 Lm, dann fM bis zum Ende der Rd (84 M).
Runde 23: 1 Lm, *13 fM, in die nächste M 2 fM; ab * wdh bis zum Ende der Rd (90 M).

Für Erwachsenengröße hier die Zunahme beenden.

Fortsetzung für alle Größen:
1 Lm, fM bis zum Ende der Rd. Weitere Rd mit fM häkeln, bis zur gewünschten Mützenlänge, ca. 21 cm für normale, enge Passform, ca. 25 cm für die lockerere Form (ohne die beiden folgenden Abschlussrunden).

Damit die Mütze einen hübschen Rand erhält, für die beiden letzten Runden eine andere Garnfarbe wählen. Die Mütze mit 1 Rd Km verzieren, die an der Außenseite über den letzten beiden Rd an die Mütze gehäkelt wird. Außerdem sind die abgebildeten Mützen mit aufgenähten Blüten verziert, siehe Anleitung „Mehrlagige Blüte mit Mittelrad" *auf Seite 18*.

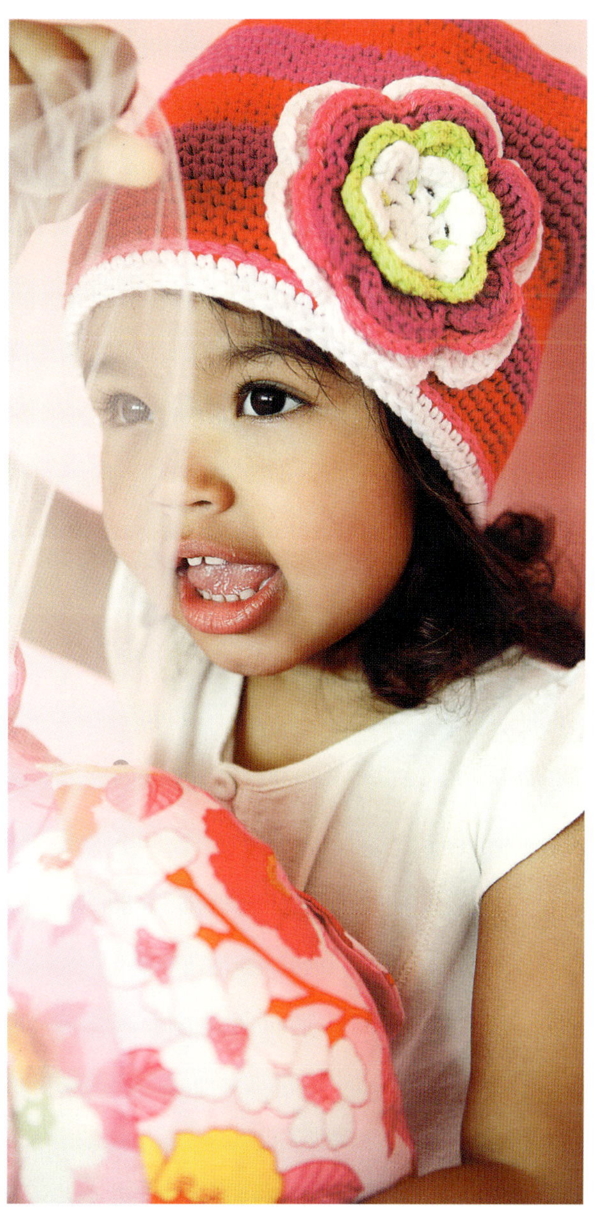

Sommerhut

Ein Sommerhut in fröhlichen Farben zum Schutz gegen die Sonne. Der Hut kann schlicht einfarbig oder mit bunten Streifen gearbeitet werden – für Kinder und Erwachsene.

Garn: Mandarin Petit *(siehe Seite 126)*
Garnverbrauch: ca. 100 g für alle Größen
Häkelnadel: 2,5 mm (für eine etwas engere Passform)

4 Lm häkeln und mit 1 Km zum Ring schließen. Jede Rd mit 1 Km in die Anfangs-Lm schließen.
Runde 1: 1 Lm, 6 fM in den Ring (6 M).
Runde 2: 1 Lm, *2 fM in jede M; ab * wdh (12 M).
Runde 3: 1 Lm, *1 fM, in die nächste M 2 fM; ab * wdh (18 M).
Runde 4: 1 Lm, *2 fM, in die nächste M 2 fM; ab * wdh (24 M).
Runde 5: 1 Lm, *3 fM, in die nächste M 2 fM; ab * wdh (30 M).
Runde 6: 1 Lm, *4 fM, in die nächste M 2 fM; ab * wdh (36 M).
Runde 7: 1 Lm, *5 fM, in die nächste M 2 fM; ab * wdh (42 M).
Runde 8: 1 Lm, *6 fM, in die nächste M 2 fM; ab * wdh (48 M).
Runde 9: 1 Lm, *7 fM, in die nächste M 2 fM; ab * wdh (54 M).
Runde 10: 1 Lm, *8 fM, in die nächste M 2 fM; ab * wdh (60 M).
Runde 11: 1 Lm, *9 fM, in die nächste M 2 fM; ab * wdh (66 M).
Runde 12: 1 Lm, *10 fM, in die nächste M 2 fM; ab * wdh (72 M).
Runde 13: 1 Lm, dann fM bis zum Ende der Rd (72 M).
Runde 14: 1 Lm, *11 fM, in die nächste M 2 fM; ab * wdh (78 M).
Runde 15: 1 Lm, dann fM bis zum Ende der Rd (78 M).
Runde 16: 1 Lm, *12 fM, in die nächste M 2 fM; ab * wdh (84 M).
Runde 17: 1 Lm, dann fM bis zum Ende der Rd (84 M).
Runde 18: 1 Lm, *13 fM, in die nächste M 2 fM; ab * wdh (90 M).
Runde 19: 1 Lm, dann fM bis zum Ende der Rd (90 M).
Runde 20: 1 Lm, *14 fM, in die nächste M 2 fM; ab * wdh (96 M).
Runde 21: 1 Lm, dann fM bis zum Ende der Rd (96 M).
Runde 22: 1 Lm, *15 fM, in die nächste M 2 fM; ab * wdh (102 M).
Runde 23: 1 Lm, dann fM bis zum Ende der Rd (102 M).
Runde 24: 1 Lm, *16 fM, in die nächste M 2 fM; ab * wdh (108 M).

Für die kleinere Kindergröße hier die Zunahme beenden und weiter Rd mit fM häkeln, bis der Kopfteil des Sonnenhuts 16 cm lang ist. Dann 3 Lm, danach Stb bis zum Ende der Rd. Die Rd mit 1 Km in die 3. Anfangs-Lm schließen (108 Stb). Dann mit Rd 1 der Krempe beginnen (siehe unten).
Runde 25: 1 Lm, dann fM bis zum Ende der Rd (108 M).
Runde 26: 1 Lm, *17 fM, in die nächste M 2 fM; ab * wdh (114 M).

Für die größere Kindergröße hier die Zunahme beenden und weiter Rd mit fM häkeln, bis der Kopfteil des Sonnenhuts 17 cm lang ist. Dann 3 Lm, danach Stb bis zum Ende der Rd. Die Rd mit 1 Km in die 3. Anfangs-Lm schließen (114 Stb). Dann mit Rd 2 der Krempe beginnen (siehe unten).
Runde 27: 1 Lm, dann fM bis zum Ende der Rd (114 M).
Runde 28: 1 Lm, *18 fM, in die nächste M 2 fM; ab * wdh bis zum Ende der Rd (120 M, Größe für Erwachsene).
Runde 29: 1 Lm, dann fM bis zum Ende der Rd (120 M).

Rd 29 wdh, bis der Kopfteil des Sonnenhuts 19 cm lang ist. Dann 3 Lm, danach Stb bis zum Ende der Rd. Rd mit 1 Km in die 3. Anfangs-Lm schließen (120 Stb). Dann mit Rd 3 der Krempe beginnen (siehe unten).

KREMPE

Runde 1: 1 Lm, *17 fM, in die nächste M 2 fM; ab * wdh (114 M).
Runde 2: 1 Lm, *18 fM, in die nächste M 2 fM; ab * wdh (120 M).

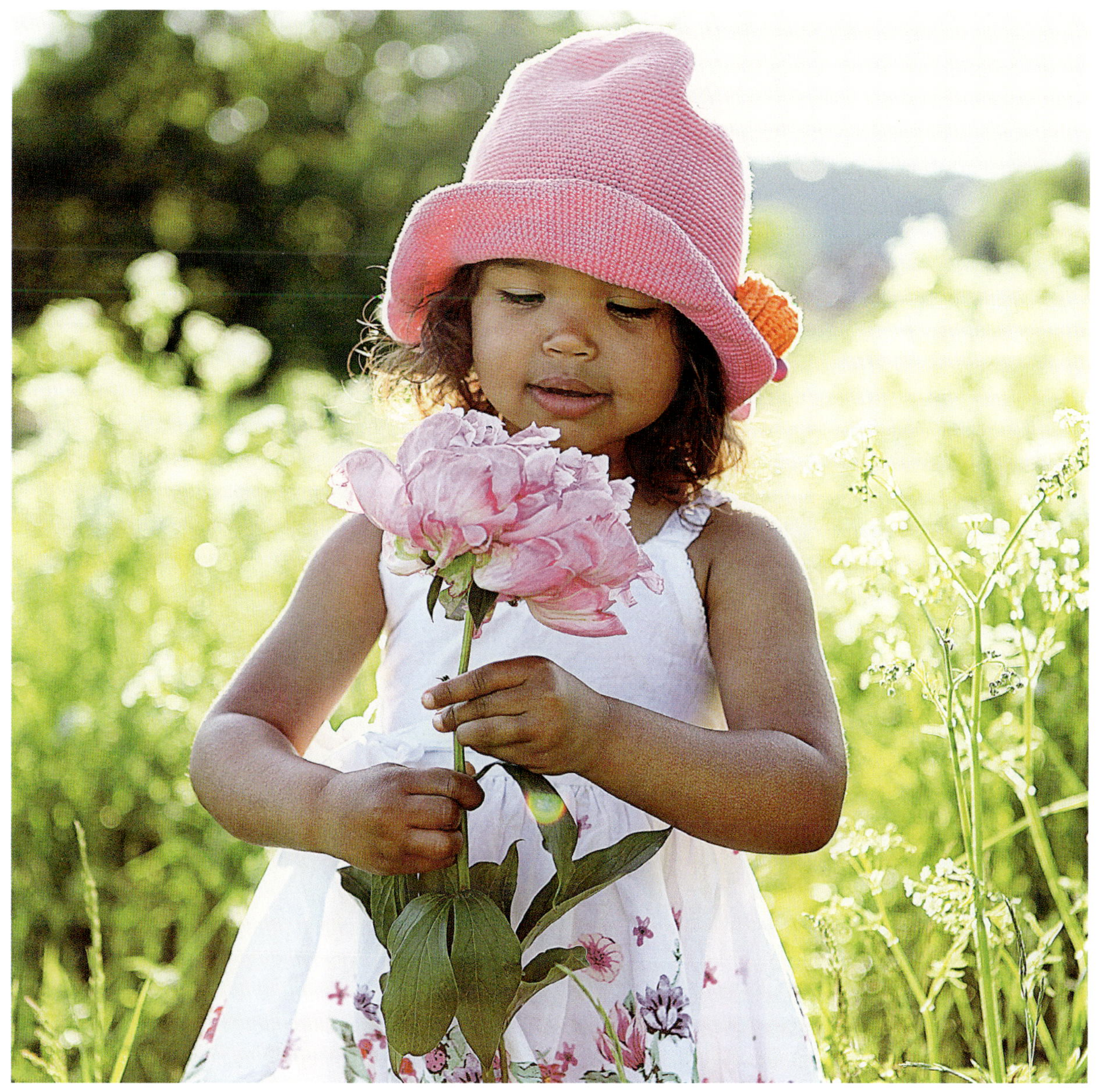

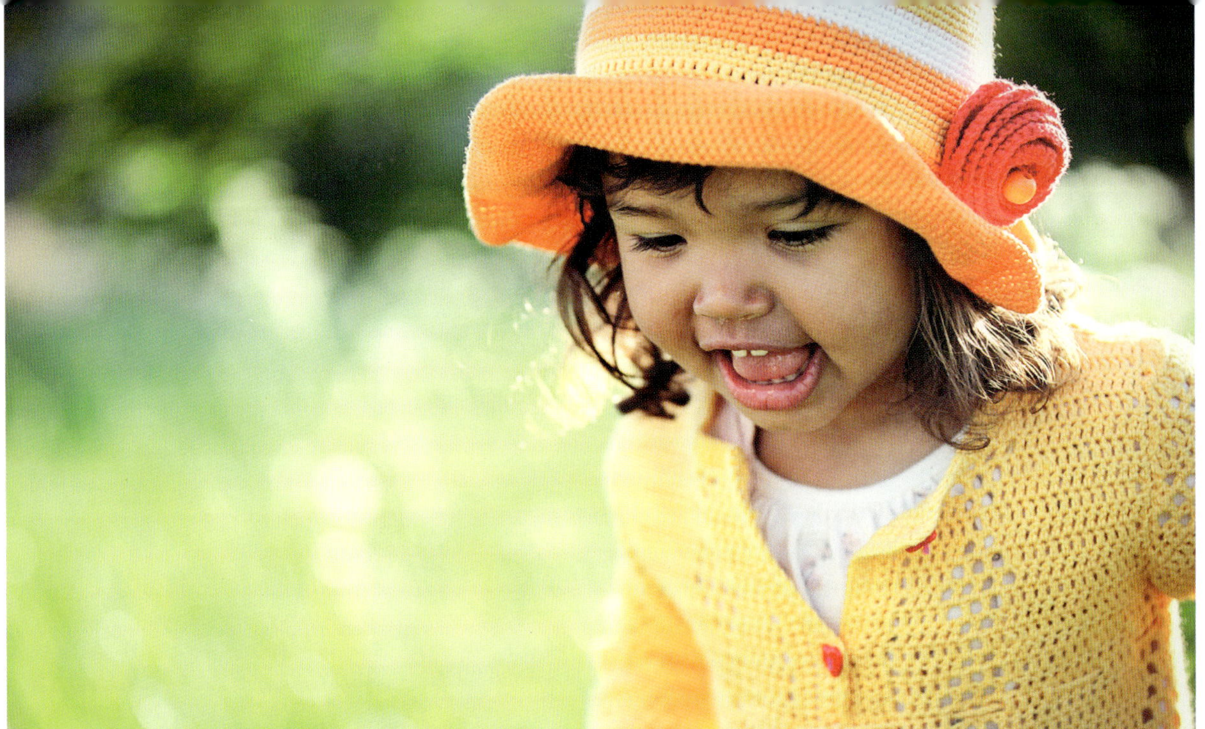

Runde 3: 1 Lm, *19 fM, in die nächste M 2 fM; ab * wdh (126 M).
Runde 4: 1 Lm, *20 fM, in die nächste M 2 fM; ab * wdh (132 M).
Runde 5: 1 Lm, *21 fM, in die nächste M 2 fM; ab * wdh (138 M).
Runde 6: 1 Lm, *22 fM, in die nächste M 2 fM; ab * wdh (144 M).
Runde 7: 1 Lm, *23 fM, in die nächste M 2 fM; ab * wdh (150 M).
Runde 8: 1 Lm, *24 fM, in die nächste M 2 fM; ab * wdh (156 M).
Runde 9: 1 Lm, *25 fM, in die nächste M 2 fM; ab * wdh (162 M).
Runde 10: 1 Lm, *26 fM, in die nächste M 2 fM; ab * wdh (168 M).
Runde 11: 1 Lm, *27 fM, in die nächste M 2 fM; ab * wdh (174 M).
Runde 12: 1 Lm, *28 fM, in die nächste M 2 fM; ab * wdh (180 M).
Runde 13: 1 Lm, *29 fM, in die nächste M 2 fM; ab * wdh (186 M).
Runde 14: 1 Lm, *30 fM, in die nächste M 2 fM; ab * wdh (192 M).
Runde 15: 1 Lm, *31 fM, in die nächste M 2 fM; ab * wdh (198 M).
Runde 16: 1 Lm, dann fM bis zum Ende der Rd (198 M).
Runde 17: 1 Lm, *32 fM, in die nächste M 2 fM; ab * wdh (204 M).
Runde 18: 1 Lm, dann fM bis zum Ende der Rd (204 M).
Für die kleinere Kindergröße hier die Zunahme beenden und den Hut entsprechend Rd 22–24 abschließen (204 M).
Runde 19: 1 Lm, *33 fM, in die nächste M 2 fM; ab * wdh (210 M).
Runde 20: 1 Lm, dann fM bis zum Ende der Rd (210 M).
Für die größere Kindergröße hier die Zunahme beenden und den Hut entsprechend Rd 22–24 abschließen (210 M).
Runde 21: 1 Lm, *34 fM, in die nächste M 2 fM; ab * wdh (216 M).
Runde 22–24: 1 Lm, dann fM bis zum Ende der Rd (216 M).

Die abgebildeten Beispiele wurden mit einer „Großen gedrehten Blüte“ verziert, *siehe Anleitung auf Seite 25.*

Pulswärmer mit Schmetterlingen

Pulswärmer sind einfach zu häkeln, und mit Garnen in schönen Farben sind sie hübsche Accessoires für die Kleinsten und natürlich auch für uns Große.

Die beschriebenen Pulswärmer passen einem dreijährigen Kind, lassen sich aber auch in jeder anderen gewünschten Größe arbeiten. Wenn das Bündchen breiter sein soll, einfach mehr Anfangsluftmaschen häkeln. Für einen größeren Durchmesser am Bündchen mehr Reihen häkeln, für mehr Länge beim Musterteil mehr Runden häkeln.

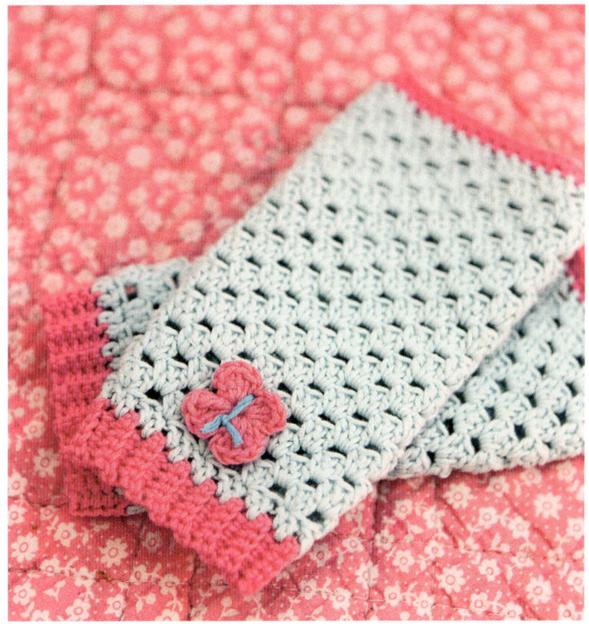

Garn: Mandarin Petit *(siehe Seite 126)*
Garnverbrauch: ca. 50 g Helltürkis und Garnreste für die rosafarbenen Details
Häkelnadel: 3 mm

6 Lm häkeln.
Reihe 1: 1 fM in die 2. Lm ab der Häkelnadel, in die übrigen Lm je 1 fM, wenden.
Reihe 2–29: 1 Lm, 5 fM, jeweils nur in das hintere Maschenglied der fM der Vor-R einstechen, wenden.

Dann das Bündchen rechts auf rechts zusammenlegen und an den Schmalseiten mit fM durch beide Lagen hindurch zusammenhäkeln.

Ist das Bündchen fertig ist: Garnfarbe wechseln und an der einen Seite des Bündchen in Rd weiterarbeiten:
Runde 1: Am Bündchen entlang gleichmäßig über die Rd verteilt 33 fM häkeln. Rd mit 1 Km in die 1. fM schließen.
1. Runde des Musterteils: 2 Lm, in die nächste M 2 Stb, *2 M überspringen, in die nächste M 3 Stb; ab * wdh bis zum Ende der Rd. Rd mit 1 Km in die 2. Anfangs-Lm schließen.
Alle folgenden Runden des Musterteils: 2 Lm, in jeden Zwischenraum zwischen Stb-Gruppen der vorherigen Rd je 3 Stb häkeln. Am Ende die Rd mit 1 Km schließen.

In diesem Muster 12 Rd häkeln. In der 13. Rd 1 Stb-Gruppe zunehmen. Dazu in den 1. Zwischenraum 3 Stb, 1 Lm, 3 Stb häkeln. Dann weitere 9 Rd im Muster häkeln.

Zum Schluss 2 Rd in der Farbe des Bündchens häkeln. Dann das Garn kürzen und den Faden durch die M ziehen.

Die abgebildeten Pulswärmer wurden mit einem „Kleinen Schmetterling" verziert, *siehe Anleitung auf Seite 26.*

Stulpen in Regenbogenfarben

Die Stulpen passen einem einjährigen Kind, lassen sich aber auch in jeder anderen gewünschten Größe arbeiten. Soll das Bündchen breiter sein, mehr Anfangsluftmaschen, für einen größeren Durchmesser beim Bündchen mehr Reihen und für mehr Länge mehr Musterrunden häkeln.

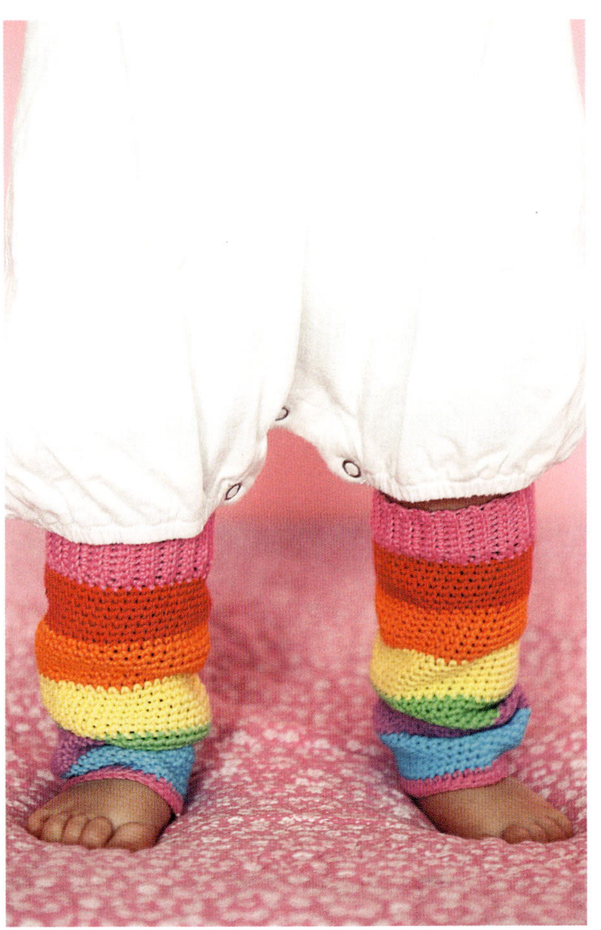

Garn: Mandarin Petit in den Farben Rosa, Rot, Orange, Gelb, Grün, Lila und Türkis *(siehe Seite 126)*
Garnverbrauch: je nach Größe, für gestreifte Stulpen wie in der Abbildung insgesamt ca. 100 g Garnreste
Häkelnadel: 3 mm

9 Lm häkeln.
Reihe 1: 1 fM in die 2. Lm ab der Häkelnadel, in die übrigen Lm je 1 fM, wenden.
Reihe 2–36: 1 Lm, 8 fM, jeweils nur in das hinter Maschenglied der fM der vorherigen Reihe einstechen, wenden.

Dann das Bündchen rechts auf rechts zusammenlegen und an den Schmalseiten mit fM durch beide Lagen hindurch zusammenhäkeln.

Wenn das Bündchen fertig ist, an der einen Seite des Bündchens wie folgt weiterarbeiten:
Runde 1: Am Bündchen entlang gleichmäßig über die Rd verteilt 37 fM häkeln. Die Rd mit 1 Km in die 1. fM schließen.
Runde 2: Garnfarbe wechseln. 1 Lm, fM bis zum Ende der Rd. Die Rd mit 1 Km in die 1. fM schließen.

Weiter Rd mit fM häkeln, nach jeweils 7 Rd Garnfarbe wechseln. Bei unseren Stulpen sind die Bündchen und die 1. Rd mit fM in Rosa gearbeitet, dann folgen je 7 Rd in den Farben Rot, Orange, Gelb, Grün, Lila, Türkis, am Ende noch einmal 2 Rd in der Anfangsfarbe Rosa. Das Garn kürzen, den Faden durch die M ziehen, Garnenden vernähen.

Halskette

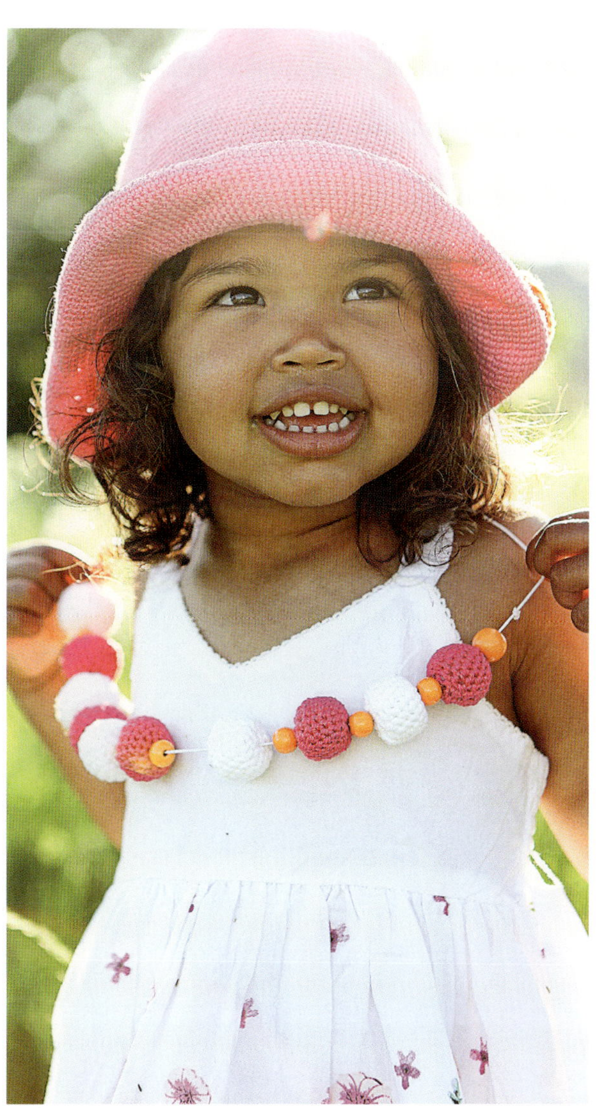

Eine fröhlich bunte Halskette verschönert jedes Outfit. Nehmen Sie unterschiedliche Garnfarben, oder wechseln Sie gehäkelte Perlen mit Holzperlen ab.

Garn: Mandarin Petit *(siehe Seite 126)*
Garnverbrauch: Für dieses Projekt reichen Garnreste.
Häkelnadel: 2,5 mm
Sonstiges Material: Füllwatte, Gummischnur, Holzperlen

PERLEN FÜR DIE HALSKETTE

4 Lm häkeln und mit 1 Km in die 1. Lm zum Ring schließen. Jede Rd mit 1 Km in 1. fM schließen.
Runde 1: 1 Lm, 6 fM in den Ring.
Runde 2: 1 Lm, *2 fM in jede M; ab * wdh (12 M).
Runde 3: 1 Lm, *1 fM, in die nächste M 2 fM; ab * wdh (18 M).
Runde 4–6: 1 Lm, fM bis zum Ende der Rd (18 M).
Runde 7: 1 Lm, *1 fM, 2 fM zusammen abmaschen (= in die nächste M einstechen, 1 Umschlag durchholen, in die nächste M einstechen, 1 Umschlag durchholen, erneut 1 Umschlag aufnehmen und durch die 3 Schlingen auf der Nadeln ziehen); ab * wdh bis zum Ende der Rd (12 M). Nun in die Perle Füllwatte geben.
Runde 8: 1 Lm, *2 fM zusammen abmaschen; ab * wdh (6 M).
Runde 9: 1 Lm, *2 fM zusammen abmaschen; ab * wdh (3 M).

Das Garn kürzen und den Faden durch die M ziehen. Beim Kürzen so viel Garn übrig lassen, dass die Perle leicht geschlossen und das Garn vernäht werden kann.

Die abgebildete Halskette hat nur zehn gehäkelte Perlen, damit sie nicht zu plump wirkt.

Armband aus kleinen Granny Squares

Armbänder sind lustig, sehen sehr hübsch aus und sind einfach zu häkeln. Diese Armbänder bestehen aus Mini-Granny-Squares, die in nur einer oder zwei Runden gearbeitet werden. Eine einfache kleine Arbeit für einen Abend.

Ich habe hier eine kleinere Häkelnadel verwendet, da das Armband möglichst fest werden sollte. Es wird sich trotzdem etwas dehnen.

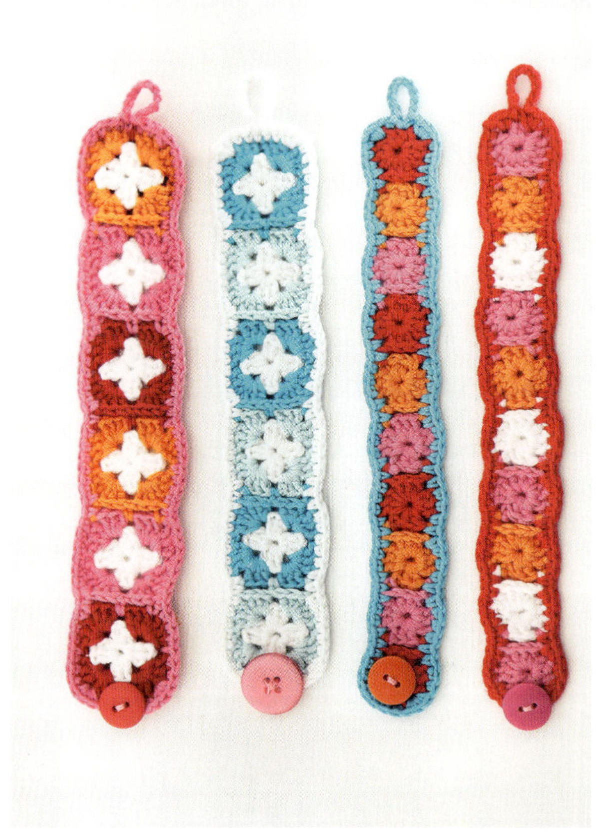

Garn: Mandarin Petit *(siehe Seite 126)*
Häkelnadel: 2 mm
Sonstiges Material: Knopf

4 Lm häkeln und mit 1 Km zum Ring schließen.
Runde 1: 3 Lm, 2 Stb in den Ring, *1 Lm, 3 Stb in den Ring; ab * noch 2 x wdh, enden mit 1 Lm. Die Rd mit 1 Km in der 3. Anfangs-Lm schließen (= 4 Stb-Gruppen mit 3 Stb). Das Garn kürzen und den Faden durch die M ziehen.

Wenn das 1. Quadrat fertig ist und Sie mit dem 2. Quadrat begonnen haben, die beiden Quadrate an den Ecken zusammenhäkeln. Dazu nach 3 Stb in der Ecke statt 1 Lm 1 fM in eine Ecke des vorherigen Quadrats häkeln. Dann die nächsten 3 Stb bis zur nächsten Ecke des 2. Quadrats häkeln und an der zweiten Ecke genauso vorgehen. Die Quadrate sind nun an zwei Ecken miteinander verbunden.

Ist das Armband lang genug (für eine erwachsene Person ca. 10 Quadrate), eine Einfassung aus fM häkeln. An den Schmalseiten beginnen und enden. Abschließend 10 Lm häkeln und mit 1 Km am Armband zur Öse schließen. Nun noch am anderen Ende des Armbands einen Knopf befestigen, damit lässt sich das Armband schließen. Auf der Rückseite vorsichtig bügeln, damit das Armband schön flach liegt.

Armband aus größeren Granny Squares

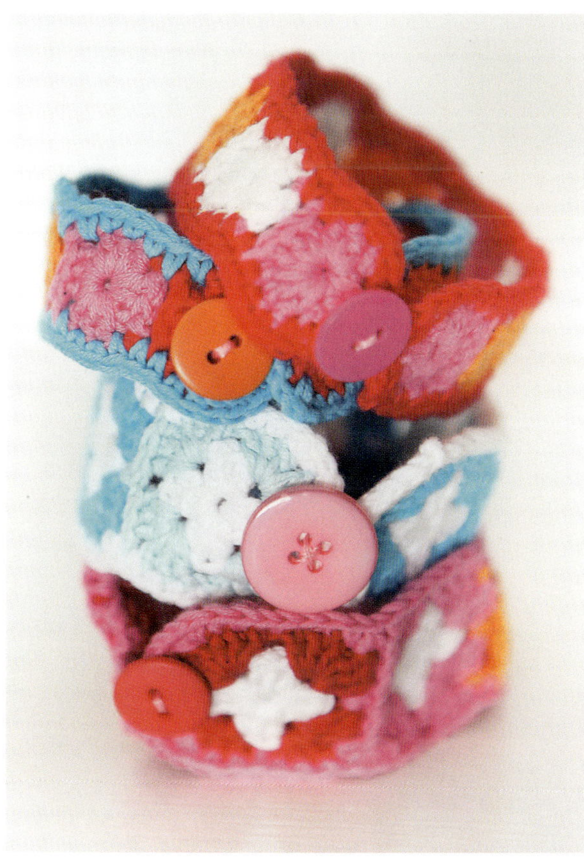

Garn: Mandarin Petit *(siehe Seite 126)*
Häkelnadel: 2 mm
Sonstiges Material: Knopf

4 Lm häkeln und mit 1 Km zum Ring schließen.

Runde 1: 3 Lm, 2 Stb in den Ring, *1 Lm, 3 Stb in den Ring; ab * noch 2 x wdh, enden mit 1 Lm. Die Rd mit 1 Km in die 3. Anfangs-Lm schließen (= 4 Stb-Gruppen mit 3 Stb). Wenn Sie die Garnfarbe wechseln möchten, das Garn kürzen und den Faden durch die M ziehen.

Runde 2: Mit der Häkelnadel in den zuletzt gehäkelten Lm-Bogen einstechen und 1 Umschlag durchholen, 3 Lm, 2 Stb, 1 Lm, 3 Stb in diesen Bogen häkeln, *3 Stb überspringen und in den nächsten Lm-Bogen 3 Stb, 1 Lm, 3 Stb häkeln; ab * wdh bis zum Ende der Rd, enden mit 3 Stb überspringen, Runde mit 1 Km in der 3. Anfangs-Lm schließen (= 8 Gruppen mit 3 Stb). Garn kürzen und Faden durch die M ziehen.

Wenn das 1. Quadrat fertig ist und Sie mit dem 2. Quadrat begonnen haben, die beiden Quadrate an den Ecken zusammenhäkeln. Dazu nach 3 Stb in der Ecke statt 1 Lm 1 fM in eine Ecke des vorherigen Quadrats häkeln. Danach weitere 3 Stb in die Ecke des 2. Quadrats häkeln. An der 2. Ecke genauso vorgehen.

Ist das Armband lang genug (für eine erwachsene Frau ca. 7 Quadrate), eine Einfassung aus fM häkeln. An den Schmalseiten beginnen und enden. Dann 10 Lm häkeln und mit 1 Km am Armband zur Öse schließen. Am anderen Ende des Armbands einen Knopf befestigen. Auf der Rückseite vorsichtig bügeln, damit das Armband schön flach liegt.

Häkelkleidchen

Dieses hübsches Häkelkleidchen verbreitet 70er-Jahre-Flair. Als kleines Kind hatte ich selbst fast genau so eines.

Größe: 12/18 Monate
Maße: Brustumfang (Maß des Kleidungsstücks) ca. 51 cm, Gesamtlänge ca. 36 cm
Garn: Mandarin Petit *(siehe Seite 126)*
Garnverbrauch: 150 g in Hellrosa, 50 g in Rosa
Häkelnadel: 3 mm

Maschenprobe: 13 Reihen mit je 24 Stb mit Häkelnadel in Stärke 3 mm = 10 x 10 cm (fest gehäkelt)

RÜCKENTEIL, OBEN: Mit doppeltem Garn 63 Lm häkeln. Mit einfachem Garn weiterarbeiten und immer fM häkeln. In der 1. Reihe die 1. Lm überspringen (62 M) . In der 5. R mit den Abnahmen für die Armausschnitte beginnen: Dazu in den nächsten 5 R an beiden Seiten 3, 1, 1, 1, 1 M abnehmen. Dann an beiden Seiten in jeder 2. Reihe 1, 1, 1 M abnehmen (42 M). In 7 cm Höhe die Arbeit für den Schlitz am Rücken teilen und die Seiten separat beenden (21 fM). In 12 cm Höhe für den Halsausschnitt in den nächsten 3 Reihen an der Halsausschnittseite 3, 3, 3 M abnehmen. Beim Abnehmen am R-Anfang über die abzunehmende Anzahl von Maschen Km häkeln, am R-Ende häkeln, bis die abzunehmenden Maschen übrig sind, und die Arbeit wenden.
VORDERTEIL, OBEN: Wie beim Rückenteil beginnen. In der 5. R mit dem Abnahmen für die Armausschnitte beginnen: In den nächsten 5 R an beiden Seiten 3, 1, 1, 1, 1 M abnehmen. Dann an beiden Seiten in jeder 2. Reihe 1, 1, 1 M abnehmen (42 M). Für den Halsausschnitt in 9 cm Höhe die mittleren 12 Maschen auslassen und die Seiten separat beenden. Am Halsausschnitt in den nächsten 5 R weitere 2, 1, 1, 1, 1 M abnehmen. In 12 cm Höhe für die Schulter an der Außenseite in den nächsten 3 Reihen 3, 3, 3 M abnehmen.
ROCK: 120 Lm häkeln. Mit 1 Km in die 1. Lm zum Ring schließen. 1 Rd mit fM in ein Maschenglied häkeln. (Im anderen Maschenglied werden später die Ringe befestigt.)

Nun mit dem Muster beginnen: 2 Lm (= 1. Stb), 6 Stb, *2 M überspringen, in die nächste Masche 3 Stb, 1 Lm, 3 Stb häkeln, 2 M überspringen, 7 Stb; ab * noch 8 x wdh, enden mit 2 M überspringen, in die nächste Masche 3 Stb, 1 Lm, 3 Stb häkeln, 2 M überspringen. Die Rd mit 1 Km in die 2. Anfangs-Lm schließen. In den folgenden Rd in den Zwischenraum zwischen den Stb-Gruppen jeweils 3 Stb, 1 Lm, 3 Stb häkeln. In der 3. Muster-Rd in den dichten Stb-Partien jeweils 2 Stb zunehmen. Dazu je 2 Stb in das 2. und das 6. Stb der dichten Stb-Partien häkeln. Danach 3 x in jeder 5. Rd in jeder dichten Stb-Partie 2 Stb zunehmen. Den Rock erst weiterhäkeln, wenn die Ringe fertiggestellt sind.
RINGE: 10 Lm häkeln und mit 1 Km zum Ring schließen. 32 fM in den Ring häkeln, die Ringe gleichzeitig an jeder 8. Masche mit dem vorderen/hinteren Oberteil, dem Rock und den benachbarten Ringen zusammenhäkeln.
FERTIGSTELLUNG: Vorder- und Rückseite des Oberteils zusammennähen. Den Rock auf die endgültige Länge fertig häkeln. Ist das Kleid einschließlich der Ringe 36 cm lang, das Garn kürzen und den Faden durch die M ziehen.

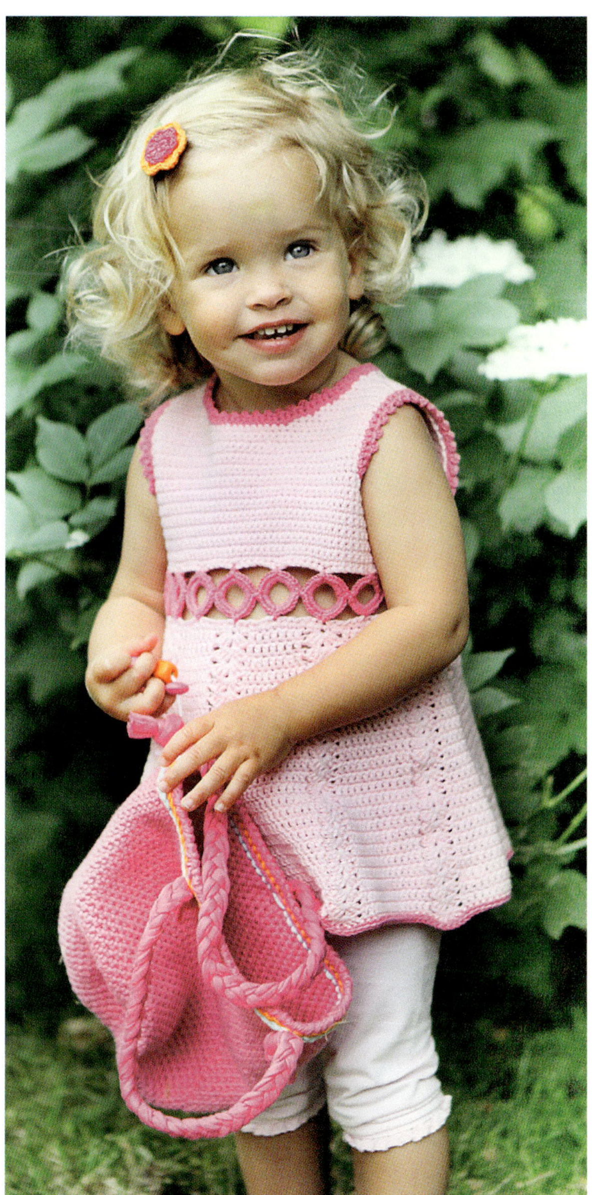

EINFASSUNGEN UND SCHLITZ: Auf der rechten Seite entlang der Halsausschnittkante lockere Km häkeln, dabei am Schlitz am Rückenteil beginnen. Mit 1 Lm wenden und fM durch beide Maschenglieder häkeln. Danach 1 Rd Spitzen häkeln wie folgt: 1 Lm *1 fM überspringen, 1 Km, 3 Lm, 1 Km in dieselbe fM; ab * wdh, enden mit 1 fM überspringen, 1 fM in die letzte fM. Das Garn kürzen und den Faden durch die M ziehen. Für die Einfassung der Armausschnitte in gleicher Weise vorgehen. Zum Schluss eine Einfassung aus fM am Rocksaum häkeln.

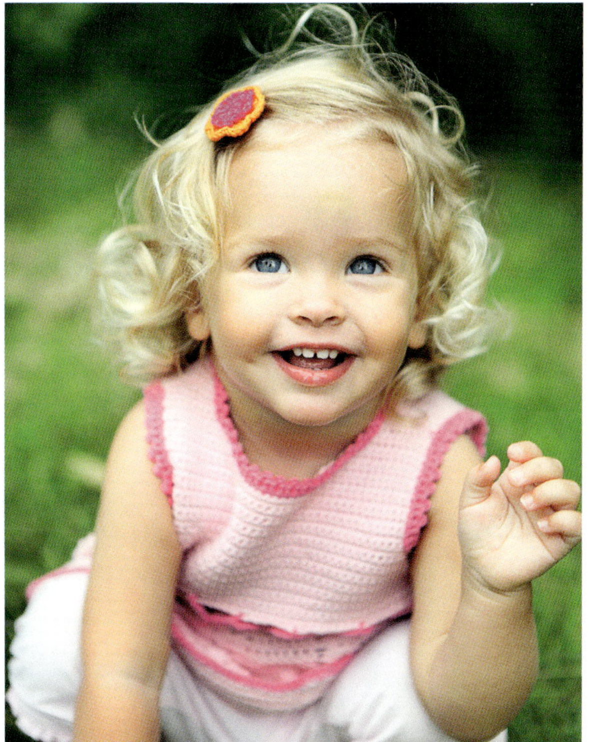

Lange Jacke

Auch dieses Stück erinnert an die 70er-Jahre. Mit seinem durchbrochenen Muster passt das Jäckchen hervorragend über ein hübsches Sommerkleidchen.

Größe: 0,5 (1) 2 (3) Jahre = Kindergröße 74 (86) 92 (98)
Maße: Brustumfang (Maß des Kleidungsstücks): 55 (57) 59 (61) cm
Gesamtlänge Ärmel: 20 (24) 28 (32) cm
Rückenlänge: ca. 43 (47) 52 (60) cm
Garn: Mandarin Petit *(siehe Seite 126)*
Garnverbrauch: 150 g (150 g) 200 g (200 g)
Häkelnadel: 3 mm
Sonstiges Material: 5 (6) 6 (7) Knöpfe

Maschenprobe: 11 R mit 20 Stb und 20 M Muster mit Häkelnadel in Stärke 3 mm = 10 x 10 cm

Häkelmuster, *siehe Diagramm auf Seite 74*

1 Stb zunehmen = 2 Stb in dieselbe M häkeln.
1 Stb abnehmen = *1 Umschlag aufnehmen, in die folgende M einstechen, 1 Umschlag durchholen, noch 1 Umschlag aufnehmen und durch die ersten beiden Schlingen auf der Häkelnadel ziehen; ab * noch 1 x wdh, dann 1 Umschlag aufnehmen und durch alle 4 Schlingen auf der Nadel ziehen.
Am Rand abnehmen = Am Anfang der Reihe über die abzunehmende Anzahl von Maschen Km häkeln, am Ende der Reihe häkeln, bis die abzunehmende Anzahl Maschen übrig ist, und die Arbeit wenden.

UNTERER TEIL DER JACKE: 145 (155) 165 (175) Lm häkeln.
Reihe 1: 3 Lm überspringen (= 1. Stb), 3 (2) 1 (0) Stb, *15 M im Muster 1, 10 (12) 14 (16) Stb, 5 M im Muster 2, 10 (12) 14 (16) Stb; ab * noch 2 x wdh, 15 M im Muster 1, 4 (3) 2 (1) Stb.
Reihe 2: In R 2 und allen nachfolgenden R 1. Stb als 3 Lm häkeln und 1 Stb überspringen, am Ende der R letztes Stb in die 3. Lm des Ersatz-Stb häkeln. Wie in R 1 fortsetzen.
Ab Reihe 3: In der 3. R und dann in jeder 6. R 6 (6) 5 (7) x abnehmen wie folgt: Zu beiden Seiten von Muster 2 je 1 Stb abnehmen: Dazu bis 3 M vor Muster 2 häkeln, 1 Stb abnehmen, 1 Stb, 5 M im Muster 2, 1 Stb, 1 Stb abnehmen. Dann 3 R gerade hochhäkeln und anschließend in jeder 4. R 0 (1) 3 (2) x wie vorher abnehmen, bis 107 (111) 115 (119) M übrig sind.
Hinweis! Ist Muster 1 fertig, die letzten 6 R wdh. In 32 (35) 39 (46) cm Höhe Garn kürzen, Faden durch die M ziehen.

SCHULTERPARTIE, RÜCKENTEIL: Über den 47 (49) 53 (55) mittleren M mit dem Häkeln in der Mustereinteilung weiterhäkeln. Ab der 2. Reihe in jeder Reihe für die Armausschnitte an beiden Seiten 2, 1, 1, 1 (2, 1, 1) 2, 1, 1, (2, 1) M abnehmen, bis 37 (41) 45 (49) M übrig sind. In 9 (10) 11 (12) cm Höhe für die Schultern an beiden Seiten in jeder Reihe 4, 3, 3 (4, 4, 3) 5, 4, 4 (5, 5, 4) M abnehmen und gleichzeitig mit der 1. Abnahme für den Halsausschnitt die mittleren 17 (19) 19 (21) M auslassenund beide Seiten separat beenden .

SCHULTERPARTIE, VORDERSEITE: An beiden Seiten neben der rückseitigen Schulterpartie 10 (8) 8 (6) M überspringen, dann für die linke und rechte Schulterpartie der Vorder-

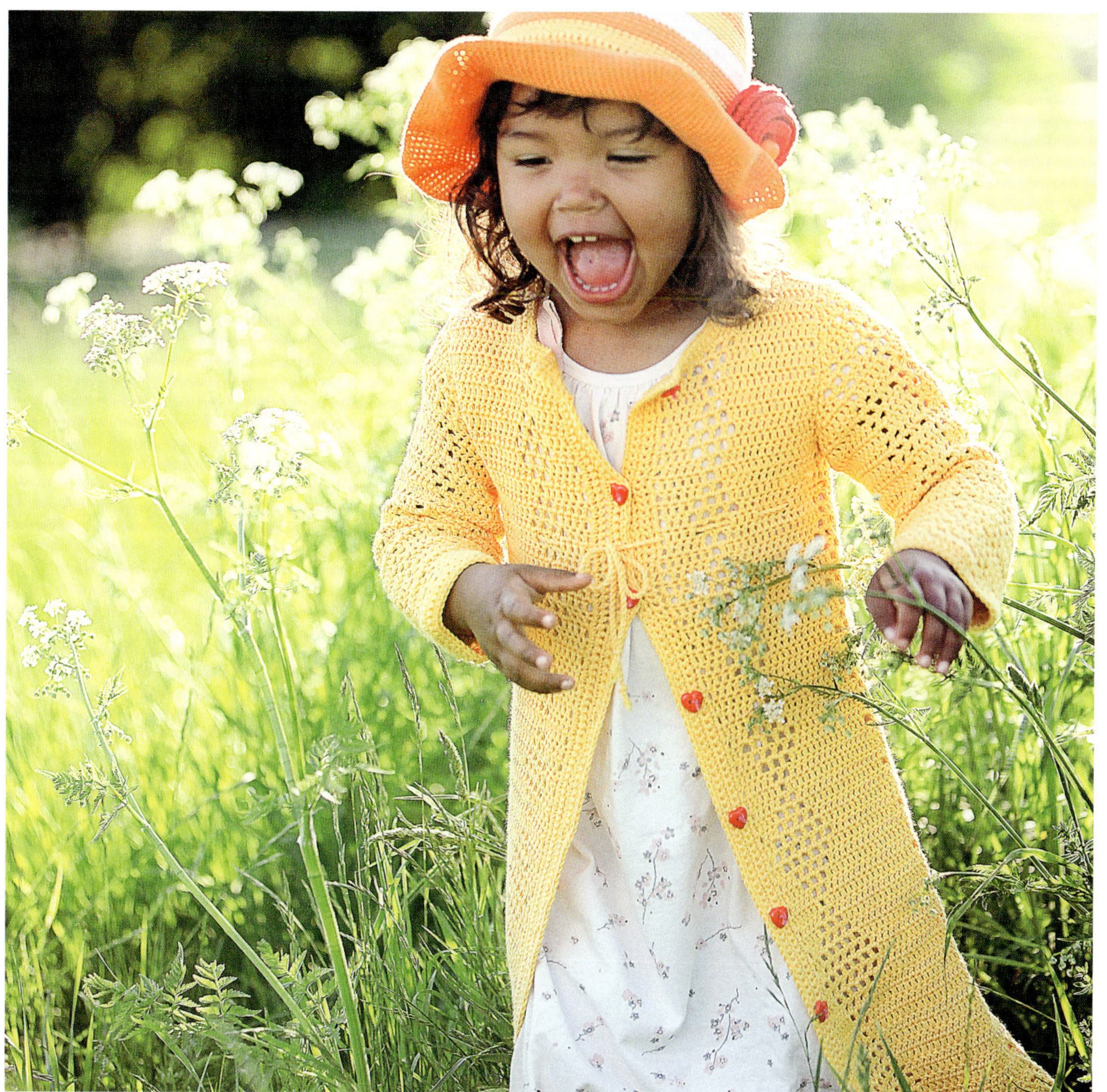

MUSTER 1

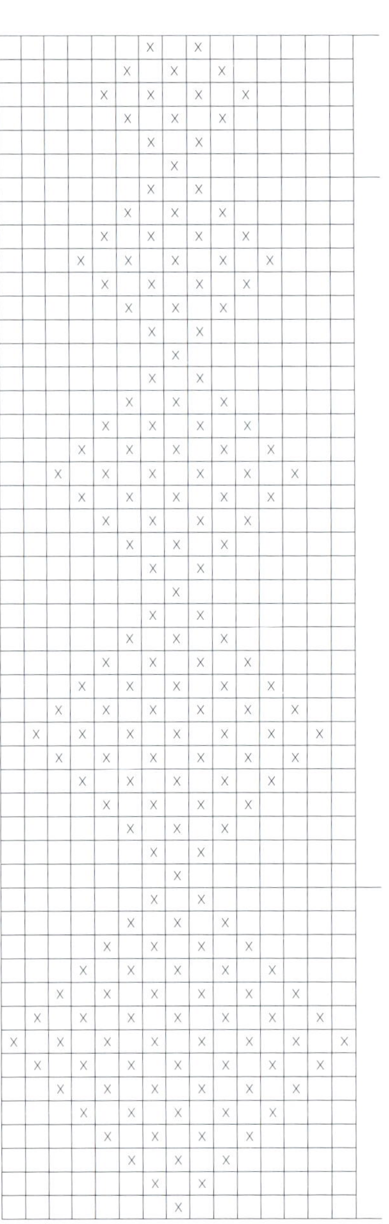

X

Rapport X-X

X

für 0,5 (1) Jahr(e) hier beginnen

für 2 (3) Jahre hier beginnen

MUSTER 2

		X		
	X		X	
X		X		X
	X		X	
		X		

X = 1 Lm, 1 M überspringen

☐ = 1 Stb in 1 Stb oder in 1 Lm-Bogen

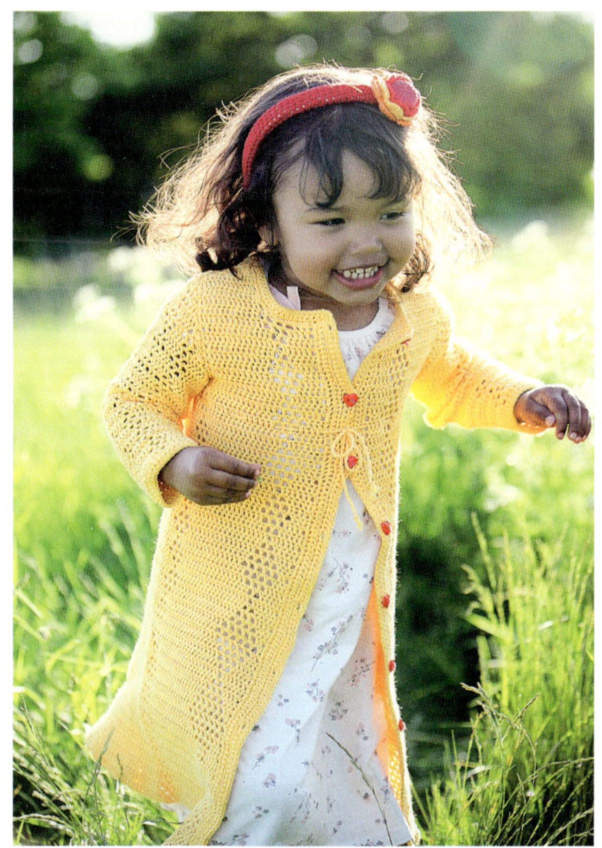

seite je 22 (23) 25 (26) M im Muster häkeln. Für die Armausschnitte wie beim Rückenteil abnehmen. In 6 (6) 7 (8) cm Höhe in jeder R am Rand 5, 2 (6, 2) 6, 2 (7, 2) M abnehmen, in 9 (10) 11 (12) cm Höhe Schulter wie beim Rückenteil arbeiten.

ÄRMEL: 34 (36) 36 (38) Lm häkeln.
Reihe 1: 3 Lm überspringen (= 1. Stb), 2 (3) 3 (4) Stb, *5 M im Muster 2, 2 Stb; ab * noch 2 x wdh, 5 M im Muster 2, 3 (4) 4 (5) Stb.
Reihe 2: In R 2 und allen nachfolgenden R das 1. Stb als 3 Lm häkeln und 1 Stb überspringen, am Ende der R das letzte Stb in die 3. Lm des Ersatz-Stb häkeln. Wie in R 1 fortsetzen.
Reihe 3 und folgende Reihen: In jeder 2. R an beiden Seiten innerhalb der äußersten Stb 1 Stb zunehmen, bis die R aus 42 (44) 48 (50) M besteht. In 13 (17) 20 (24) cm Höhe für die Armkugel auf beiden Seiten am Rand zunächst in jeder R 4, 3, 1 (4, 3) 4, 3 (4, 3) M abnehmen, dann 2 M, bis die Armkugel 6 (6) 7 (7) cm misst. Das Garn kürzen und den Faden durch die M ziehen. Das Garnende vernähen.

UNTERE EINFASSUNG: Auf der rechten Seite 3 R mit fM häkeln. In der 1. R in jedes Stb und in jede Lm 1 fM häkeln. Das Garn kürzen und den Faden durch die M ziehen. Das Garnende vernähen.

FERTIGSTELLUNG: Die Teile zwischen feuchten Tüchern nach den angegebenen Maßen spannen und trocknen lassen. Dann die Teile zusammennähen. Auf der rechten Seite der Arbeit um die Vorderkanten und den Halsausschnitt herum eine Einfassung aus 3 R fM häkeln: In der 1. R in jede Reihe 2 fM und in jede M 1 fM häkeln, außerdem in allen 3 R an den Ecken 3 fM in die Eckmasche arbeiten. In die 2. R der rechten vorderen Einfassung 5 (6) 6 (7) Knopflöcher einarbeiten: Das oberste Knopfloch direkt unter dem Halsausschnitt, die übrigen Knopflöcher gleichmäßig verteilt, sodass das unterste 11 (13) 15 (17) cm über dem unteren Rand liegt. Für die Knopflöcher 2 Lm häkeln und 2 fM überspringen. In der Rückreihe 2 fM in den Lm-Bogen häkeln. Die Säume bügeln. Knöpfe annähen. Aus dem Garn eine Kordel drehen und durch die zweitletzte Reihe am unteren Teil der Jacke führen. Auf der Vorderseite zu einer Schleife binden.

Weste aus Granny Squares

Wenn Sie wie ich Häkelquadrate mögen, werden Sie kaum etwas Hübscheres finden als eine Weste aus diesem Muster. Sie kann in verschiedenen Größen gehäkelt werden, sodass sie allen passt – vom Kleinkind bis zum Erwachsenen.

Größe: 2-4 (6-8) 10-12 Jahre Größe (34-36) 38-40 (42-44)
Maße:
Brustumfang (Maß des Kleidungsstücks): 55 (66) 77 (82,5) 93,5, (104,5) cm, zuzüglich Einfassungen
Rückenlänge: 27,5 (33) 33 (38,5) 44 (44) cm, zuzüglich Einfassungen
Garn: Mandarin Petit *(siehe Seite 126)*
Garnverbrauch:
Grundfarbe: 100 (100) 100 (150) 200 (200) g
Musterfarbe 1: 50 (50) 50 (50) 50 (100) g
Musterfarbe 2: 50 (50) 50 (50) 50 (100) g
Häkelnadel: 3 mm

Ein Quadrat soll 5,5 x 5,5 cm messen.

QUADRAT 1: 6 Lm in einer Musterfarbe häkeln und mit 1 Km in die 1. Lm zum Ring schließen.
Runde 1: 3 Lm (= 1. Stb), 2 Stb in den Ring, *2 Lm, 3 Stb in den Ring; ab * noch 2 x wdh, enden mit 2 Lm. Die Rd mit 1 Km in die 3. Anfangs-Lm schließen (= 4 Stb-Gruppen mit 3 Stb). Das Garn kürzen und den Faden durch die M ziehen.
Runde 2: (Musterfarbe) Mit der Häkelnadel in den zuletzt gehäkelten Lm-Bogen einstechen und 1 Umschlag durchholen, 3 Lm, 2 Stb, 2 Lm, 3 Stb in diesen Bogen häkeln, *3 Stb überspringen und in den nächsten Lm-Bogen 3 Stb, 2 Lm, 3 Stb häkeln; ab * bis zum Ende der Rd wdh, enden mit 3 Stb überspringen. Rd mit 1 Km in die 3. Anfangs-Lm schließen (= 8 Gruppen mit 3 Stb). Das Garn kürzen und den Faden durch die M ziehen.
Runde 3: (Grundfarbe) Die 1. Gruppe aus 3 Lm + 2 Stb der vorherigen Runde überspringen, mit der Häkelnadel in den Lm-Bogen in der Ecke einstechen und 1 Umschlag durchholen, 3 Lm, 2 Stb, 2 Lm, 3 Stb in diesen Bogen häkeln, *3 Stb überspringen und in den nächsten Zwischenraum 3 Stb häkeln, 3 Stb überspringen und in den Lm-Bogen an der Ecke 3 Stb, 2 Lm, 3 Stb häkeln; ab * bis zum Ende der Rd wdh, enden mit 3 Stb überspringen, 3 Stb in den nächsten Zwischenraum häkeln, 3 Stb überspringen. Rd mit 1 Km in die 3. Anfangs-Lm schließen (= 12 Gruppen mit 3 Stb). Garn kürzen und den Faden durch die M ziehen.

QUADRAT 2: Wie Quadrat 1 häkeln, jedoch am Schluss weiter Km bis zur Ecke des Quadrats häkeln. Danach das erste und zweite Quadrat zusammenhäkeln (siehe unten). Das Garn kürzen, dabei aber ein ausreichend langes Stück zum Zusammenhäkeln der Quadrate lassen.

ZUSAMMENHÄKELN DER QUADRATE: Ganze und halbe Quadrate gemäß Größendiagramm *auf Seite 78* anfertigen. Die Quadrate nach und nach reihenweise rechts auf rechts mit fM zusammenhäkeln. Dabei in die Zwischenräume zwischen den Stb einstechen. An den Eckmaschen beginnen und enden.

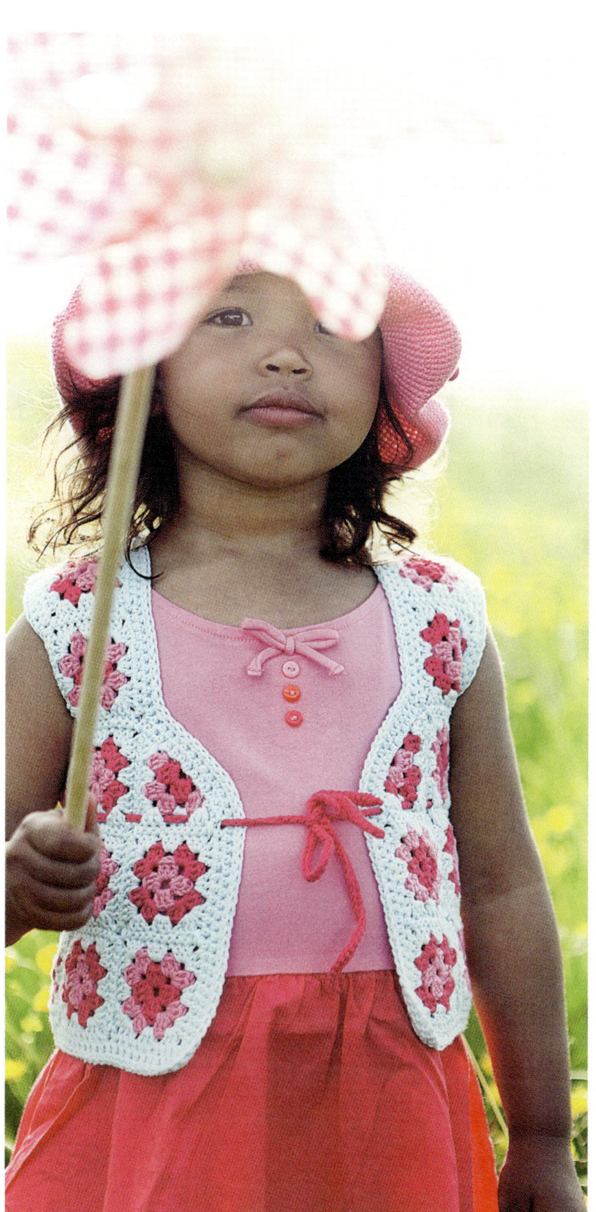

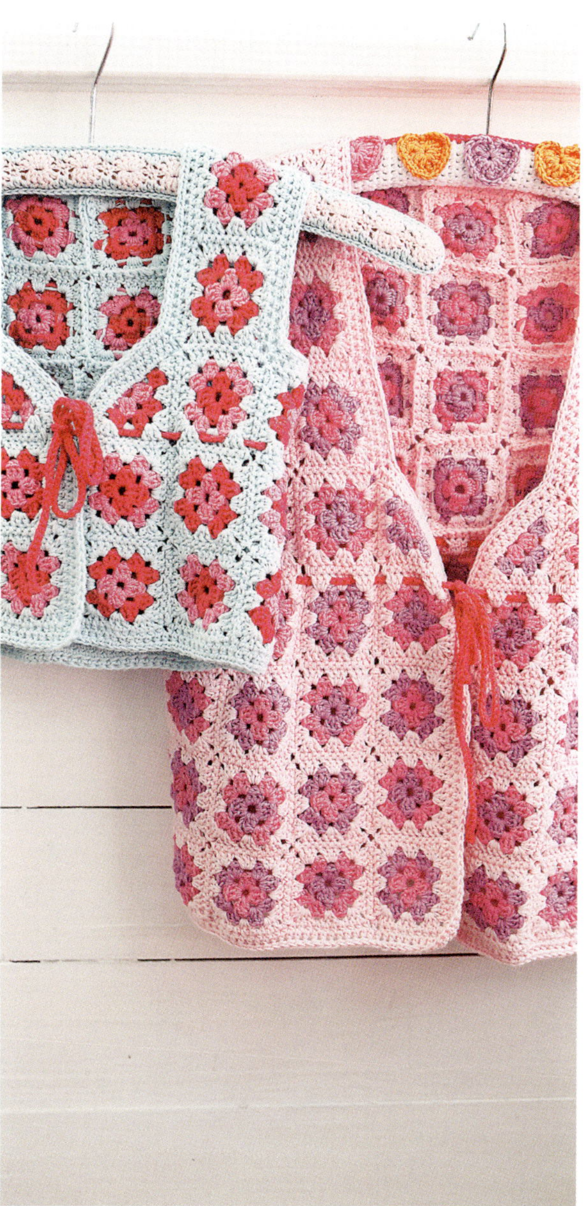

GRÖSSENDIAGRAMM

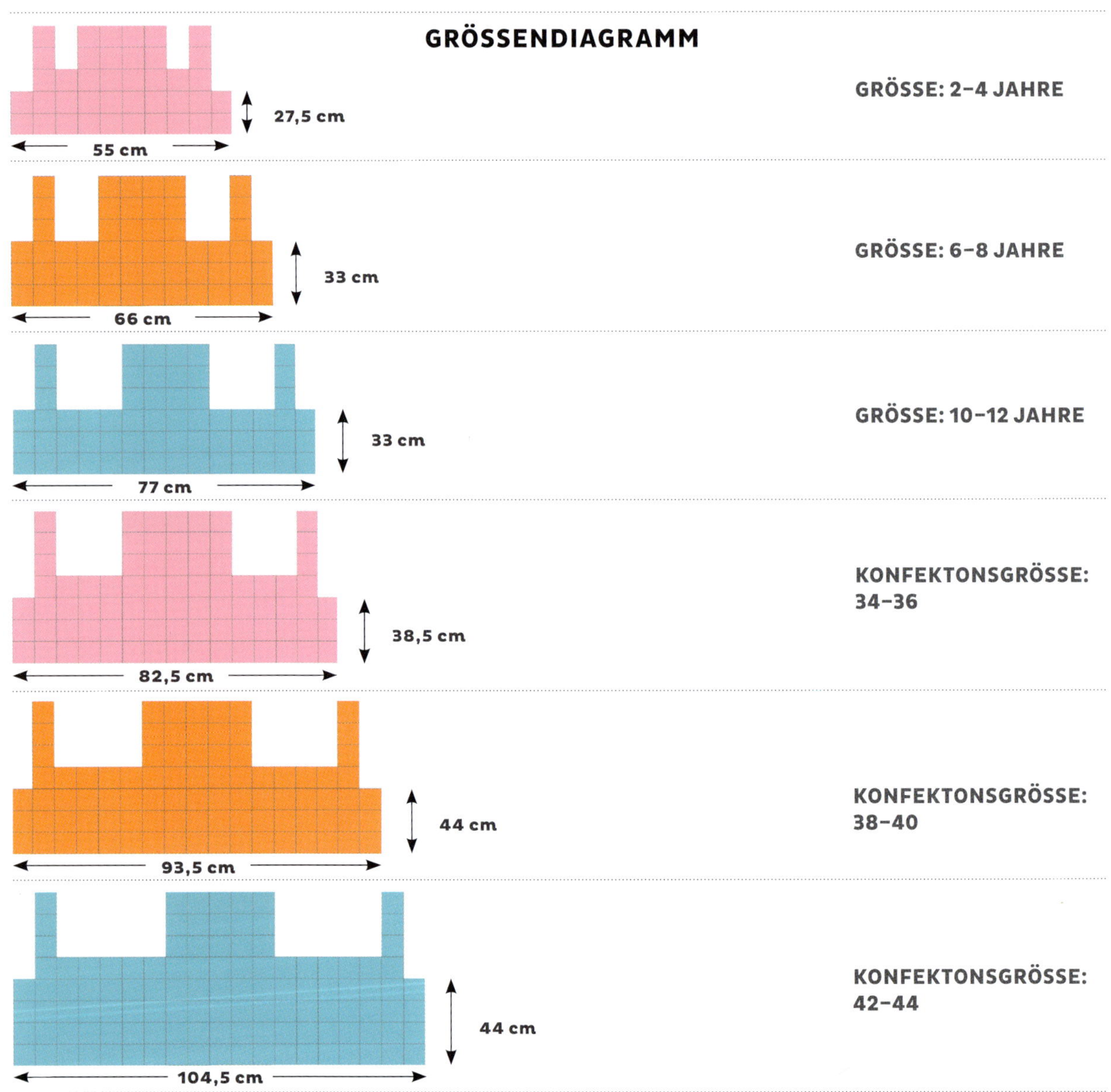

HALBE QUADRATE: 6 Lm häkeln, mit 1 Km in die 1. Lm zum Ring schließen.

Runde 1: 3 Lm, 3 Stb in den Ring, 2 Lm, 4 Stb in den Ring. Das Garn kürzen und den Faden durch die M ziehen.

Runde 2: Zwischen den ersten 3 Lm und den Stb der Vor-Rd einstechen und Garn durchholen. 3 Lm, in diesen Zwischenraum 3 Stb, 3 Stb überspringen, 3 Stb, 2 Lm, in den nächsten Lm-Bogen 3 Stb, 3 Stb überspringen, zwischen das 3. und das 4. Stb 4 Stb. Garn kürzen, Faden durch die M ziehen.

Runde 3: In den Zwischenraum zwischen den ersten 3 Lm und den Stb der vorherigen Rd einstechen und Garn durchholen, 3 Lm, in diesen Zwischenraum 3 Stb, 3 Stb überspringen, in den nächsten Zwischenraum 3 Stb, 3 Stb überspringen, in den Lm-Bogen an der Ecke 3 Stb, 2 Lm, 3 Stb häkeln, 3 Stb überspringen, 3 Stb in den nächsten Zwischennraum, 3 Stb überspringen, 4 Stb in den nächsten Zwischenraum, dann 13 Km entlang der Diagonalen des Quadrats. Die Rd mit 1 Km in die 3. Anfangs-Lm schließen. Garn kürzen, Faden durch die M ziehen.

SCHULTERN: Garn in der Grundfarbe verwenden. An der rechten Schulter des Vorderteils auf der rechten Seite in den Lm-Bogen in der Ecke einstechen und Garn durchholen. 1 Lm, 1 hStb in den Lm-Bogen in der Ecke, *1 hStb zwischen die nächsten Stb; ab * wdh, bis 6 hStb fertig sind, 1 Km in den nächsten Zwischenraum, wenden. 1 Km überspringen, in jedes der folgenden hStb über die beiden Lm-Bögen hinweg 1 Km häkeln, wenden. HStb in jeden Zwischenraum bis zum Ende der R. Garn kürzen, Faden durch die M ziehen.

Die linke Schulter des Rückenteils ebenso arbeiten. Die linke Schulter des Vorder- und die rechte Schulter des Rückenteils ebenso arbeiten, aber an der linken Seite beginnen.

FERTIGSTELLUNG: Das Stück zwischen feuchten Tüchern auf die angegebenen Maße gespannt feststecken und trocknen lassen. An den Schultern zusammennähen.

Äußere Einfassung: Garn in der Grundfarbe verwenden. An der Rückseite unten beginnen und in eine M in der Ecke eines Quadrats einstechen und das Garn durchholen.

Reihe 1 (auf der rechten Seite arbeiten): 1 Lm, in jeden Zwischenraum 1 hStb (10 hStb für jedes Quadrat), in die beiden unteren Ecke 4 hStb, an den halben Quadraten durch beide Maschenglieder jeder Km 1 hStb. Die Rd mit 1 Km in die Anfangs-Lm schließen.

Reihe 2 (auf der rechten Seite arbeiten): 1 Lm, in jeden Zwischenraum 1 hStb, in den beiden unteren Ecken 1 hStb zunehmen, in der unteren Ecke der halben Quadrate 1 hStb zunehmen, in der oberen Ecke der halben Quadrate 2 hStb zusammen abmaschen. Die Rd mit 1 Km in die Anfangs-Lm schließen.

Reihe 3 (auf der rechten Seite arbeiten): 1 Rd fM rückwärts (Krebsmaschen), also von links nach rechts, häkeln. Dabei die 1. M überspringen, dann in jedes hStb 1 Krebsmasche häkeln, durch beide Maschenglieder einstechen. Garn kürzen, Faden durch die M ziehen. Das Garnende vernähen.

EINFASSUNG DER ARMAUSSCHNITTE: An der Schulter beginnen und wie die äußere Einfassung arbeiten. In der 2. Rd in jeder Innenecke 2 M zusammen abmaschen. Garn kürzen, Faden durch die M ziehen.

SCHNUR FÜR DIE TAILLE: Lm häkeln, bis die Schnur lang genug ist. Wenden und in jede Lm 1 Km häkeln. Garn kürzen, Faden durch die M ziehen. Die Schnur auf Taillenhöhe durch die Quadrate fädeln. *Siehe Abbildung auf Seite 77.*

Haarreif

Haarspangen und -reife lassen sich einfach verschönern. Und die Bewunderung der Freundinnen ist Ihnen sicher.

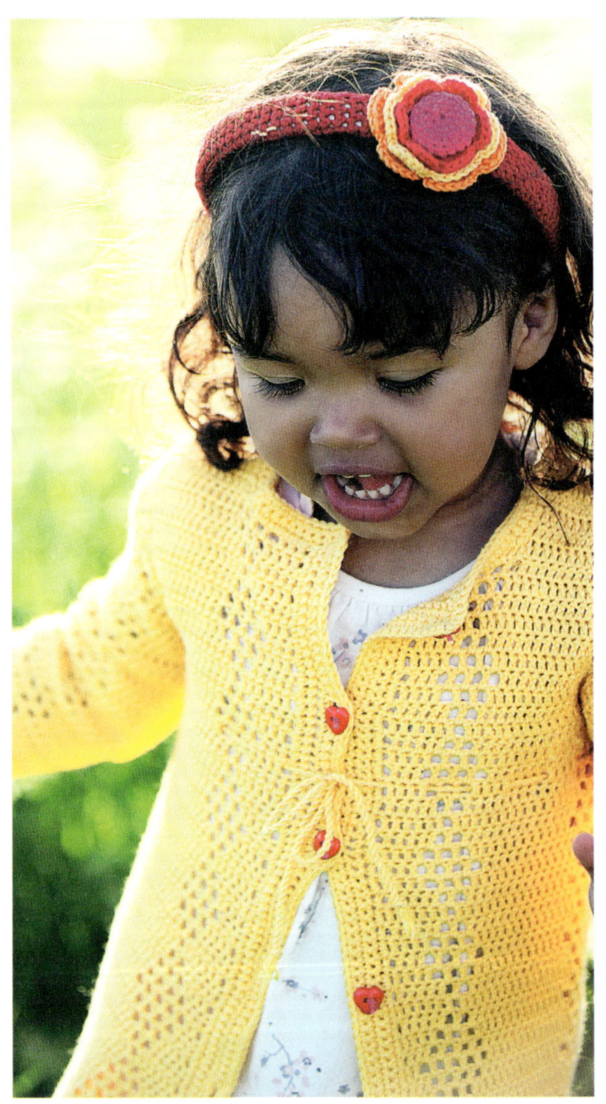

Garn: Mandarin Petit *(siehe Seite 126)*
Garnverbrauch: Garnreste
Häkelnadel: 3 mm
Sonstiges Material: einfacher, einfarbiger Haarreif

Das Muster der Größe und Breite des Haarreifs anpassen. 4 Lm häkeln und mit 1 Km zum Ring schließen. Jede Rd mit 1 Km in die Anfangs-Lm schließen.

Runde 1: 1 Lm, 6 fM in den Ring.

Runde 2: 1 Lm, *1 fM, in die nächste M 2 fM; ab * wdh bis zum Ende der Rd (9 M).

Runde 3: 1 Lm, dann fM bis zum Ende der Rd (9 M).

Rd 3 wdh, bis die Hülle so lang ist wie der Haarreif. Die Hülle überziehen und die beiden letzten Rd häkeln.

Vorletzte Runde: 1 Lm, *1 fM, 2 fM zusammen abmaschen (= in die nächste M einstechen, 1 Umschlag durchholen, in die nächste M einstechen, 1 Umschlag durchholen, erneut 1 Umschlag aufnehmen und durch die 3 Schlingen auf der Nadeln ziehen); ab * wdh bis zum Ende der Rd (6 M).

Letzte Runde: 1 Lm, *2 fM zusammen abmaschen; ab * wdh bis zum Ende der Rd (3 M).

Das Garn kürzen, den Faden durch die M ziehen. Falls eine Öffnung bleibt, diese mit dem Fadenende schließen.

Der Haarreif wurde mit einer „Mehrlagigen Blüte mit fester Mitte" verziert, *siehe Seite 20*. In die Blütenmitte wurde noch eine gehäkelte Perle, *siehe Seite 67*, gesetzt.

Haarspangen

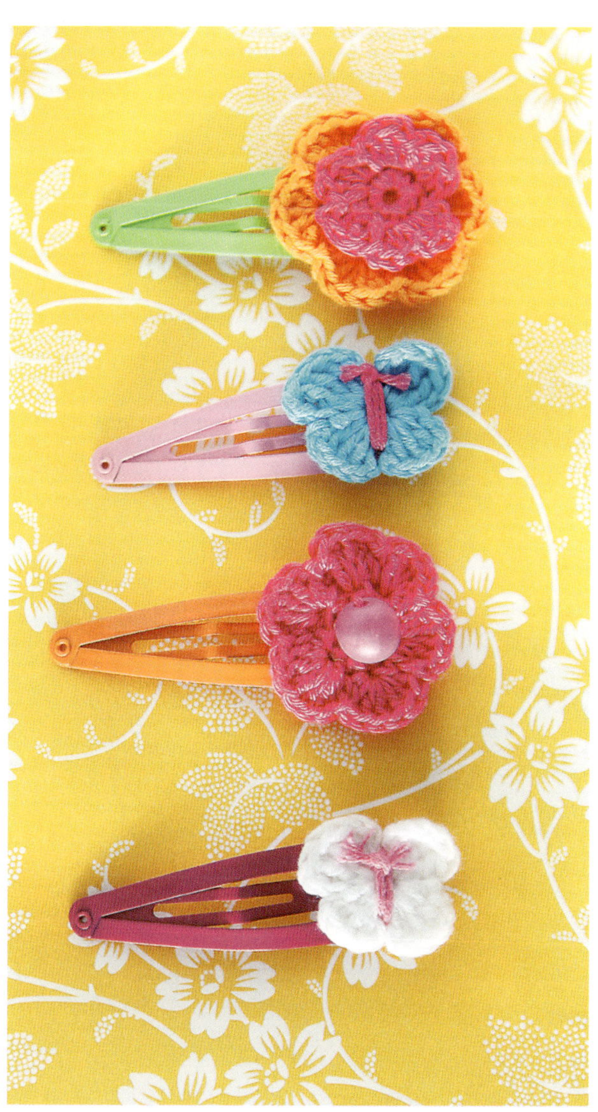

Hier habe ich gekaufte Haarspangen unter anderem mit verschiedenen Blüten verziert. Ähnliche einfarbige Haarspangen finden Sie in Bastelgeschäften, aber auch in vielen anderen Geschäften, die Accessoires verkaufen.

Suchen Sie sich im Kapitel „Allerlei Zierde" aus, was Ihnen gefällt, und verzieren Sie die Haarspangen damit. Die abgebildeten Haarspangen sind wie folgt verziert:

Grüne Haarspange: „Einfache Blüte 1 und 2", *siehe Seite 22.*

Rosa Haarspange: „Schmetterling", *siehe Seite 26.*

Orangefarbene Haarspange: „Einfache Blüte 2", *siehe Seite 22,* mit einer Holzkugel in der Mitte.

Pinkfarbene Haarspange: „Schmetterling", *siehe Seite 26.*

Kleine Tasche

Garn: Mandarin Petit doppelt *(siehe Seite 126)*
Garnverbrauch: ca. 150 g
Häkelnadel: 3,5 mm
Sonstiges Material: evtl. Textilgarn und Holzkugeln für die Griffe

5 Lm häkeln und mit 1 Km zum Ring schließen. Jede Rd mit 1 Km in die Anfangs-Lm schließen.

Runde 1: 1 Lm, 8 fM in den Ring.
Runde 2: 1 Lm, *2 fM in jede M; ab * wdh (16 M).
Runde 3: 1 Lm, *1 fM, in die nächste M 2 fM; ab * wdh (24 M).
Runde 4: 1 Lm, *2 fM, in die nächste M 2 fM; ab * wdh (32 M).
Runde 5: 1 Lm, *3 fM, in die nächste M 2 fM; ab * wdh (40 M).
Runde 6: 1 Lm, *4 fM, in die nächste M 2 fM; ab * wdh (48 M).
Runde 7: 1 Lm, *5 fM, in die nächste M 2 fM; ab * wdh (56 M).
Runde 8: 1 Lm, *6 fM, in die nächste M 2 fM; ab * wdh (64 M).
Runde 9: 1 Lm, dann fM bis zum Ende der Rd (64 M).
Runde 10: 1 Lm, *7 fM, in die nächste M 2 fM; ab * wdh (72 M).
Runde 11: 1 Lm, dann fM bis zum Ende der Rd (72 M).
Runde 12: 1 Lm, *8 fM, in die nächste M 2 fM; ab * wdh (80 M).
Runde 13–43: 1 Lm, dann fM häkeln (80 M).
Runde 44: 1 Lm, dann fM rückwärts (Krebsmaschen) häkeln.

Bei unserer Tasche bestehen die Griffe aus geflochtenem Textilgarn. Handarbeits- und Bastelgeschäfte bieten verschiedene fertige Griffe an, die ebenfalls verwendet werden können. Sie können auch Griffe oder Riemen häkeln, indem Sie für die gewünschte Länge die erforderliche Anzahl von Lm häkeln. Dann für die gewünschte Breite mehrere R fM häkeln und den Henkel annähen.

Die abgebildete Tasche wurde noch mit 2 Rd Km in verschiedenen Farben verziert, die auf der rechten Seite auf die Rd 42 und 43 auf die Tasche gehäkelt wurden. Außerdem wurden einige Holzperlen auf einen Faden aufgezogen und an einem der Griffe festgeknotet.

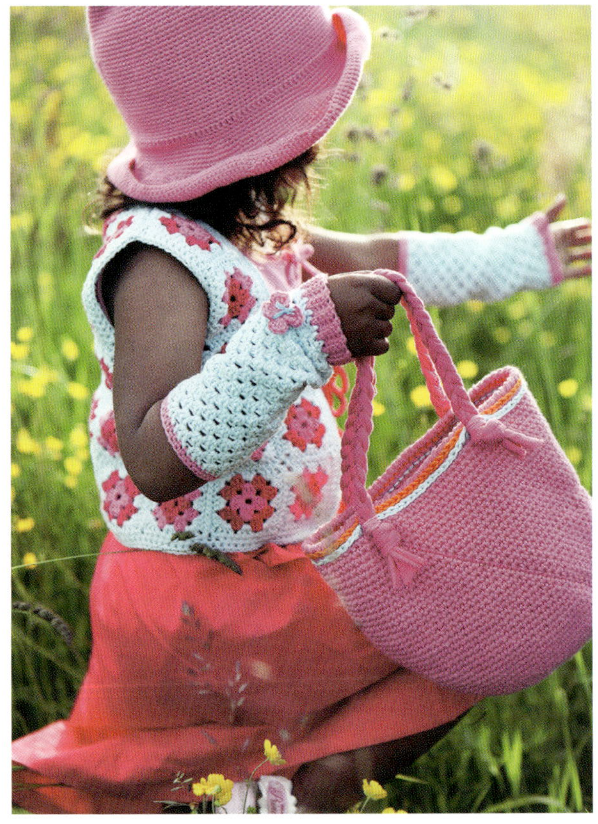

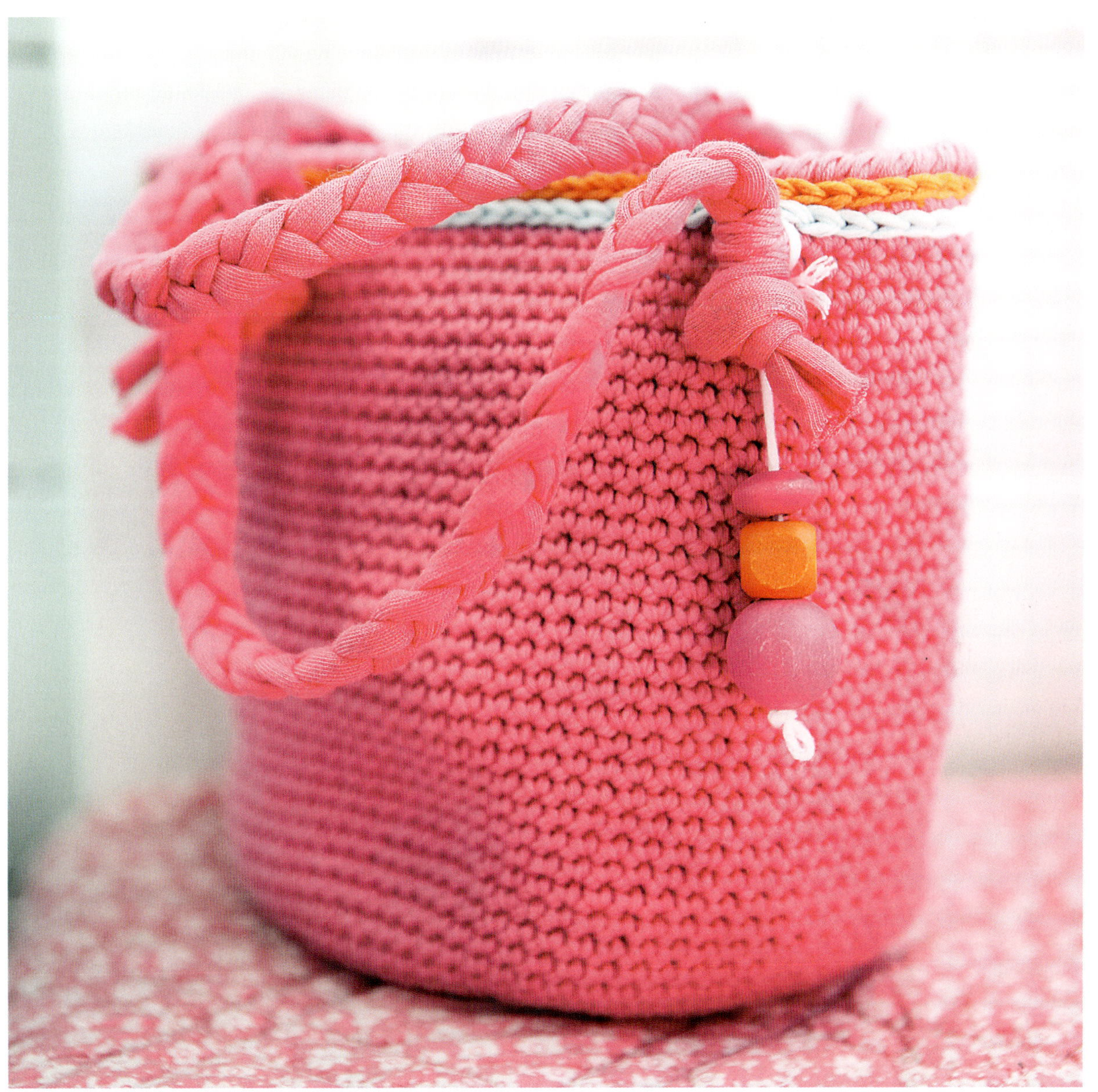

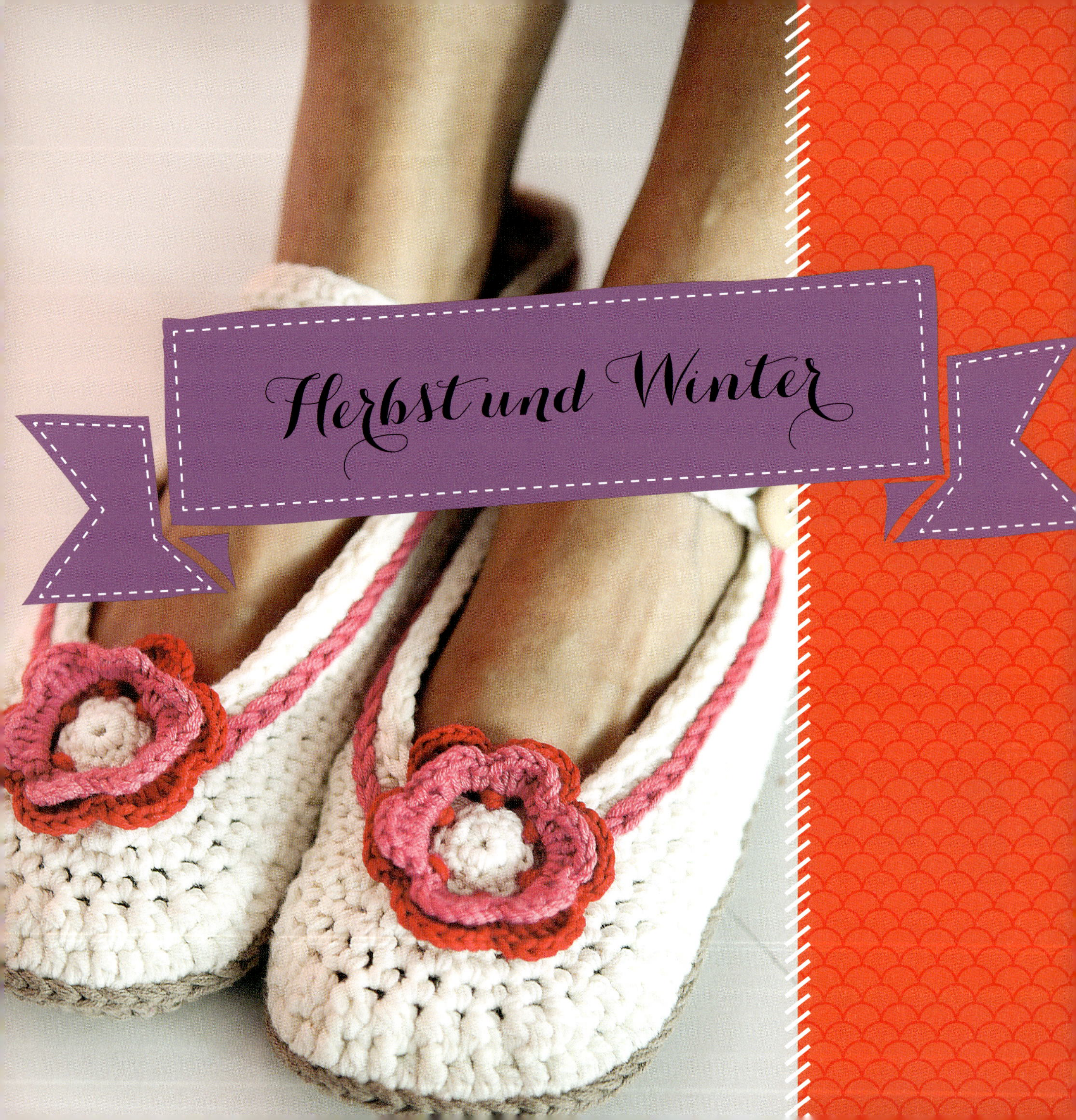
Herbst und Winter

DER HERBST IST DIE PERFEKTE JAHRESZEIT, um es sich auf dem Sofa gemütlich zu machen und häkeln zu lernen. Dieses Kapitel enthält sowohl sehr einfache Arbeiten als auch einige etwas anspruchsvollere Projekte. Das verwendete Garn ist eine Mischung aus Baumwolle und Merinowolle und kratzt nicht.

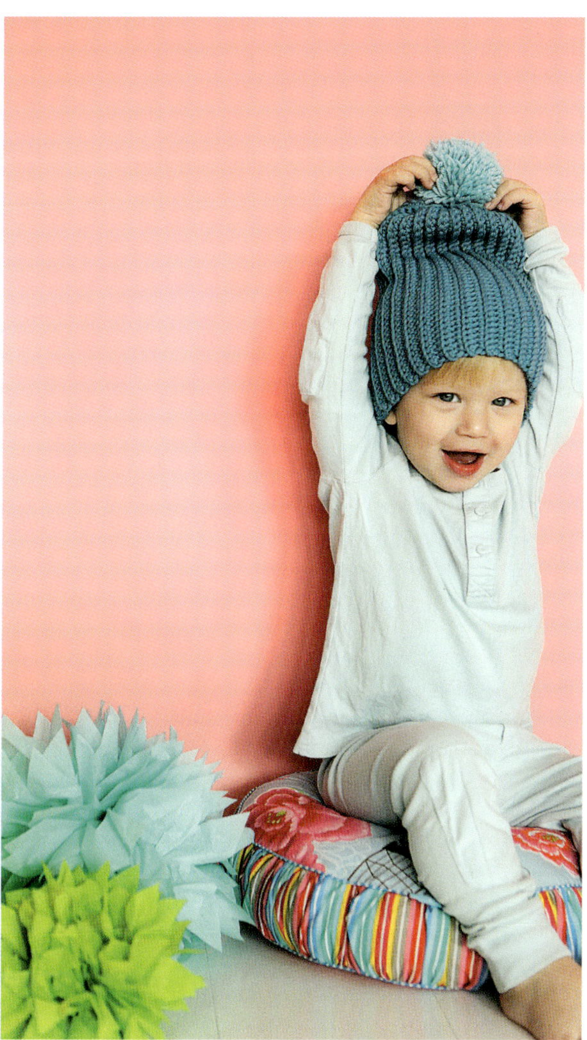

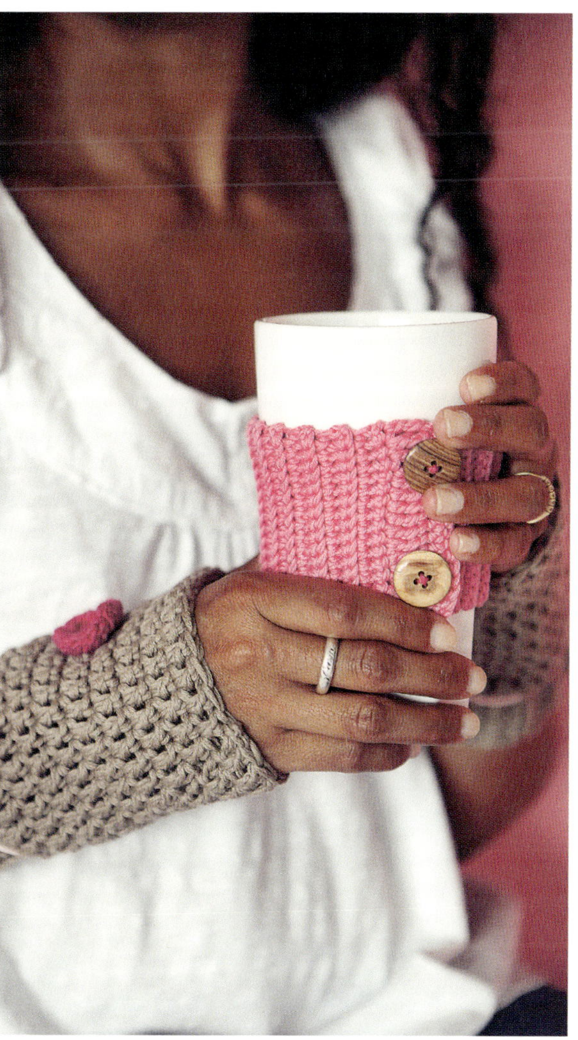

Baskenmütze

Diese Baskenmütze wird aus festen Maschen gehäkelt und erhält ihre Struktur, indem in bestimmten Runden immer nur in das hintere Maschenglied eingestochen wird. Die beiden Mützen sind gleich gehäkelt, jedoch unterschiedlich verziert.

Garn: Sandnes Duo doppelt *(siehe Seite 126)*
Garnverbrauch: ca. 150 g
Häkelnadel: 6 mm sowie 4 mm für Kinder bzw. 5 mm für Erwachsene

4 Lm mit Häkelnadel Stärke 6 häkeln, mit 1 Km in die 1. Lm zum Ring schließen. Jede Rd mit 1 Km in die Anfangs-Lm schließen.

Runde 1: 1 Lm, 6 fM in den Ring.
Runde 2: 1 Lm, dann in jede M 2 fM (12 M).
Runde 3: 1 Lm, *1 fM, in die nächste M 2 fM; ab * wdh (18 M).
Runde 4: 1 Lm, *2 fM, in die nächste M 2 fM; ab * wdh (24 M).
Runde 5: 1 Lm, *3 fM, in die nächste M 2 fM; ab * wdh (30 M).
FM in dieser Rd in das hintere Maschenglied häkeln.
Runde 6: 1 Lm, *4 fM, in die nächste M 2 fM; ab * wdh (36 M).
Runde 7: 1 Lm, *5 fM, in die nächste M 2 fM; ab * wdh (42 M).
FM in dieser Rd in das hintere Maschenglied häkeln.
Runde 8: 1 Lm, *6 fM, in die nächste M 2 fM; ab * wdh (48 M).
Runde 9: 1 Lm, *7 fM, in die nächste M 2 fM; ab * wdh (54 M).
FM in dieser Rd in das hintere Maschenglied häkeln.
Runde 10: 1 Lm, *8 fM, in die nächste M 2 fM; ab * wdh (60 M).
Runde 11: 1 Lm, *9 fM, in die nächste M 2 fM; ab * wdh (66 M).
FM in dieser Rd in das hintere Maschenglied häkeln.
Runde 12: 1 Lm, *10 fM, in die nächste M 2 fM; ab * wdh (72 M).
Runde 13: 1 Lm, *11 fM, in die nächste M 2 fM; ab * wdh (78 M).
FM in dieser Rd in das hintere Maschenglied häkeln.
Runde 14: 1 Lm, *12 fM, in die nächste M 2 fM; ab * wdh (84 M).
Runde 15: 1 Lm, *13 fM, in die nächste M 2 fM; ab * wdh (90 M).
FM in dieser Rd in das hintere Maschenglied häkeln.
Runde 16: 1 Lm, *14 fM, in die nächste M 2 fM; ab * wdh (96 M).
Runde 17: 1 Lm, *15 fM, in die nächste M 2 fM; ab * wdh (102 M).
FM in dieser Rd in das hintere Maschenglied häkeln.
Runde 18–22: 1 Lm, dann fM bis zum Ende der Rd (102 M).
Weiterhin in jeder 2. Rd nur in das hintere Maschenglied einstechen.
Runde 23: 1 Lm, *15 fM, 2 fM zusammen abmaschen (= in die nächste M einstechen, 1 Umschlag durchholen, in die nächste M einstechen, 1 Umschlag durchholen, erneut 1 Umschlag aufnehmen und durch die 3 Schlingen auf der Nadeln ziehen); ab * wdh (96 M).
FM in dieser Rd in das hintere Maschenglied häkeln.
Runde 24: 1 Lm, *14 fM, 2 fM zusammen abmaschen; ab * wdh (90 M).
Runde 25: 1 Lm, *13 fM, 2 fM zusammen abmaschen; ab * wdh (84 M).
FM in dieser Rd in das hintere Maschenglied häkeln.
Runde 26: 1 Lm, *12 fM, 2 fM zusammen abmaschen; ab * wdh (78 M).
Runde 27: 1 Lm, *11 fM, 2 fM zusammen abmaschen; ab * wdh (72 M).

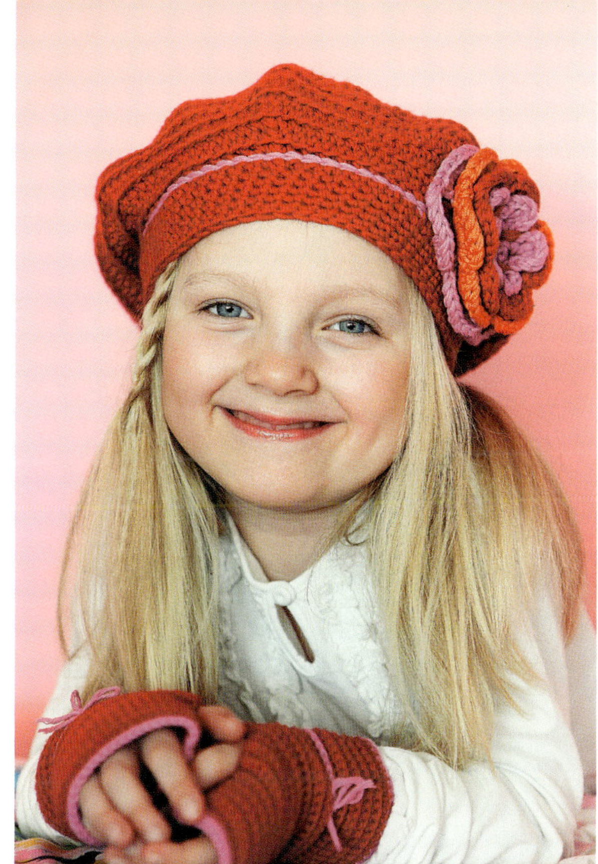

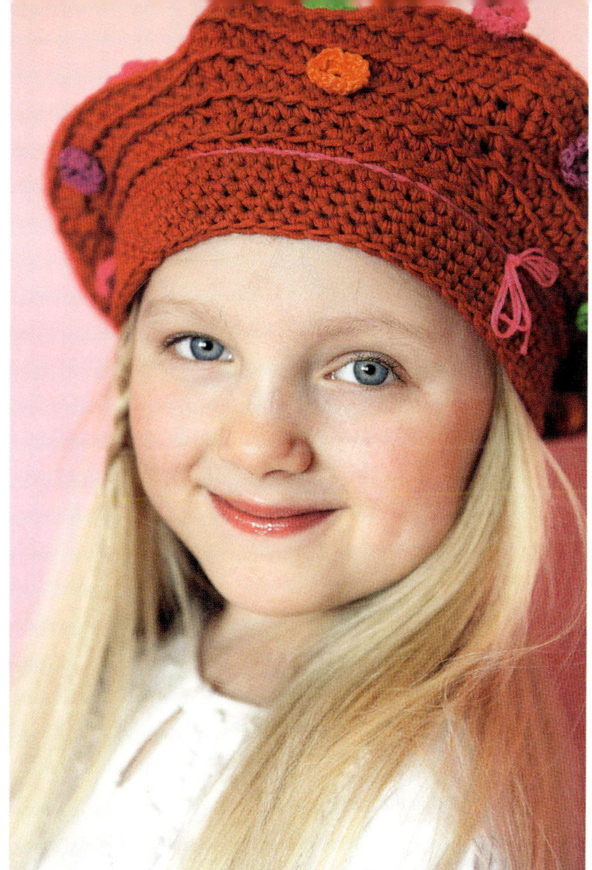

FM in dieser Rd in das hintere Maschenglied häkeln.

Runde 28: 1 Lm, *10 fM, 2 fM zusammen abmaschen; ab * wdh (66 M).

Ab hier die dünnere Häkelnadel verwenden. Die Stärke hängt davon ab, wie die Mütze werden soll. Für kleinere Kinder (3–5 Jahre) wählen Sie eine Häkelnadel in Stärke 4 mm, für eine erwachsene Person Stärke 5 mm.

Runde 29–36: 1 Lm, dann fM häkeln (66 M).

Das Garn kürzen und den Faden durch die M ziehen.

Auf die rechten Seite der Mütze zwischen der 6.- und 7.-letzten Rd 1 Rd Km aufhäkeln.

Eine Mütze wurde mit einer großen „Mehrlagige Blüte mit Mittelrad" verziert, *siehe Anleitung auf Seite 18*.

Auf die andere Mütze wurden zahlreiche kleine Blüten aufgenäht, siehe unten.

KLEINE BLÜTE

4 Lm häkeln, mit 1 Km in die 1. Lm zum Ring schließen.

Runde 1: 1 Lm, 10 fM in den Ring. Die Rd mit 1 Km schließen.

Runde 2: 1 Lm, *1 Km, in die nächste M 3 Stb ; ab * wdh. Die Rd mit 1 Km schließen.

Noppenmütze mit Lämmchenohren

Gehäkelte Noppen sehen lustig aus und geben der Mütze eine gewisse Struktur. Diese supersüße Mütze ist für die Allerkleinsten gedacht – sie bedeckt die kleinen Ohren und kann unter dem Kinn zusammengebunden werden.

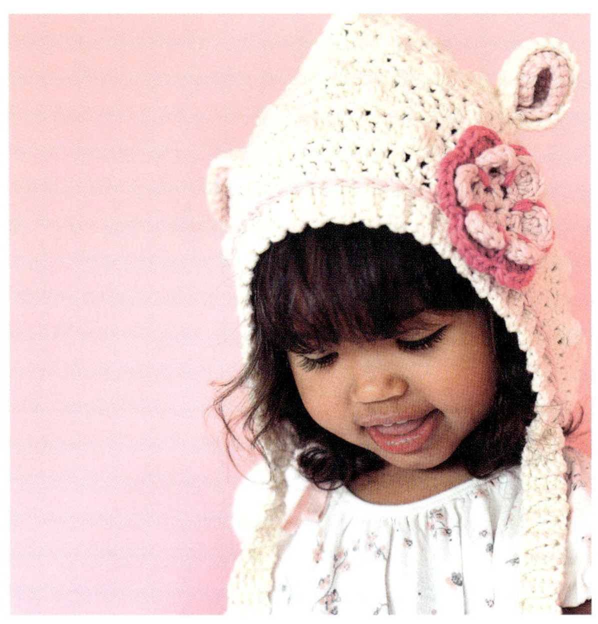

Größe: 1–3 Jahre
Garn: Sandnes Duo doppelt *(siehe Seite 126)*
Garnverbrauch: ca. 150 g für die Mütze, Garnreste oder 1 Knäuel in jeder Farbe für Ohrinnenseite und die Blüte
Häkelnadel: 4 und 5 mm

Die Mütze wird in einem Stück gearbeitet und am Ende zusammengehäkelt, wodurch sie die richtige Form erhält. Zuerst wird das Bündchen an der Vorderseite gehäkelt.

Mit der Häkelnadel in Stärke 4 mm 5 Lm häkeln.

Reihe 1: Ab der 2. Lm ab der Häkelnadel in jede Lm 1 fM häkeln. Enden mit 1 Lm. Wenden.

Reihe 2–58: In jede M 1 fM häkeln, dabei jeweils in das hintere Maschenglied einstechen. Enden mit 1 Lm. Wenden.

Nun ist das Bündchen fertig. An der Bündchenseite entlang wie folgt weiterarbeiten:

Reihe 1: Mit der Häkelnadel in Stärke 5 mm gleichmäßig 1 Stb in jede Reihe des Bündchens häkeln (58 Stb). Das 1. Stb als 2 Lm häkeln. Wenden.

Reihe 2: In jede M 1 Stb häkeln, enden mit 2 Lm. Wenden.

Reihe 3 mit Noppen: 5 Stb, danach eine Noppe gemäß folgender Anleitung:

Für eine Noppe mit 5 Stb in derselben Masche *1 Umschlag aufnehmen, in die M einstechen, Garn durchholen und die ersten beiden Schlingen auf der Nadel abmaschen; ab * noch 3 x wdh, dann 1 Umschlag aufnehmen, Garn durchholen, ohne die beiden ersten Schlingen abzumaschen. Nun sind 7 Schlingen auf der Häkelnadel. Erneut 1 Umschlag aufnehmen und alle 7 Schlingen auf einmal abmaschen. Sie haben nun 5 Stb in 1 M gehäkelt. Bis zum Ende der R 5 Stb und 1 Noppe wdh, enden mit 4 Stb und 2 Lm.

Reihe 4: In jede M 1 Stb häkeln, enden mit 2 Lm. Wenden.

Reihe 5 mit Noppen: 2 Stb, 1 Noppe, *5 Stb, 1 Noppe; ab * wdh bis zum Ende der R, enden mit 1 Stb und 2 Lm. So sind die Noppen versetzt angeordnet.

Reihe 2–5 wdh, sodass Sie insgesamt 10 R haben.

Bei den letzten beiden R, in R 11 und 12, in der Mitte zuerst 2 M zunehmen und danach wieder abnehmen. Dadurch erhält die Mütze eine Spitze.

Reihe 11: Reihe 5 mit Noppen wdh, dabei nach 29 Stb (inkl. Noppen) in die nächste M 3 Stb häkeln. Danach das Muster fortsetzen, sodass die Noppen wie in der 5. R angeordnet sind, d.h., die 3 in 1 M gehäkelten Stb zählen als 1 M. Enden mit 2 Lm. Wenden.

Reihe 12: 30 Stb häkeln, in die nächste M 3 Stb, weitere 30 Stb. Die Arbeit nicht wenden.

ZUSAMMENHÄKELN DER MÜTZE

Die Mütze rechts auf rechts, mit den Noppen nach innen, zusammenlegen. Mit fM durch die Maschenglieder beider Lagen an der Seite entlang zusammenhäkeln. Dann das Garn kürzen und den Faden durch die M ziehen.

Für Bänder zum Binden der Mütze an beiden Enden des Bündchens in die 4 M fM in das hintere Maschenglied häkeln, 1 Lm, wenden. 27 R auf diese Weise häkeln, in der letzten R 2 x 2 fM zusammen abmaschen. Das Garn kürzen und den Faden durch die M ziehen.

Bei der abgebildeten Mütze habe ich in den Übergang zwischen Bündchen und der 1. Stb-R als Verzierung 1 R Km gehäkelt. Die Mütze habe ich außerdem mit einer „Mehrlagigen Blüte mit Mittelrad“ verziert, *siehe Anleitung auf Seite 18.*

OHREN

Zwei Ohren anfertigen. Für jedes Ohr zwei Ohrteile in unterschiedlichen Farben mit der Häkelnadel in Stärke 4 mm häkeln. Dann die Ohrteile zusammennähen und die Ohren seitlich an der Mütze befestigen.

OHRINNENSEITE (ROSA)

4 Lm mit Häkelnadel Stärke 4 mm häkeln. Mit 1 Km in die 1. Lm zum Ring schließen.

Reihe 1: 1 Lm, 7 fM in den Ring, enden mit 1 Lm, wenden (7 M).

Reihe 2: 3 fM, in die nächste M 3 fM, 3 fM, enden mit 1 Lm, wenden (9 M).

Reihe 3: 4 fM, in die nächste M 3 fM, 4 fM, enden mit 1 Lm, wenden (11 M).

Reihe 4: 2 fM, * in die nächste M 2 fM, 2 fM; ab * noch 2 x wdh, enden mit 1 Lm, wenden (14 M).

Reihe 5: 6 fM, in die nächste M 2 fM, 1 fM, in die nächste M 2 fM, 6 fM, enden mit 1 Lm, wenden (17 M).

Reihe 6: 7 fM, in die nächste M 2 fM, 1 fM, in die nächste M 2 fM, 7 fM (19 M).

OHRAUSSENSEITE (WEISS)

4 Lm mit Häkelnadel Stärke 4 mm häkeln. Mit 1 Km in die 1. Lm zum Ring schließen.

Reihe 1: 1 Lm, 7 fM in den Ring, enden mit 1 Lm, wenden (7 M).

Reihe 2: 3 fM, in die nächste M 3 fM, 3 fM, enden mit 1 Lm, wenden (9 M).

Reihe 3: 4 fM, in die nächste M 3 fM, 4 fM, enden mit 1 Lm, wenden (11 M).

Reihe 4: 2 fM, in die nächste M 2 fM, 2 fM, in die nächste M 2 fM, 2 fM, in die nächste M 2 fM, 2 fM, enden mit 1 Lm, wenden (14 M).

Reihe 5: 6 fM, in die nächste M 2 fM, 1 fM, in die nächste M 2 fM, 6 fM, enden mit 1 Lm, wenden (17 M).

Reihe 6: 7 fM, in die nächste M 2 fM, 1 fM, in die nächste M 2 fM, 7 fM, enden mit 1 Lm, wenden (19 M).

Reihe 7: FM häkeln bis zum Ende der R (19 M). Das Garn kürzen und den Faden durch die M ziehen.

Schals

Schals sind dankbare Häkelprojekte. Es sind keine Passform und kein Maß zu beachten, man häkelt einfach, bis der Schal die gewünschte Länge erreicht hat. Außerdem erhalten Sie ein persönliches Einzelstück, auf das Sie stolz sein können.

Hier stelle ich drei unterschiedliche Techniken für Häkelschals vor. Bestimmt ist Ihr Lieblingsschal darunter.

ENDLOSSCHAL

Dieser Schal wird in einem Stück gehäkelt, immer rundherum, bis er ausreichend breit ist. Den fertigen Schal einfach zweimal oder dreimal um den Hals schlingen. Sehr einfach und sehr edel.

Garn: Sandnes Duo doppelt *(siehe Seite 126)*
Garnverbrauch: ca. 250 g
Häkelnadel: 6 mm

250 Lm häkeln und mit 1 Km in die 1. Lm zum Ring schließen (darauf achten, dass die Lm-Kette nicht verdreht ist).
Runde 1: 1 Lm, 1 fM, *1 Lm, 1 M überspringen, 1 fM; ab * wdh bis zum Ende der Rd. Die Rd mit 1 Km in die 1. Lm schließen.
Runde 2: 1 Lm, *1 fM in die Lm der Vor-Rd, 1 Lm, 1 M überspringen; ab * wdh. Die Rd mit 1 Km schließen.
Runde 3–20: 1 Lm, *1 fM in die Lm der vorherigen Rd, 1 Lm; ab * wdh. Die Rd mit 1 Km schließen. Dann das Garn kürzen und den Faden durch die M ziehen. Garnenden vernähen.

Dieser Schal wurde mit einer „Blüte mit Bögen" verziert, *siehe Seite 21.*

BLÜTENSCHAL

Dieser Schal besteht aus zahlreichen Blüten, die während der letzten Runde ganz außen an den Blütenblättern zusammengehäkelt werden. Das Muster wiederholt sich viermal in unterschiedlichen Farben.

Garn: Sandnes Duo *(siehe Seite 126)*
Garnverbrauch: Abhängig davon, wie viele Farben verwendet werden und wie groß der Schal gearbeitet wird. Beim abgebildeten Beispielschal wurden je 100 g von vier verschiedenen Farben verwendet.
Häkelnadel: 4 mm

BLÜTE

5 Lm häkeln und mit 1 Km zum Ring schließen.
Runde 1: 2 Lm (= 1. Stb), 17 Stb in den Ring. Die Rd mit 1 Km in die 2. Anfangs-Lm schließen.
Runde 2: *5 Lm, 2 M überspringen, 1 fM in die 3. M; ab * noch 4 x wdh, enden mit 5 Lm. Die Rd mit 1 Km in die 1. Anfangs-Lm schließen.
Runde 3: Nun die Blütenblätter häkeln: *In den Lm-Bogen 1 fM, 1 hStb, 2 Stb, 1 DStb, 2 Stb, 1 hStb, 1 fM häkeln; ab * bis zum Ende der Rd noch 5 x wdh. Die Rd mit 1 Km in die 1. fM schließen. Das Garn kürzen und den Faden durch die M ziehen.

Die Blüten jeweils ganz außen an den Blütenblättern, also beim DStb, zusammenhäkeln. Dazu 1 fM in das DStb der nächsten Blüte häkeln, dann das Blütenblatt fertig häkeln.

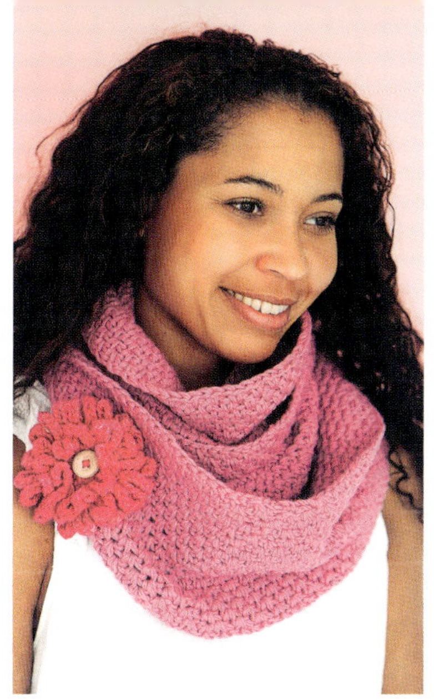

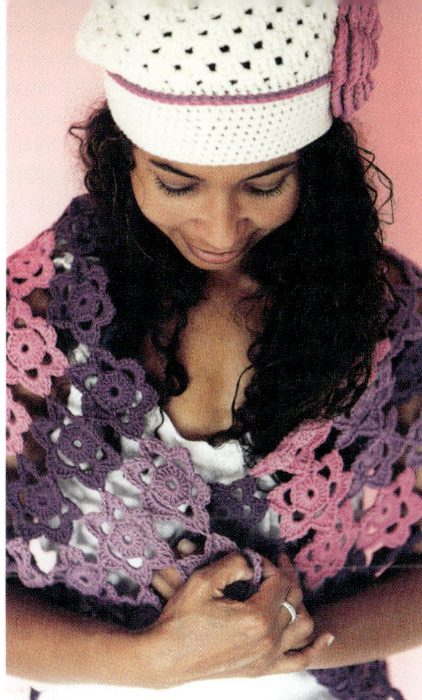

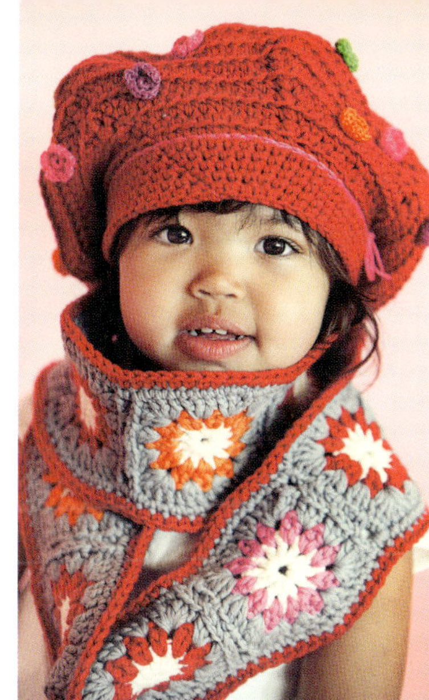

SCHAL AUS WHEEL SQUARES

Dieser Schal besteht aus vielen zusammengehäkelten Quadraten – eine fröhliche Variation von Wheel Squares. Häkeln Sie den gemütlichsten Schal der Saison in Ihren persönlichen Lieblingsfarben.

Garn: Sandnes Duo doppelt *(siehe Seite 126)*
Garnverbrauch: ca. 150 g in Grau, 100 g in Rot, Reste in Weiß, Orange und Pink
Häkelnadel: 5 mm

QUADRAT

4 Lm häkeln und mit 1 Km zum Ring schließen. Alle Rd mit 1 Km in die 2. Anfangs-Lm schließen.
Runde 1: 2 Lm (= 1. Stb), 11 Stb in den Ring.
Reihe 2: 2 Lm, 1 Stb in den 1. Zwischenraum zwischen den Stb der Vor-Rd, dann je 2 Stb zwischen die Stb der Vor-Rd.
Runde 3: 2 Lm, 2 Stb in den Zwischenraum zwischen den Stb-Gruppen der Vor-Rd, dann 3 Stb in jeden Zwischenraum, dabei in jeden 3. Zwischenraum *3 Stb, 1 Lm, 3 Stb, damit das Arbeitsstück Ecken erhält und quadratisch wird.

Das 2. Quadrat während der 3. Rd an einer Seite mit dem 1. Quadrat zusammenhäkeln, *siehe Anleitung auf Seite 14*.

Der Schal kann beliebig lang gearbeitet werden. Das abgebildete Beispiel umfasst 16 Quadrate. Das letzte Quadrat nur an den beiden Ecken anhäkeln, sodass ein Loch entsteht, durch das sich der Schal zuziehen lässt.

Nach Fertigstellung und Zusammenhäkeln aller Quadrate erhält der Schal noch eine Einfassung aus fM: 1 Rd mit grauem Garn und 1 Rd mit rotem Garn, dabei in den Eckmaschen jeweils 3 fM in dieselbe M häkeln.

Mit Wasser besprengen und vorsichtig bügeln, damit der Schal glatt wird.

Hausschuhe für Damen

Bei winterlich kalten Fußböden sind Hausschuhe willkommen – gegen kalte Füße oder einfach, weil sie so schön sind. Die hier beschriebenen Modelle für Erwachsene lassen sich leicht für größere Kinder anpassen. Außerdem finden Sie auf den Folgeseiten Anleitungen für süße Hausschuhe und Stiefelchen für die Kleinsten.

Größe: 36 (37) 38 (39) 40
Garn: Sandnes Duo *(siehe Seite 126)*
Garnverbrauch: 50 g für die Sohlen, 100 g für die Oberseiten
Häkelnadel: 4 mm
Sonstiges Material: 2 Knöpfe

SOHLE

28 (29) 30 (31) 32 Lm häkeln. Jede Rd mit 1 Km schließen.
Runde 1: Ausgehend von der 2. Lm ab der Häkelnadel 26 (27) 28 (29) 30 fM häkeln, in die letzte Lm 3 fM häkeln. Die Arbeit wenden und auf der anderen Seite der Anfangs-Lm 25 (26) 27 (28) 29 fM häkeln, in die letzte Lm, in die schon 1 fM gehäkelt wurde, 2 fM häkeln.
Runde 2: 1 Lm, in die 1. M 2 fM, 25 (26) 27 (28) 29 fM, *in die nächste M 2 fM; ab * noch 2 x wdh, 25 (26) 27 (28) 29 fM, in die nächste M 2 fM, 1 fM.
Runde 3: 1 Lm, 1 fM, in die nächste M 2 fM, 25 (26) 27 (28) 29 fM, in die nächste M 2 fM, 1 fM, in die nächste M 2 fM, 1 fM, in die nächste M 2 fM, 26 (27) 28 (29) 30 fM, in die nächste M 2 fM, 2 fM.
Runde 4: 1 Lm, 2 fM, in die nächste M 2 fM, 26 (27) 28 (29) 30 fM, in die nächste M 2 fM, 2 fM, in die nächste M 2 fM, 2 fM, in die nächste M 2 fM, 26 (27) 28 (29) 30 fM, in die nächste M 2 fM, 3 fM.
Runde 5: 1 Lm, 3 fM, in die nächste M 2 fM, 27 (28) 29 (30) 31 fM, in die nächste M 2 fM, 3 fM, in die nächste M 2 fM, 3 fM, in die nächste M 2 fM, 26 (27) 28 (29) 30 fM, in die nächste M 2 fM, 4 fM.
Runde 6: 1 Lm, 4 fM, in die nächste M 2 fM, 11 (12) 13 (14) 15 fM, 3 hStb, 12 Stb, in die nächste M 2 Stb, 1 Stb, in die nächste M 2 Stb, 2 Stb, in die nächste M 2 Stb, 1 Stb, in die nächste M 2 Stb, 1 Stb, in die nächste M 2 Stb, 2 Stb, in die nächste M 2 Stb, 12 Stb, 3 hStb, 11 (12) 13 (14) 15 fM, in die nächste M 2 fM, 5 fM. Das Garn kürzen und den Faden durch die M ziehen.

OBERSEITE

Jede Rd mit 1 Km schließen.
Runde 7: Die Garnfarbe wechseln und hinten in der Mitte an der Sohle beginnen. 1 Rd Km durch die letzte Rd der Sohle (linke Seite nach oben) häkeln.
Runde 8: 2 Lm (= 1. hStb), hStb in alle Km bis zum Ende der Rd. (Die mittleren 28 M an der Spitze kennzeichnen.) Die Rd mit 1 Km in die 2. Anfangs-Lm schließen.
Runde 9: 1 Lm, fM bis zum Ende der Rd, außer in die 28 gekennzeichneten mittleren M, dort 14 x 2 Stb zusammen abmaschen. (Die letzten beiden Schlingen des 1. Stb auf der Häkelnadel lassen und erst zusammen mit den letzten beiden Schlingen des 2. Stb abmaschen.)
Runde 10: 1 Lm, fM bis zum Ende der Rd.

Runde 11: 1 Lm, fM bis zum Ende der Rd. (Die mittleren 12 M kennzeichnen.)

Runde 12: 1 Lm, fM bis zum Ende der Rd, außer in die 12 gekennzeichneten M, dort 4 x 3 Stb zusammen abmaschen. (Die mittleren 8 M kennzeichnen.)

Runde 13: 1 Lm, fM bis zum Ende der Rd, außer in die 8 gekennzeichneten M, dort 4 x 2 Stb zusammen abmaschen. (Die mittleren 30 M für die Ferse kennzeichnen.)

Runde 14: 2 Lm, Stb bis zur 1. Kennzeichnung, 2 Lm, je 1 Km in jede M bis zur nächsten Markierung, 2 Lm, Stb bis zum Ende der Rd. Die Rd mit 1 Km in die 2. Anfangs-Lm schließen. Das Garn kürzen und den Faden durch die M ziehen.

KNÖCHELRIEMEN

Reihe 1: Auf der rechten Seite des Häkelstücks mit der Häkelnadel in das 1. Stb bei der Fersenmarkierung an der Seite des rechten Hausschuhs (Rd 14) einstechen und fM in die Stäbchen der vorherigen Rd häkeln.

Reihe 2: Beim rechten Hausschuh nun den Riemen wie folgt häkeln: 20 Lm, in die 2. M ab der Häkelnadel und die darauffolgende M je 1 fM, 2 Lm, 2 M überspringen (für das Knopfloch), fM bis zum Ende des Riemens, je 1 Km in jede fM von R 1 und zurück zur anderen Seite des Knöchels. Das Garn kürzen und den Faden durch die M ziehen.

Beim linken Hausschuh zunächst R 1 häkeln, dann wenden, je 1 Km in jede Masche von R 1 zurück zur anderen Seite des Knöchels. Dann den Riemen häkeln: 20 Lm, in die 2. M ab der Häkelnadel und die darauffolgende M je 1 fM, 2 Lm, 2 M überspringen (für das Knopfloch), fM bis zum Ende des Riemens, je 1 Km in jede fM von R 1 und zurück zur anderen Seite des Knöchels. Das Garn kürzen und den Faden durch die M ziehen. Die Knöpfe annähen.

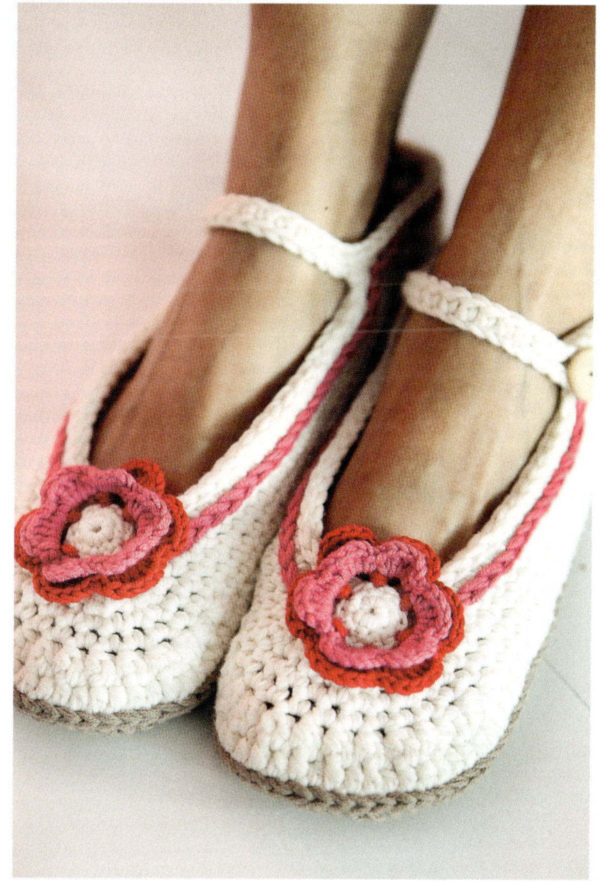

Die abgebildeten Hausschuhe wurden mit 1 Rd Km um den oberen Schuhrand herum (auf der rechten Seite aufgehäkelt) in einer anderen Farbe und mit einer „Mehrlagigen Blüte mit fester Mitte“ (2 Lagen) verziert, *siehe Anleitung Seite 20*.

Hausschuhe für Kinder

Sind sie nicht zu süß? Wenn Sie finden, dass die Hausschuhe für kleine Kinder zu rutschig sind, so finden Sie in vielen Handarbeits- und Bastelgeschäften Rutschstopper zum Aufnähen oder Aufbügeln.

Größe: ca 1 (2) Jahre
Garn: Sandnes Duo doppelt *(siehe Seite 126)*
Garnverbrauch: Sohlen (Farbe 1) ca. 50 g, Oberseiten (Farbe 2) ca. 50 g
Häkelnadel: 4 mm
Sonstiges Material: 2 Knöpfe

SOHLE

In Farbe 1 15 (18) Lm häkeln.

Runde 1: In die 2. Lm ab der Häkelnadel 2 fM, danach 8 (11) fM, 4 hStb, in die letzte M 4 hStb.
Die Arbeit drehen und auf der anderen Seite der Anfangs-Lm zurückhäkeln: 4 hStb, 8 (11) fM, 2 fM in die 1. M, in die schon am Anfang der Rd 2 fM gehäkelt wurden. Die Rd mit 1 Km schließen. Insgesamt 32 (38) M.

Runde 2: 1 Lm, in die nächsten 2 M je 2 fM, 7 (10) fM, 5 hStb, in die nächsten 4 M je 2 hStb, 5 hStb, 7 (10) fM, in die nächsten 2 M je 2 fM. Enden mit 1 Km. Insgesamt 40 (46) M.

Runde 3: 2 Lm, 1 hStb, in die nächsten 2 M je 2 hStb, 14 (17) hStb, in die nächste M 2 hStb, 1 hStb, in die nächste M 2 fM, 2 fM, in die nächste M 2 fM, 1 hStb, in die nächste M 2 hStb, 14 (17) hStb, in die nächste M 2 hStb, 1 hStb. Die Rd mit 1 Km schließen. Insgesamt 46 (52) M.

Runde 4: Rund um die ganze Sohle herum Km häkeln. Das Garn kürzen und den Faden durch die M ziehen.

OBERSEITE

Runde 5: Zu Garnfarbe 2 wechseln und hinten in der Sohlenmitte beginnen. 1 Lm, dann je 1 fM in jede Km der vorherigen Rd um die Sohle häkeln. Die Rd mit 1 Km schließen. Insgesamt 46 (52) M.

Runde 6: 1 Lm, 15 (18) fM, *in die nächste M 2 fM, 2 fM; ab * noch 4 x wdh, in die nächste M 2 fM, 15 (18) fM. Die Rd mit 1 Km schließen. Insgesamt 52 (58) M.

Runde 7: 1 Lm, 12 (15) fM, *1 fM in das hintere Maschenglied, 2 fM; ab * noch 8 x wdh, 1 fM in das hintere Maschenglied, 12 (15) fM. Die Rd mit 1 Km schließen. Insgesamt 52 (58) M.

Runde 8: 2 Lm, 1 hStb, 2 hStb zusammen abmaschen (= beim 1. hStb nur die ersten beiden Schlingen abmaschen, die übrige Schlinge erst zusammen mit dem 2. hStb abmaschen), 2 (5) hStb, 7 fM, *1 fM in das hintere Maschenglied, 1 M überspringen, 1 fM; ab * noch 8 x wdh, 1 fM in das hintere Maschenglied, 7 fM, 2 (5) hStb, 2 hStb zusammen abmaschen, 1 hStb. Die Rd mit 1 Km schließen. Insgesamt 41 (47) M.

Runde 9: 2 Lm, 1 hStb, 2 hStb zusammen abmaschen, 1 hStb, 7 (10) fM, *1 fM in das hintere Maschenglied, 1 M überspringen; ab * noch 8 x wdh, 1 fM in das hintere Maschenglied, 7 (10) fM, 1 hStb, 2 hStb zusammen abmaschen, 1 hStb. Die Rd mit 1 Km schließen. 30 (36) M.

Runde 10: 1 Lm, fM bis zum Ende der Rd, enden mit 1 Km. Das Garn kürzen und den Faden durch die M ziehen.

Am oberen Schuhrand entlang 1 Rd mit Km in einer anderen Farbe aufhäkeln.

Diese Hausschuhe habe ich zusätzlich mit einer „Einfachen Blüte 1“ dekoriert, *siehe Anleitung Seite 22.*

RIEMEN ÜBER DEN FUSS

In Farbe 2 arbeiten. 10 Lm, 1 fM in die 4. Lm ab der Nadel, dann 6 fM. Garn kürzen und Faden durch die M ziehen.

Den Riemen seitlich am Hausschuh an der Km-Rd befestigen. An der anderen Seite einen Knopf festnähen. Beim anderen Schuh den Riemen und den Knopf jeweils auf der anderen Seite, also spiegelverkehrt, festnähen.

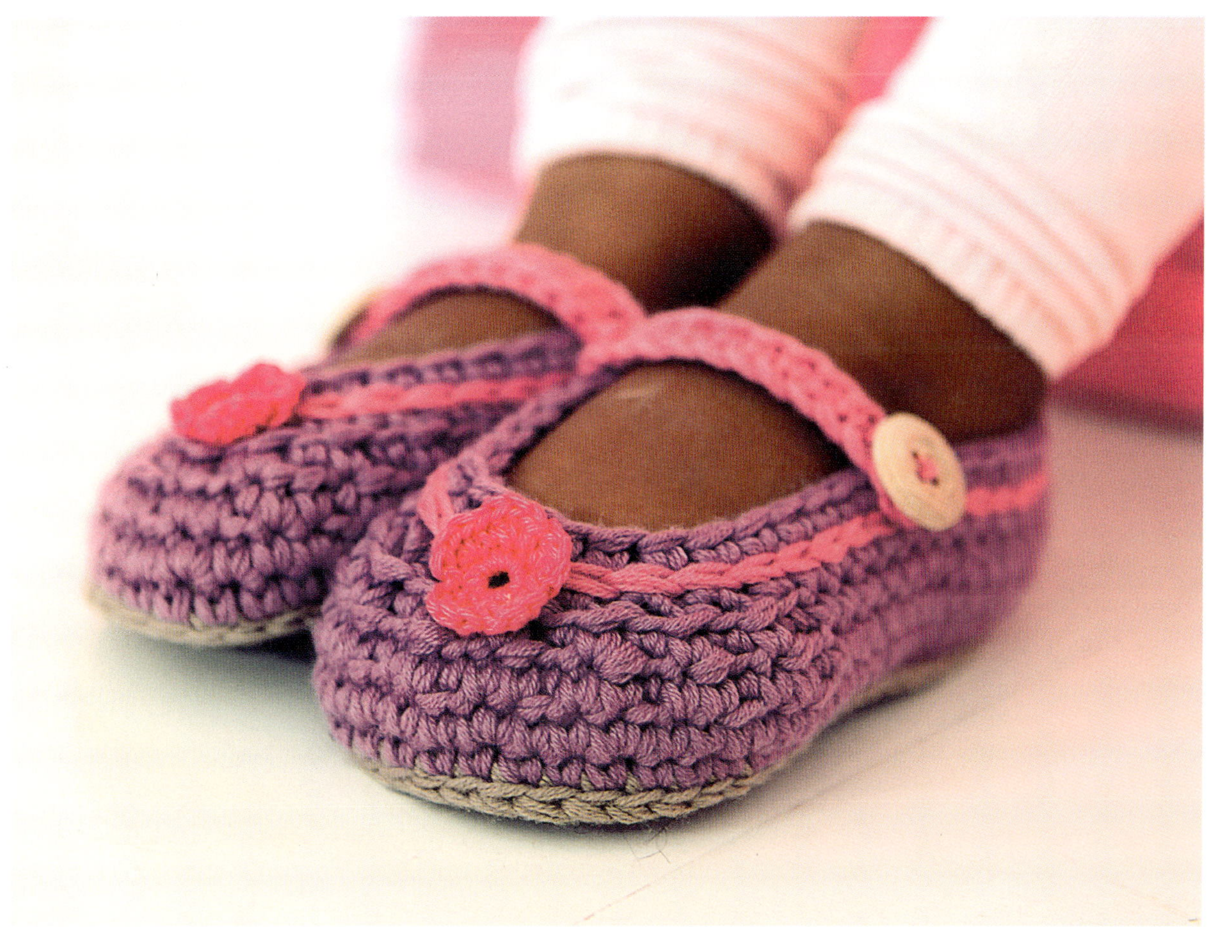

Häkelstiefel für Kinder

Süße, warme und gemütliche Stiefelchen für kleine Füße im Winter. Wenn Sie finden, dass die Stiefel für kleine Kinder zu rutschig sind, so finden Sie in vielen Handarbeits- und Bastelgeschäften Rutschstopper zum Aufnähen oder Aufbügeln.

Größe: ca. 1 (2) Jahre
Garn: Sandnes Duo doppelt *(siehe Seite 126)*
Garnverbrauch: Sohlen (Farbe 1) ca. 50 g, Oberseiten und Schaft (Farbe 2) ca. 150 g
Häkelnadel: 4 mm
Sonstiges Material: Band aus Wildlederimitat

SOHLE

In Farbe 1 15 (18) Lm häkeln.

Runde 1: In die 2. Lm ab der Häkelnadel 2 fM, danach 8 (11) fM, 4 hStb, in die letzte M 4 hStb häkeln.

Die Arbeit drehen und auf der anderen Seite der Anfangs-Lm zurückhäkeln: 4 hStb, 8 (11) fM, 2 fM in die 1. M, in die schon am Anfang der Rd 2 fM gehäkelt wurden. Die Rd mit 1 Km schließen. Insgesamt 32 (38) M.

Runde 2: 1 Lm, in die nächsten 2 M je 2 fM, 7 (10) fM, 5 hStb, in die nächsten 4 M je 2 hStb, 5 hStb, 7 (10) fM, in die nächsten 2 M je 2 fM. Enden mit 1 Km. Insgesamt 40 (46) M.

Runde 3: 2 Lm, 1 hStb, in die nächsten 2 M je 2 hStb, 14 (17) hStb, in die nächste M 2 hStb, 1 hStb, in die nächste M 2 fM, 2 fM, in die nächste M 2 fM, 1 hStb, in die nächste M 2 hStb, 14 (17) hStb, in die nächste M 2 hStb, 1 hStb. Die Rd mit 1 Km schließen. Insgesamt 46 (52) M.

Runde 4: Km um die ganze Sohle herum häkeln. Das Garn kürzen und den Faden durch die M ziehen.

OBERSEITE

Runde 5: Zu Garnfarbe 2 wechseln und hinten in der Sohlenmitte beginnen. 1 Lm, dann fM in alle Km der Vor-Rd um die Sohle häkeln. Die Rd mit 1 Km schließen. 46 (52) M.

Runde 6–8: 1 Lm, dann um die ganze Sohle herum fM häkeln. Die Rd mit 1 Km schließen. Insgesamt 46 (52) M.

Runde 9: 1 Lm, 2 fM zusammen abmaschen (= in die nächste M einstechen, 1 Umschlag durchholen, in die nächste M einstechen, 1 Umschlag durchholen, erneut 1 Umschlag aufnehmen und durch die 4 Schlingen auf der Nadeln ziehen), 17 (20) fM, *2 fM zusammen abmaschen, 2 fM; ab * noch 1 x wdh, 2 fM zusammen abmaschen, 17 (20) fM. Die Rd mit 1 Km schließen. Insgesamt 42 (48) M.

Runde 10: 1 Lm, 15 (18) fM, 2 fM zusammen abmaschen, 1 fM, 2 fM zusammen abmaschen, 2 fM, 2 fM zusammen abmaschen, 1 fM, 2 fM zusammen abmaschen, 15 (18) fM. Die Rd mit 1 Km schließen. Insgesamt 38 (44) M.

Runde 11: 1 Lm, 13 (16) fM, 2 fM zusammen abmaschen, 1 fM, 2 fM zusammen abmaschen, 2 fM, 2 fM zusammen abmaschen, 1 fM, 2 fM zusammen abmaschen, 13 (16) fM. Die Rd mit 1 Km schließen. Das Garn kürzen und den Faden durch die M ziehen. Insgesamt 34 (40) M.

Runde 12: 11 (14) M von der hinteren Mitte des Stiefels aus abzählen. Mit der 12. (15.) M beginnen und zur Stiefelspitze hin häkeln, dabei auf der Stiefelinnenseite einste-

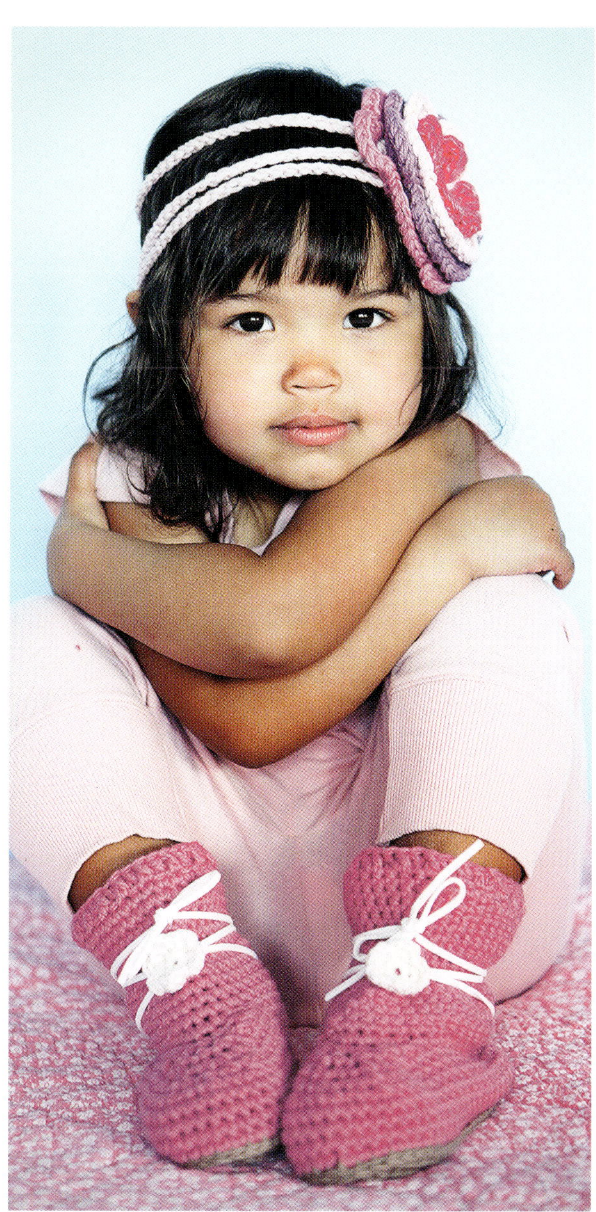

chen. 1 Lm, 6 x 2 fM zusammen abmaschen, wenden.
Runde 13: 1 Lm, 1 fM, 1 M überspringen, 2 fM, 1 M überspringen, 1 fM (jetzt sollten Sie wieder am Ausgangspunkt sein), 1 Lm, 26 (32) fM um den ganzen Stiefel herumhäkeln. Die Rd mit 1 Km in die 1. Lm schließen.

SCHAFT

Runde 14–24: 1 Lm, fM um den ganzen Schaft herumhäkeln. Die Rd mit 1 Km in die 1. Lm schließen. Insgesamt 26 (32) M.
Runde 25: 2 Lm, dann Stb abwechselnd in das vordere und das hintere Maschenglied häkeln. Das Garn kürzen und den Faden durch die M ziehen.

Alle Garnenden vernähen und ein Band aus Wildlederimitat durchfädeln, siehe Abbildung.

Die Stiefel wurden mit einer „Einfachen Blüte 1" verziert, *siehe Anleitung Seite 22*. Die Blüte vorne am Schaft befestigen.

Die Blüte in den Haaren wurde als „Mehrlagige Blüte mit Mittelrad" *(siehe Seite 18)* ausgeführt und mit 3 gehäkelten Lm-Bändern versehen. Die Bänder so lang häkeln, dass sie um den Kopf des Mädchens passen. Die Bänder an der Rückseite der Blüte festnähen. Sowohl die Blüte als auch die Bänder wurden mit doppeltem Garn (Sandnes Duo) und einer Häkelnadel in Stärke 4 mm gearbeitet.

Mützen in Rippenstrick

Diese Mützen gehören sicher zu den einfachsten Projekten, die man häkeln kann. Sie sind perfekt für Anfänger und sehen trotzdem ungeheuer professionell aus. Die Rippenstrickstruktur entsteht, wenn man feste Maschen in jeder Runde immer in das hintere Maschenglied häkelt.

Die Größe ist leicht anzupassen. Für mehr Länge einfach am Anfang mehr Luftmaschen häkeln, für einen größeren Durchmesser mehr Reihen häkeln. Der Durchmesser hängt auch davon ab, wie eng die Mütze sitzen soll.

MÜTZE MIT FELLPOMPON *Abbildung 1*

Die Mütze passt einer erwachsenen Person und sitzt locker.

Garn: Sandnes Duo *(siehe Seite 126)*
Garnverbrauch: ca. 100 g, je nach Größe
Häkelnadel: 3 mm
Sonstiges Material: Fellpompon

61 Lm häkeln.
Reihe 1: Ab der 2. Lm von der Häkelnadel an fM häkeln, wenden.
Reihe 2–99: 1 Lm, in jede M 1 fM häkeln, dabei jeweils in das hintere Maschenglied einstechen.

Nach 99 R die Mütze rechts auf rechts kantengleich zusammenlegen. An zwei Seiten mit fM durch beide Maschenglieder zusammenhäkeln. Das Garn kürzen und den Faden durch die M ziehen. Am oberen Ende ein Stück Garn am Rand entlang auf- und abwärts durch die Mütze fädeln. Zusammenziehen und vernähen.

Der Fellpompon stammt aus einem Handarbeitsgeschäft und wurde mit dem mitgelieferten Druckknopf befestigt. Die Mütze wurde außerdem mit einer „Einfachen Blüte 1–3" in mehreren Farben verziert, *siehe Seite 22.*

MÜTZE MIT BOMMEL *Abbildung 2*

Für ein zwei- und ein siebenjähriges Kind wird die Mütze in derselben Größe gehäkelt, sie sitzt eher lose.

Garn: Sandnes Duo doppelt *(siehe Seite 126)*
Garnverbrauch: ca. 100 g, je nach Größe
Häkelnadel: 5 mm

45 Lm häkeln.
Reihe 1: Ab der 2. Lm von der Häkelnadel an fM häkeln, wenden.
Reihe 2–59: 1 Lm, in jede M 1 fM häkeln, dabei jeweils in das hintere Maschenglied einstechen.

Nach 59 R die Mütze rechts auf rechts kantengleich zusammenlegen und an zwei Seiten mit fM durch beide Maschenglieder zusammenhäkeln. Das Garn kürzen und den Faden durch die M ziehen.

Bei dieser Mütze habe ich entlang einer Seite Km in einer anderen Farbe aufgehäkelt. An der oberen Seite der Mütze ein Stück Garn durch jede 2. R fädeln und stark zusammenziehen. Das Garnende gut vernähen.

Für den Pompon zwei Pappscheiben kreisförmig zuschneiden, in der Mitte eine kleinere kreisförmige Öffnung ausschneiden. Das Garn im Kreis um die Pappscheiben

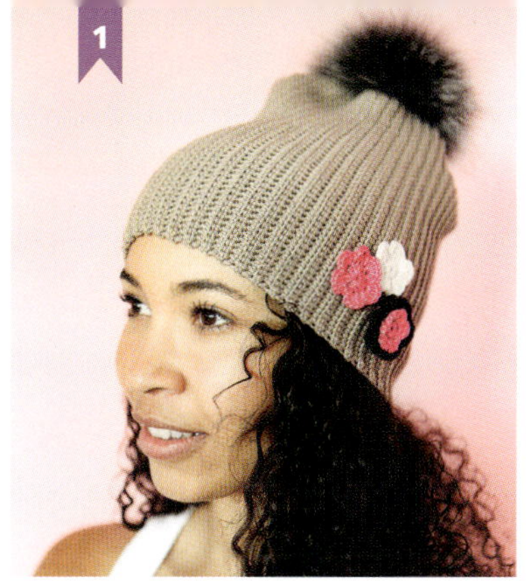

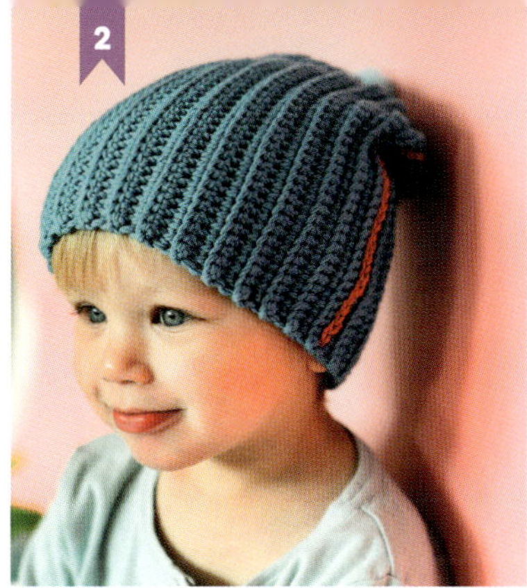

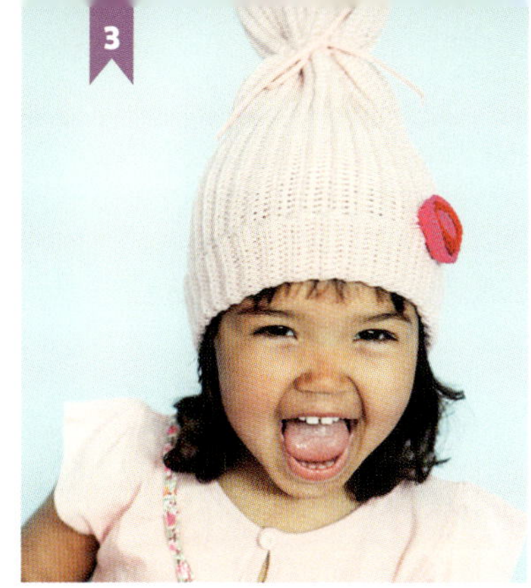

wickeln, bis kein Platz mehr ist. Das Garn aufschneiden und rundherum ein Stück Garn zwischen die Pappscheiben ziehen. Das Garn fest anziehen und die Pappscheiben entfernen. Den fertigen Bommel an die Mütze nähen.

MÜTZE MIT ROSA BAND *Abbildung 3*

Die abgebildete Mütze wurde für ein zweijähriges Kind gehäkelt und sitzt eher eng.

Garn: Sandnes Duo *(siehe Seite 126)*
Garnverbrauch: ca. 100 g, je nach Größe
Häkelnadel: 3 mm
Sonstiges Material: Band aus Wildlederimitat

83 Lm häkeln.
Reihe 1: Ab der 2. Lm von der Häkelnadel an fM häkeln, wenden.
Reihe 2–71: 1 Lm, in jede M 1 fM häkeln, dabei jeweils in das hintere Maschenglied einstechen.

Nach 71 R die Mütze rechts auf rechts kantengleich zusammenlegen und an zwei Seiten mit fM durch beide Maschenglieder zusammenhäkeln. Das Garn kürzen und den Faden durch die M ziehen. Den unteren Rand umklappen, an der oberen Seite ein Band durch jede 2. M fädeln und anziehen. Hier wurde ein Band aus Wildlederimitat 20 M vom Rand entfernt durchgezogen. Die Blüte besteht aus drei gehäkelten Kreisen, die zusammengenäht und an der Mütze befestigt wurden:

1. KREIS

4 Lm häkeln, mit 1 Km in die 1. Lm zum Ring schließen.
Runde 1: 2 Lm (zählen als 1 Stb), 11 Stb in den Ring. Die Rd mit 1 Km in die 2. Anfangs-Lm schließen.

2. KREIS

4 Lm häkeln, mit 1 Km in die 1. Lm zum Ring schließen.
Runde 1: 1 Lm, 6 fM in den Ring. Die Rd mit 1 Km schließen.
Runde 2: 2 Lm, 1 Stb in dieselbe M wie die Lm, danach in jede M 2 Stb bis zum Ende der Rd. Die Rd wie Rd 1 schließen.

3. KREIS

4 Lm häkeln, mit 1 Km in die 1. Lm zum Ring schließen.
Runde 1: 2 Lm (zählen als 1 Stb), 11 Stb in den Ring. Die Rd mit 1 Km in die 2. Anfangs-Lm schließen.
Runde 2: 2 Lm, 1 Stb, danach in jede M 2 Stb bis zum Ende der Rd. Die Rd wie Rd 1 schließen.
Runde 3: 2 Lm, *in die nächste M 2 Stb, 1 Stb; ab * wdh bis zum Ende der Rd. Die Rd wie Rd 1 schließen.

Markthandschuhe

Hübsche kleine Markthandschuhe mit Daumenloch. Dieses Projekt eignet sich auch sehr gut für Häkelanfänger.

Die Größe der Markthandschuhe lässt sich leicht anpassen. Für einen größeren Durchmesser einfach am Anfang mehr Luftmaschen häkeln, für mehr Länge mehr Reihen häkeln.

Die beschriebenen Handschuhe passen einem siebenjährigen Kind, es empfiehlt sich aber trotzdem, vorher zu messen und die Größe zu kontrollieren.

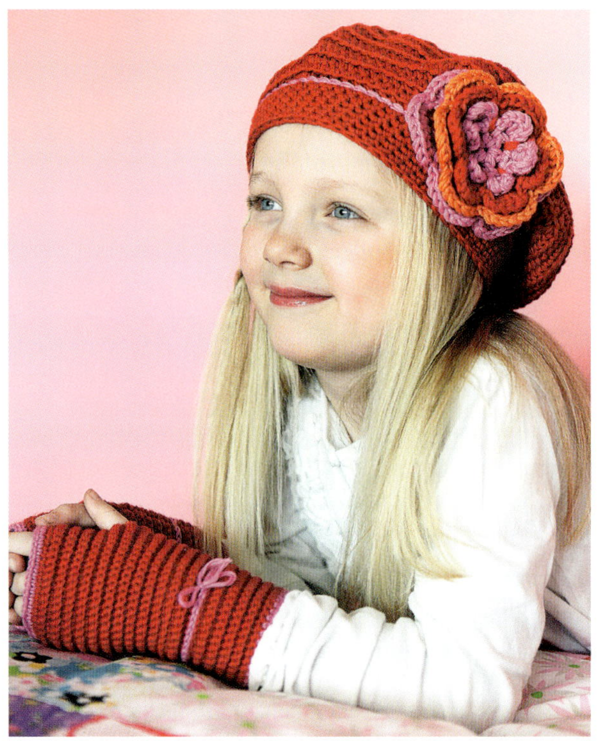

Garn: Sandnes Duo *(siehe Seite 126)*
Garnverbrauch: ca. 50 g, je nach Größe, für die Einfassung eine andere Farbe verwenden
Häkelnadel: 3 mm

41 Lm häkeln.
Reihe 1: Ab der 2. Lm von der Häkelnadel an fM häkeln, wenden.
Reihe 2–35: 1 Lm, in jede M 1 fM häkeln, dabei jeweils in das hintere Maschenglied einstechen.
Reihe 36: Die Garnfarbe wechseln und 1 R fM häkeln, diesmal jedoch durch beide Maschenglieder. Das Garn kürzen und den Faden durch die M ziehen.

Das gehäkelte Viereck wenden und an der gegenüberliegenden Seite ebenfalls 1 R fM in der anderen Garnfarbe häkeln. Auf diese Weise erhalten Sie an beiden Enden einen farblich abgesetzten Rand.

Das Häkelstück links auf links zusammenlegen und an der Seite zusammennähen. Dabei eine Öffnung für den Daumen lassen. Auch hier sollten Sie messen. Der beschriebene Handschuh ist oberhalb des Daumens über 4,5 cm zusammengenäht und unterhalb 9 cm. Das Daumenloch ist 2,5 cm lang.

Außerdem habe ich 11 R vom unteren Rand entfernt in derselben Farbe wie die obere und untere Einfassung 1 R Km aufgehäkelt. Statt die Garnenden abzuschneiden, habe ich sie zu einer Schleife gebunden.

PULSWÄRMER IN BÜNDCHENSTRUKTUR

Die Größe dieser Pulswärmer lässt sich einfach anpassen. Sollen sie länger werden, einfach am Anfang mehr Luftmaschen häkeln, für einen größeren Durchmesser mehr Reihen häkeln. Diese Pulswärmer passen einem zweijährigen Kind.

Garn: Sandnes Duo *(siehe Seite 126)*
Garnverbrauch: ca. 100 g, je nach Größe
Häkelnadel: 3 mm
Sonstiges Material: Band aus Wildlederimmitat

36 Lm häkeln.
Reihe 1: Ab der 2. Lm von der Häkelnadel an fM häkeln, wenden.
Reihe 2–29: 1 Lm, in jede M 1 fM häkeln, dabei jeweils in das hintere Maschenglied einstechen.

Nach 29 Reihen das Häkelstück rechts auf rechts an den Seiten kantengleich zusammenlegen und an der Seite mit fM durch beide Maschenglieder zusammenhäkeln. Das Garn kürzen und den Faden durch die M ziehen.

Den Rand an einem Ende umschlagen. Am anderen Ende ein Band durch jede 2. M ziehen und zur Schleife binden. Bei diesem Modell habe ich ein Band aus Wildlederimitat 8 M vom Rand entfernt durch die Maschen gezogen.

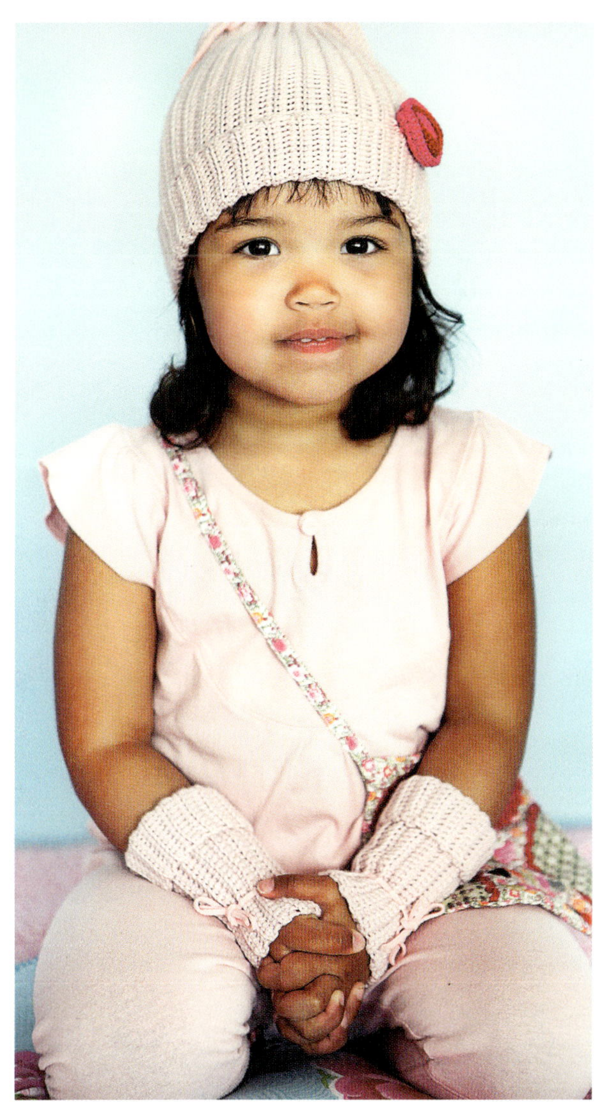

PULSWÄRMER ERWACHSENE

Diese Pulswärmer sind äußerst einfach anzufertigen und sehen dennoch hübsch aus. Wenn es draußen langsam kühler wird und durch den ganzen Winter hindurch sind Pulswärmer sehr angenehm und hilfreich. Dieses Exemplar wurde mit kleinen Blüten verziert, Herzen *(siehe Seite 27)* eigenen sich aber genauso gut. Das Band aus Wildlederimitat ist im Bastelgeschäft erhältlich.

Garn: Sandnes Duo doppelt *(siehe Seite 126)*
Garnverbrauch: ca. 50 g
Häkelnadel: 5 mm
Sonstiges Material: Band aus Wildlederimitat

9 Lm häkeln.
Reihe 1: Ab der 2. Lm von der Häkelnadel an fM häkeln, wenden.
Reihe 2–21: 1 Lm, in jede M 1 fM häkeln, dabei jeweils in das hintere Maschenglied einstechen.

Das Häkelstück rechts auf rechts kantengleich zusammenlegen und an der Seite mit fM durch beide Maschenglieder zusammenhäkeln.

Wenn das Bündchen fertig ist: Am Bündchen entlang gleichmäßig über die Rd verteilt 21 Stb häkeln, dabei das 1. Stb als 2 Lm ausführen. Jede Rd mit 1 Km in die 2. Anfangs-Lm schließen.

Ca. 9 Rd Stb häkeln (oder nach Belieben).

Die abgebildeten Pulswärmer wurden mit einer „Einfachen Blüte 1“ *(Anleitung siehe Seite 22)* verziert, außerdem wurde am Bündchen ein Band aus Wildlederimitat zwischen den Maschen hindurchgezogen.

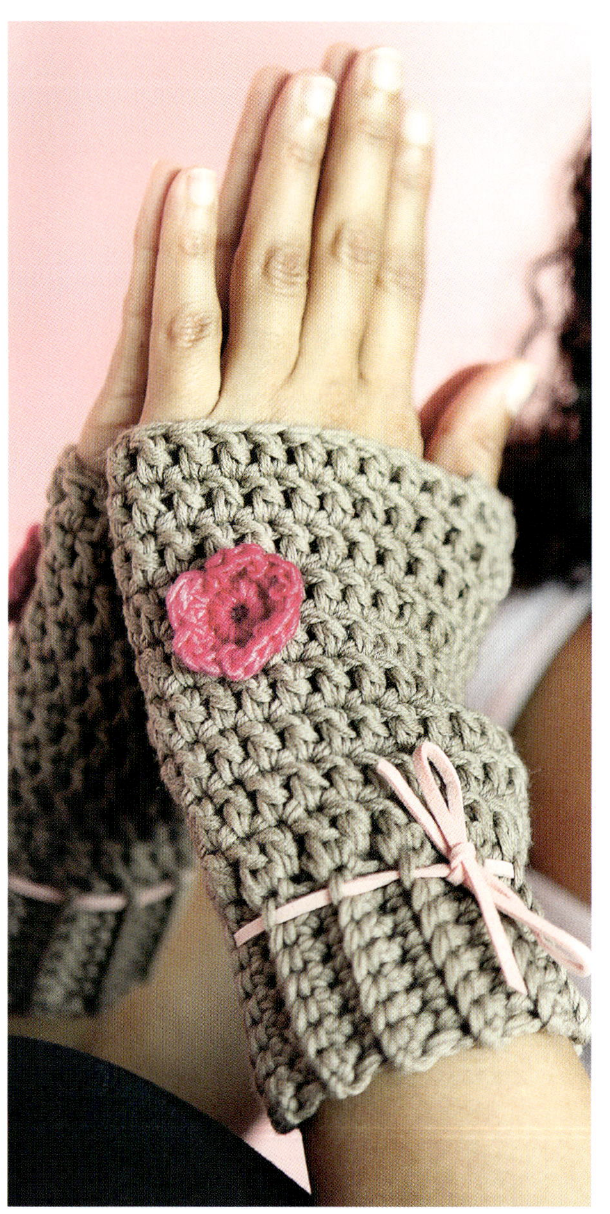

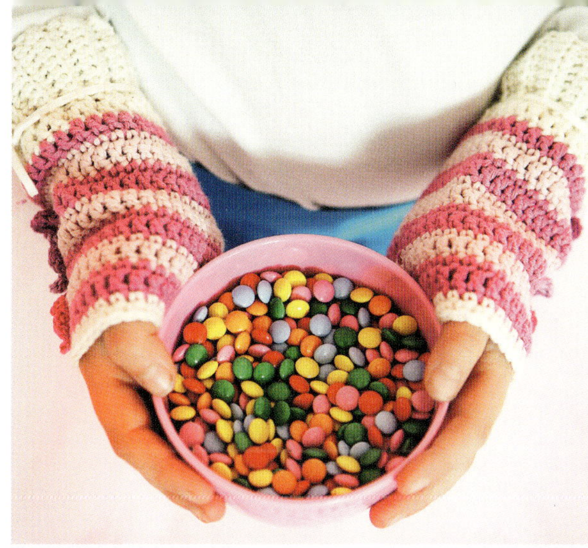

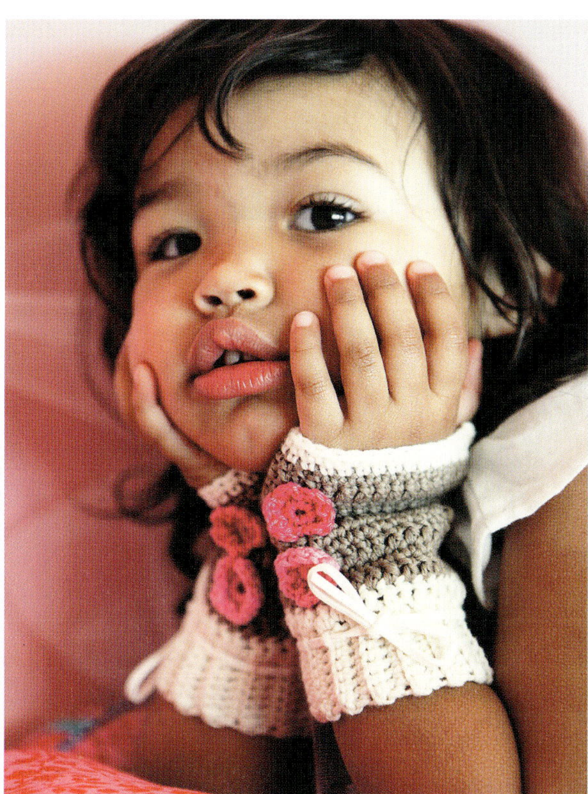

PULSWÄRMER KINDER

Größen: kleinere Kindergröße (größere Kindergröße)
Garn: Sandnes Duo *(siehe Seite 126)*
Garnverbrauch: 50 g in Weiß, Rosa und Pink bzw. in Weiß und Beige
Häkelnadel: 3,5 mm
Sonstiges Material: Band aus Wildlederimitat

9 (10) Lm häkeln.
Reihe 1: Ab der 2. Lm von der Häkelnadel an fM häkeln, wenden.
Reihe 2–25 (30): 1 Lm, in jede M 1 fM häkeln, dabei jeweils in das hintere Maschenglied einstechen.

Dann das Bündchen rechts auf rechts zusammenlegen und an den Schmalseiten mit fM zusammenhäkeln, dabei jeweils in beide Maschenglieder einstechen.

Wenn das Bündchen fertig ist: Am Bündchen entlang gleichmäßig über die Rd verteilt 30 (32) Stb häkeln. Das 1. Stb als 2 Lm häkeln. Die Rd mit 1 Km in die 2. Anfangs-Lm schließen. Rd mit fM mit 1 Lm beginnen. Alle Rd mit 1 Km in die 1. M schließen.

Die Garnfarbe wechseln. Nun abwechselnd 1 Rd Stb und 1 Rd fM häkeln. Auf diese Weise ca. 10 (13) Rd (oder nach Belieben) häkeln. Zum Abschluss 2 Rd fM in der Farbe des Bündchens häkeln.

Die Pulswärmer wurden mit einer „Einfachen Blüte 1" *(Anleitung siehe Seite 22)* verziert, außerdem wurde am Bündchen ein Band aus Wildlederimitat zwischen den Maschen durchgezogen.

Wickelpulli für Damen

Gehäkelte Kleidung ist sehr in, und die Verzierungen auf dem Pulli sind das Tüpfelchen auf dem i.

Ein Häkelpulli ist ein größeres Projekt für diejenigen, die schon länger häkeln. Das Muster ist nicht besonders schwer. Der ganze Pulli ist mit Stäbchen in einem Stück gehäkelt, ausgehend vom linken Ärmel über Rücken- und Vorderteil bis zum rechten Ärmel.

Größe: S (M) L (XL)

Brustumfang: 91,5 (102) 109 (122) cm

Länge: 51 (53,5) 55 (58) cm

Garn: Sandnes Duo *(siehe Seite 126)*

Garnverbrauch: 650 (700) 700 (750) g + 50 g für die Einfassung

Häkelnadel: 3 mm

Maschenprobe: 22 Stb und 13 Reihen = 10 x 10 cm

LINKER ÄRMEL

70 (76) 84 (90) Lm häkeln.

Reihe 1: 3 Lm (= 1. Stb), 1 Stb in die 5. Lm ab der Häkelnadel, dann Stb bis zu Ende der Reihe. Wenden.

Reihe 2–52: 3 Lm (= 1. Stb), 1 Stb in die 2. M ab der Häkelnadel, dann Stb bis zu Ende der Reihe. Wenden.

Nach dem letzten Stb 74, (77), 77 (80) Lm häkeln.

RÜCKENTEIL UND LINKES VORDERTEIL

Reihe 1: 3 Lm (= 1. Stb), 1 Stb in die 5. Lm ab der Häkelnadel, dann Stb bis bis 2 oder 3 M vor dem Ende der Reihe. Die Häkelnadel aus der Schlinge nehmen und ganz oben in die letzte Stb-Reihe an der linken Seite des Ärmels (ganz oben an den 3 Lm am Anfang der Reihe) einstechen. Ein anderes Garnknäuel nehmen, 1 Km und 74 (77) 77 (80) Lm häkeln. Danach das Garn kürzen und den Faden durch die M ziehen. Die Häkelnadel wieder zurück in die vorherige Schlinge setzen und entlang der neuen Lm Stb bis zum Ende der R häkeln. 218 (230) 238 (250) M.

Reihe 2–18: 3 Lm (= 1. Stb), 1 Stb in die 2. M ab der Häkelnadel, dann Stb bis zu Ende der Reihe. Wenden.

RÜCKENTEIIL

Reihe 1: 3 Lm (= 1. Stb), dann Stb bis zu Ende der R. 111 (117) 121 (127) M.

Reihe 2–22: R 1 wdh. Das Garn nicht kürzen, sondern die Schlinge stehen lasen, um später weiterzuhäkeln.

LINKES VORDERTEIL

Mit der Häkelnadel in das Stb links neben dem letzten Stb, das in R 1 der Rückseite gehäkelt wurde, einstechen. Die rechte Seite des Häkelstücks muss Ihnen zugewandt sein. Mit einem neuen Garnknäuel eine Schlinge durchholen.

Reihe 1: 3 Lm (= 1 Stb), dann Stb bis zum Ende der R. 111 (117) 121 (127) M.

Reihe 2–16: Reihe 1 wdh.

Gleichzeitig für den Ausschnitt an der Halsausschnittseite von R 1 bis R 16 in jeder Reihe 2 Stb zusammen abmaschen (= die letzten beiden Schlingen des 1. Stb zusammen mit den letzten beiden Schlingen des 2. Stb abmaschen). Das Garn kürzen und den Faden durch die M ziehen.

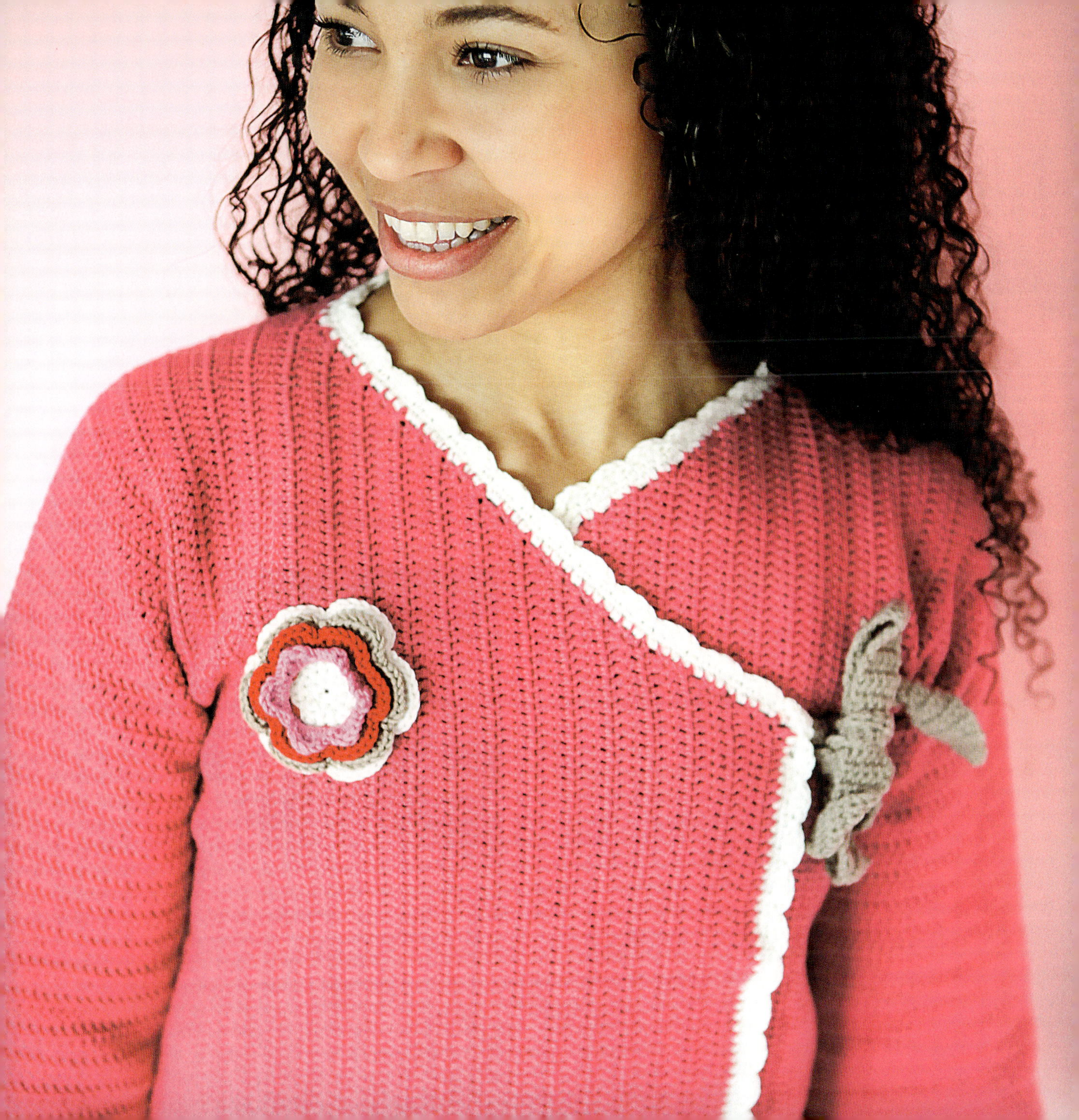

RECHTES VORDERTEIL

70 (72) 72 (74) Lm häkeln.

Reihe 1: 3 Lm (= 1. Stb), 1 Stb in die 5. Lm ab der Häkelnadel, dann Stb bis zu Ende der Reihe.

Reihe 2–24: Reihe 1 wdh.

Gleichzeitig für den Ausschnitt an der Halsausschnittseite von R 2 bis R 9 in jeder Reihe 1 M zunehmen (= 2 Stb in 1 M häkeln), dann in Reihe 16 (18) 20 (22) in jeder Reihe 2 M zunehmen. Garn kürzen und Faden durch die M ziehen.

RÜCKENTEIL UND RECHTES VORDERTEIL

Reihe 1: Mit der Häkelnadel in die übrig gelassene Schlinge an der Rückseite einstechen. 3 Lm (= 1 Stb), dann Stb bis zum Ende der R. Wenden. 218 (230) 238 (250) M.

Reihe 2–18: 3 Lm (= 1. Stb), 1 Stb in die 2. M ab der Häkelnadel, dann Stb bis zu Ende der R. Wenden. Das Garn kürzen und den Faden durch die M ziehen.

RECHTER ÄRMEL

Über die mittleren 70 (76) 84 (90) M 54 R Stb häkeln mit der rechten Seite nach oben. Dann das Garn kürzen und den Faden durch die M ziehen.

FERTIGSTELLUNG

Die Seiten- und Ärmelnähte schließen.

EINFASSUNG UM ÄRMEL

Runde 1: Gleichmäßig um das gesamte Bündchen herum fM häkeln. Die Rd mit 1 Km schließen.

Runde 2: 1 Lm, *in die nächste M 3 Stb, 2 fM; ab * wdh bis zum Ende der Rd. Das Garn kürzen und den Faden durch die M ziehen.

EINFASSUNG UM HALSAUSSCHNITT, VORDERTEILE UND RÜCKENTEIL

Runde 1: Gleichmäßig um den ganzen Rand herum fM häkeln. Die Rd mit 1 Km schließen. Wenden.

Runde 2: Gleichmäßig um den ganzen Rand herum fM häkeln. Die Rd mit 1 Km schließen. Wenden.

Runde 3: 1 Lm, *in die nächste M 3 Stb, 1 Km; ab * um die ganze Einfassung herum wdh. Das Garn kürzen.

KNÜPFBÄNDER

Für die Knüpfbänder am Rand des Pullis 5 fM häkeln. Dann Hin- und Rückreihen mit 5 fM häkeln, bis das Band lang genug ist für eine Schleife, bei diesem Pulli ca. 32 cm.

Zum Schluss Blüten aufnähen, z. B. „Einfache Blüte 1–3“ *(Anleitung siehe Seite 22)*.

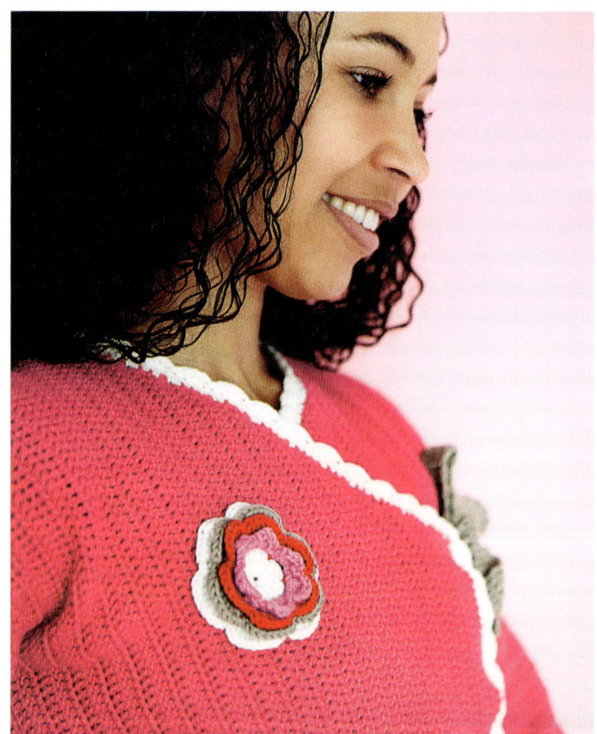

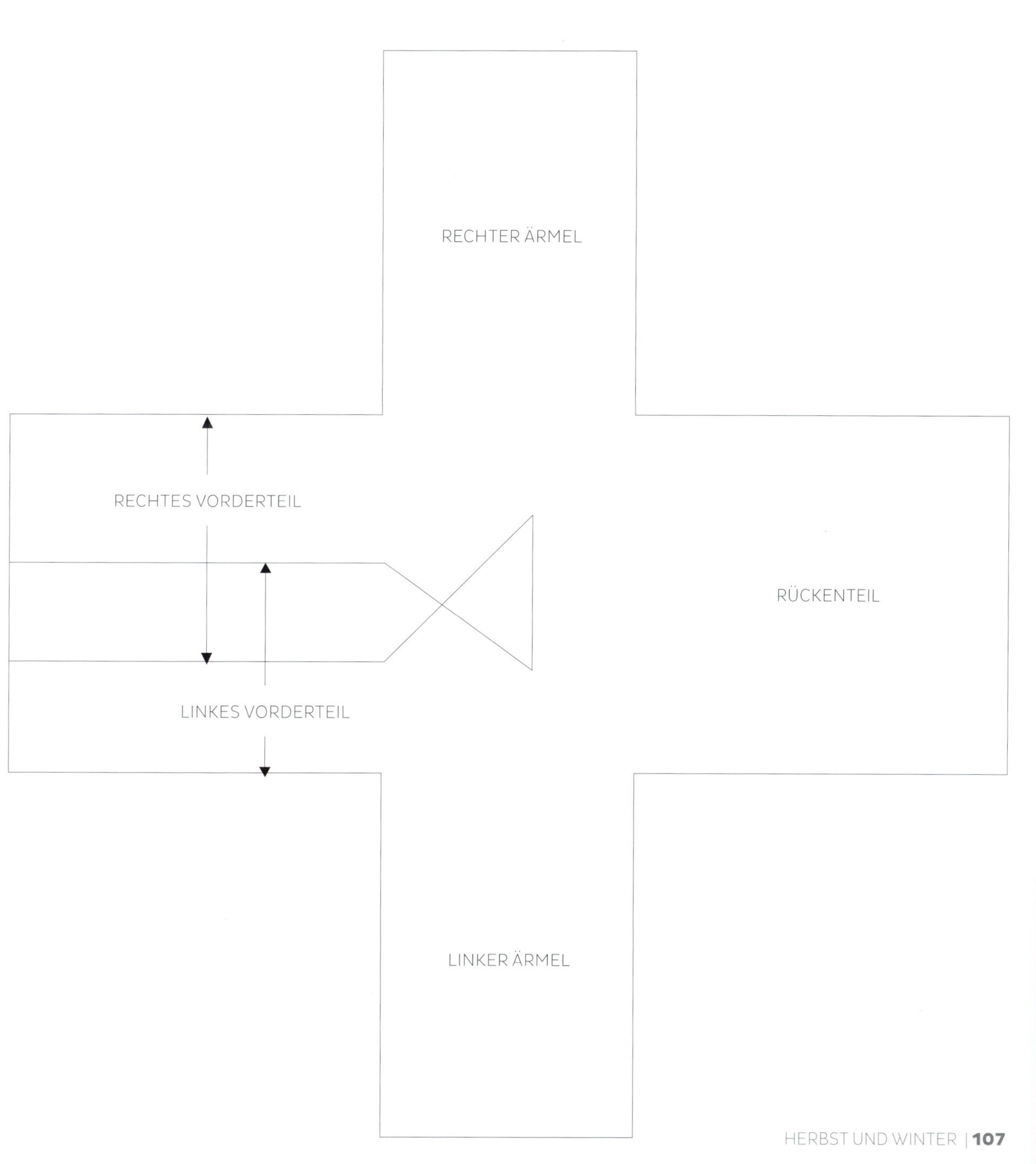
RECHTER ÄRMEL
RECHTES VORDERTEIL
RÜCKENTEIL
LINKES VORDERTEIL
LINKER ÄRMEL

Gehäkeltes Häschen

Niedlicher geht es nicht! Ein kuschelig weicher bester Freund im Bett, vielleicht für ein kleines Mädchen?

Garn: Sandnes Duo doppelt *(siehe Seite 126)*
Garnverbrauch: 200 g in Grau, je 50 g in Rosa, Hellrosa und Lila
Häkelnadel: 4 mm
Sonstiges Material: kindersichere Augen, Füllwatte

Jede Runde mit 1 Km in der 1. Masche abschließen.

KOPF

4 Lm in Grau häkeln und mit 1 Km in die 1. Lm zum Ring schließen.
Runde 1: 1 Lm, 6 fM in den Ring.
Runde 2: 1 Lm, *2 fM in jede M; ab * wdh (12 M).
Runde 3: 1 Lm, *1 fM, in die nächste M 2 fM; ab * wdh (18 M).
Runde 4: 1 Lm, *2 fM, in die nächste M 2 fM; ab * wdh (24 M).
Runde 5: 1 Lm, *3 fM, in die nächste M 2 fM; ab * wdh (30 M).
Runde 6: 1 Lm, *4 fM, in die nächste M 2 fM; ab * wdh (36 M).
Runde 7: 1 Lm, *5 fM, in die nächste M 2 fM; ab * wdh (42 M).
Runde 8: 1 Lm, *6 fM, in die nächste M 2 fM; ab * wdh (48 M).
Runde 9: 1 Lm, *7 fM, in die nächste M 2 fM; ab * wdh (54 M).
Runde 10–15: 1 Lm, dann fM bis zum Ende der Rd (54 M).
Runde 16: 1 Lm, *7 fM, 2 fM zusammen abmaschen (= in die nächste M einstechen, 1 Umschlag durchholen, in die nächste M einstechen, 1 Umschlag durchholen, erneut 1 Umschlag aufnehmen und durch die 3 Schlingen auf der Nadeln ziehen); ab * wdh (48 M).
Runde 17: 1 Lm, *6 fM, 2 fM zusammen abmaschen; ab * wdh (42 M).
Runde 18: 1 Lm, *5 fM, 2 fM zusammen abmaschen; ab * wdh (36 M).
Runde 19: 1 Lm, *4 fM, 2 fM zusammen abmaschen; ab * wdh (30 M).
Runde 20: 1 Lm, *3 fM, 2 fM zusammen abmaschen; ab * wdh (24 M).
Runde 21: 1 Lm, *2 fM, 2 fM zusammen abmaschen; ab * wdh (18 M).

Das Garn kürzen und den Faden durch die M ziehen. Die kindersicheren Augen müssen eingesetzt werden, bevor der Kopf mit Füllwatte ausgestopft wird.

KÖRPER

In Grau beginnen. 4 Lm häkeln und mit 1 Km in die 1. Lm zum Ring schließen.
Runde 1: 1 Lm, 6 fM in den Ring.
Runde 2: 1 Lm, *2 fM in jede M; ab * wdh (12 M).
Runde 3: 1 Lm, *1 fM, in die nächste M 2 fM; ab * wdh (18 M).
Runde 4: 1 Lm, *2 fM, in die nächste M 2 fM; ab * wdh (24 M).
Runde 5: 1 Lm, *3 fM, in die nächste M 2 fM; ab * wdh (30 M).
Runde 6: 1 Lm, *4 fM, in die nächste M 2 fM; ab * wdh (36 M).
Runde 7: 1 Lm, *5 fM, in die nächste M 2 fM; ab * wdh (42 M).
Runde 8–11: 1 Lm, dann fM bis zum Ende der Rd (42 M).
Runde 12: Zu Hellrosa wechseln. 1 Lm, dann fM bis zum Ende der Rd (42 M).
Runde 13: 1 Lm, dann fM bis zum Ende der Rd (42 M).
Runde 14: Zu Rosa wechseln. 1 Lm, *11 fM, dann 2 fM zu-

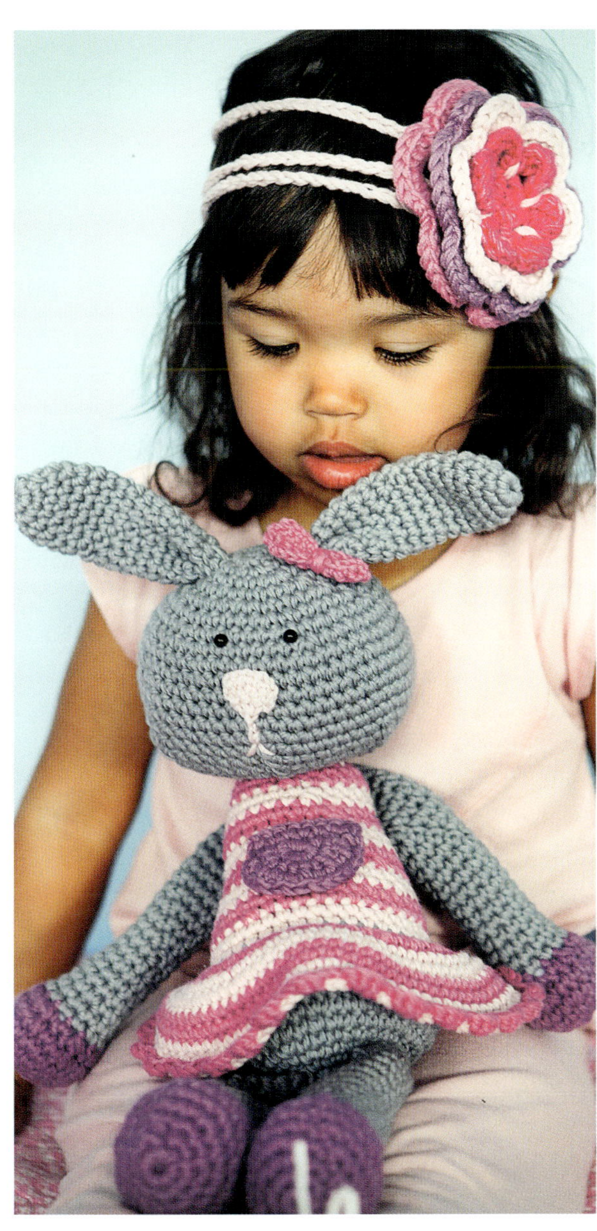

sammen abmaschen; ab * noch 2x wdh, dann fM bis zum Ende der Rd (39 M).

Runde 15: 1 Lm, dann fM bis zum Ende der Rd (39 M).

Runde 16: Zu Hellrosa wechseln. 1 Lm, *10 fM, dann 2 fM zusammen abmaschen; ab * noch 2x wdh, dann fM bis zum Ende der Rd (36 M).

Runde 17: 1 Lm, dann fM bis zum Ende der Rd (36 M).

Runde 18: Zu Rosa wechseln. 1 Lm, *9 fM, dann 2 fM zusammen abmaschen; ab * noch 2x wdh, dann fM bis zum Ende der Rd (33 M).

Runde 19: 1 Lm, dann fM bis zum Ende der Rd (33 M).

Runde 20: Zu Hellrosa wechseln. 1 Lm, *8 fM, dann 2 fM zusammen abmaschen; ab * noch 2x wdh, dann fM bis zum Ende der Rd (30 M).

Runde 21: 1 Lm, dann fM bis zum Ende der Rd (30 M).

Runde 22: Zu Rosa wechseln. 1 Lm, *7 fM, dann 2 fM zusammen abmaschen; ab * noch 2x wdh, dann fM bis zum Ende der Rd (27 M).

Runde 23: 1 Lm, dann fM bis zum Ende der Rd (27 M).

Runde 24: Zu Hellrosa wechseln. 1 Lm, *6 fM, dann 2 fM zusammen abmaschen; ab * noch 2x wdh, dann fM bis zum Ende der Rd (24 M).

Runde 25: 1 Lm, dann fM bis zum Ende der Rd (24 M).

Runde 26: Zu Rosa wechseln. 1 Lm, *5 fM, dann 2 fM zusammen abmaschen; ab * noch 2x wdh, dann fM bis zum Ende der Rd (21 M).

Runde 27: 1 Lm, dann fM bis zum Ende der Rd (21 M).

Runde 28: Zu Hellrosa wechseln. 1 Lm, *4 fM, dann 2 fM zusammen abmaschen; ab * noch 2x wdh, dann fM bis zum Ende der Rd (18 M).

Runde 29: 1 Lm, dann fM bis zum Ende der Rd (18 M). Das Garn kürzen und den Faden durch die M ziehen.

ROCK

Runde 1: Mit der Häkelnadel am Körper beim Übergang von Grau zu Hellrosa einstechen. Mit Rosa beginnen. 1 Lm, dann fM um den ganzen Körper herum (42 M).

Runde 2: 1 Lm, *1 fM, in die nächste M 2 fM; ab * wdh (63 M).

Runde 3: Zu Hellrosa wechseln. 1 Lm, dann fM bis zum Ende der Rd (63 M).

Runde 4: 1 Lm, dann 6 fM gleichmäßig über die Rd verteilt zunehmen (69 M).

Runde 5: Zu Rosa wechseln. 1 Lm, dann fM bis zum Ende der Rd (69 M).

Runde 6: 1 Lm, dann fM bis zum Ende der Rd (69 M).

Runde 7: Zu Hellrosa wechseln. 1 Lm, dann fM bis zum Ende der Rd (69 M).

Runde 8: 1 Lm, dann fM bis zum Ende der Rd (69 M).

Runde 9: Zu Rosa wechseln. 1 Lm, *in die nächste M 3 fM, dann 2 Km; ab * wdh bis zum Ende der Rd. Das Garn kürzen und den Faden durch die M ziehen.

ARME

Zwei Arme anfertigen. Mit Lila beginnen. 4 Lm häkeln und mit 1 Km in die 1. Lm zum Ring schließen.

Runde 1: 1 Lm, 6 fM in den Ring.

Runde 2: 1 Lm, *2 fM in jede M; ab * wdh (12 M).

Runde 3: 1 Lm, *1 fM, in die nächste M 2 fM; ab * wdh (18 M).

Runde 4: 1 Lm, *2 fM, in die nächste M 2 fM; ab * wdh (24 M).

Runde 5: 1 Lm, *2 fM, 2 fM zusammen abmaschen; ab * wdh (18 M).

Runde 6: 1 Lm, *1 fM, 2 fM zusammen abmaschen; ab * wdh (12 M).

Runde 7: Zu Grau wechseln. 1 Lm, dann fM bis zum Ende der Rd (12 M).

Runde 8–27: 1 Lm, dann fM bis zum Ende der Rd (12 M). Das Garn kürzen und den Faden durch die M ziehen.

BEINE

Zwei Beine anfertigen. Mit Lila beginnen. 4 Lm häkeln und mit 1 Km in die 1. Lm zum Ring schließen.

Runde 1: 1 Lm, 6 fM in den Ring.

Runde 2: 1 Lm, *2 fM in jede M; ab * wdh (12 M).

Runde 3: 1 Lm, *1 fM, in die nächste M 2 fM; ab * wdh (18 M).

Runde 4: 1 Lm, *2 fM, in die nächste M 2 fM; ab * wdh (24 M).

Runde 5: 1 Lm, dann fM bis zum Ende der Rd (24 M).

Runde 6: 1 Lm, dann fM bis zum Ende der Rd (24 M).

Runde 7: 1 Lm, *2 fM, 2 fM zusammen abmaschen; ab * wdh (18 M).

Runde 8: 1 Lm, *7 fM, 2 fM zusammen abmaschen; ab * noch 1x wdh (16 M).

Runde 9: Zu Grau wechseln. 1 Lm, dann fM bis zum Ende der Rd (16 M).

Runde 10–23: 1 Lm, dann fM bis zum Ende der Rd (16 M). Das Garn kürzen und den Faden durch die M ziehen.

OHREN

Zwei Ohren aus grauem Garn anfertigen. 4 Lm häkeln und mit 1 Km in die 1. Lm zum Ring schließen.

Runde 1: 1 Lm, 6 fM in den Ring.

Runde 2: 1 Lm, *2 fM in jede M; ab * wdh (12 M).

Runde 3–14: 1 Lm, dann fM bis zum Ende der Rd (12 M). Das Garn kürzen und den Faden durch die M ziehen.

Die Ohren in der Mitte falten und am Kopf festnähen.

NASE

Die Nase in Hellrosa häkeln. Mit 7 Lm beginnen.

Reihe 1: Ab der 2. Lm von der Häkelnadel an fM häkeln (6 M). Wenden.

Reihe 2: 1 Lm, fM häkeln (6 M). Wenden.

Reihe 3: 1 Lm, 3 x 2 fM zusammen abmaschen (3 M). Wenden.

Reihe 4: 1 Lm, 3 fM zusammen abmaschen. Das Garn kürzen und den Faden durch die M ziehen.

Die Nase am Kopf festnähen. Dann mit ein paar Stichen den Mund aufsticken.

TASCHE AM KLEID

Die Tasche in Lila häkeln.

6 Lm häkeln und mit 1 Km in die 1. Lm zum Ring schließen.

Runde 1: 1 Lm, 6 fM in den Ring. Die Runde nicht mit 1 Km abschließen, sondern wenden.

Runde 2: 1 Lm *2 fM in jede M; ab * wdh bis zum Ende der Rd, wenden.

Runde 3: 1 Lm, *1 fM, in die nächste M 2 fM; ab * wdh bis zum Ende der Rd.

Runde 4: 1 Lm, dann gleichmäßig über die „Oberseite" der Tasche verteilt 8 fM häkeln. Das Garn kürzen und den Faden durch die M ziehen.

Die Tasche an der Vorderseite des Kleids festnähen, dabei an der Oberseite offen lassen.

SCHLEIFE

Die Schleife in Rosa häkeln. Mit 10 Lm beginnen.

Reihe 1: Ab der 2. Lm von der Häkelnadel an fM häkeln (9 M). Wenden.

Reihe 2–5: 1 Lm, fM häkeln (9 M). Wenden. Das Garn kürzen und den Faden durch die M ziehen.

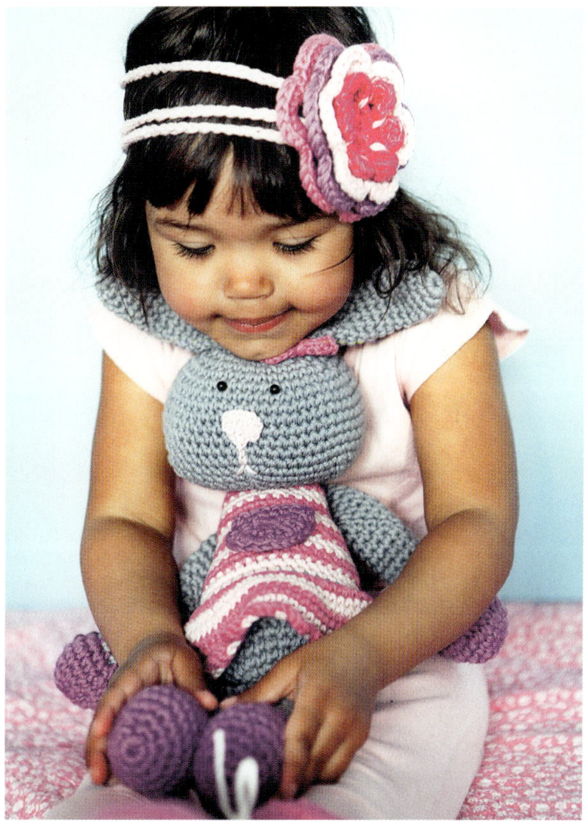

Mit etwas rosa Garn in der Mitte die Schleife zusammenbinden und am Ohr des Häschens befestigen.

FERTIGSTELLUNG

Die verschiedenen Teile des Häschens mit Füllwatte ausstopfen. Beine und Arme nur im unteren Bereich füllen. Den Kopf am Körper festnähen, dann ganz unten am Körper die Beine festnähen. Die Arme direkt unterhalb des Kopfs festnähen.

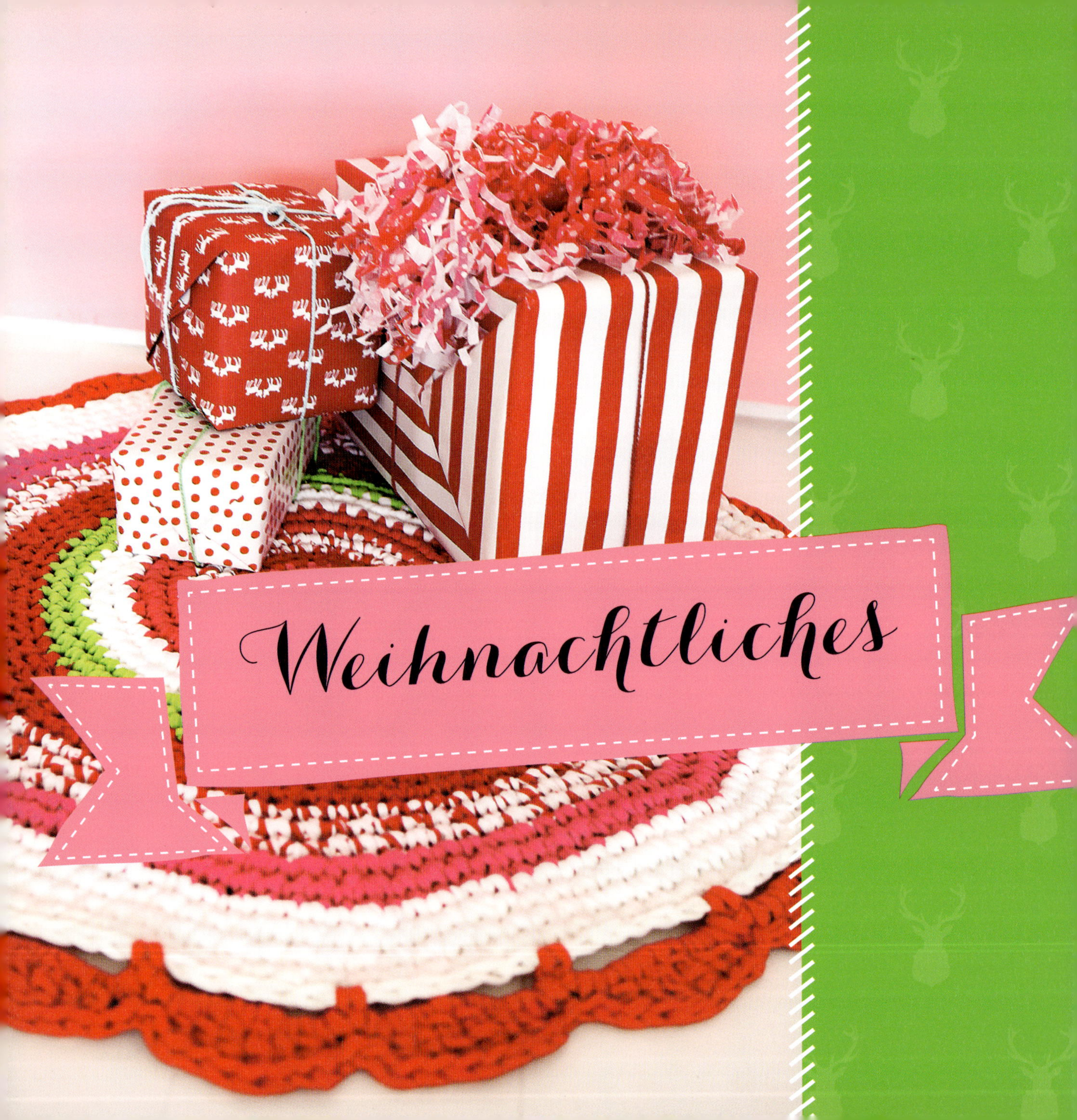

Weihnachtliches

WEIHNACHTEN IST GLEICHZEITIG DAS GEMÜTLICHSTE SOWIE DAS GESCHÄFTIGSTE FEST DES JAHRES und verlockt zu den unterschiedlichsten Bastel- und Handarbeitsprojekten. So bietet es sich an, eigene Weihnachtsdekoration, einen Teppich für den Weihnachtsbaum oder hübsche Wichtelmützen für die Kleinen zu häkeln.

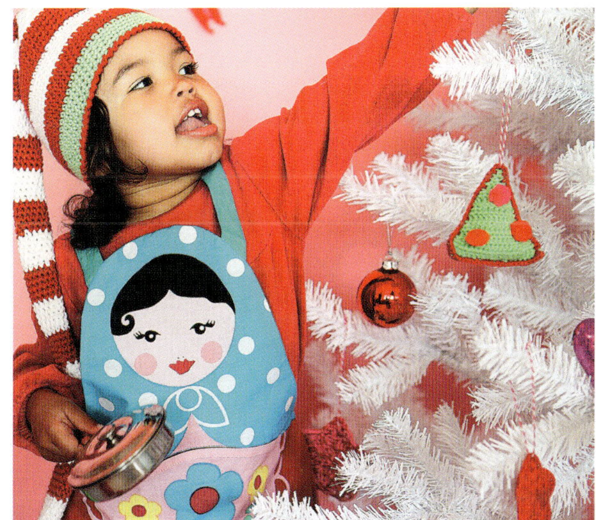

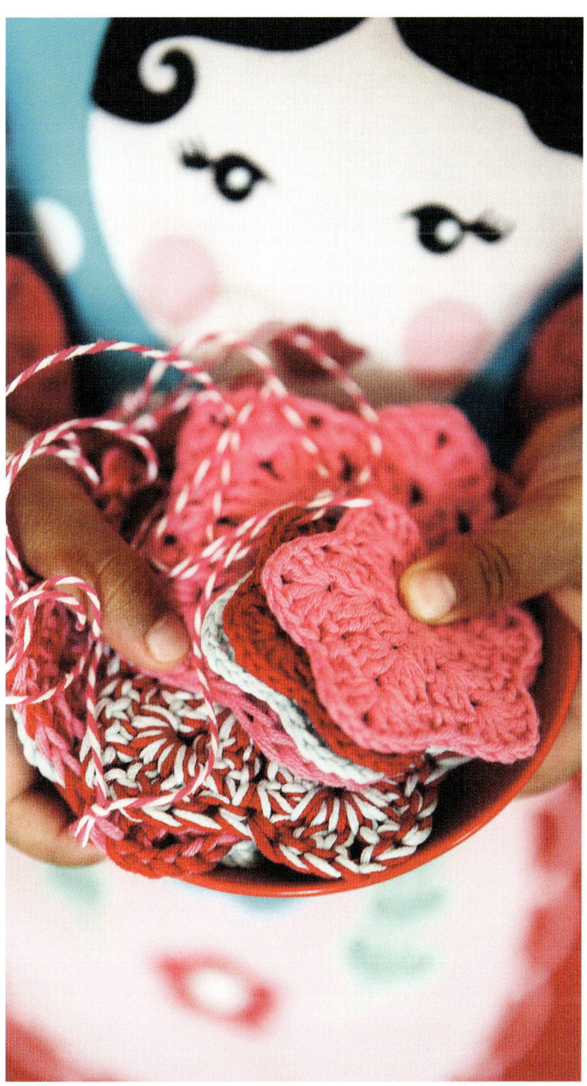

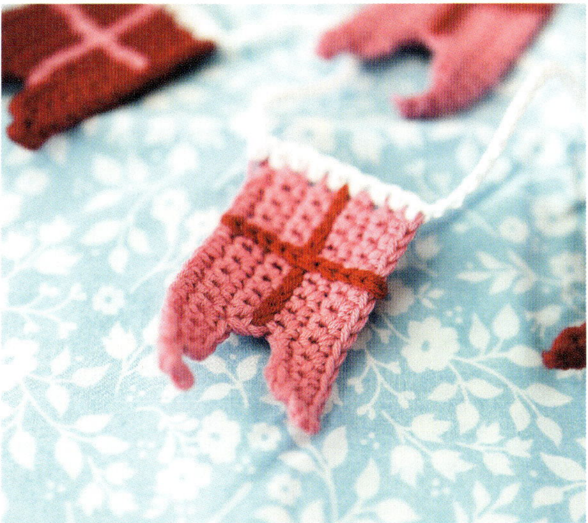

Weihnachtsbaumteppich

Ein etwas anderer Weihnachtsbaumteppich, der auch während der übrigen Zeit im Jahr verwendet werden kann. Der Teppich besteht aus Textilgarn aus recycelten Stoffen und Kleidungsstücken. Daher fällt er hinsichtlich Dicke und Dehnbarkeit unterschiedlich aus. Und es ist schwierig zu erklären, wie viel genau Sie zunehmen müssen, damit der Teppich flach wird *(siehe auch Abbildung Seite 112)*.

Garn: Stoffgarn (Hooked Zpagetti)
Häkelnadel: 12 mm

Möglichst locker häkeln. Jede Rd mit 1 Km schließen.

5 Lm häkeln und mit 1 Km zum Ring schließen.
Runde 1: 8 fM in den Ring.
Runde 2: 1 Lm, dann in jede M 2 fM (16 M).
Runde 3: 1 Lm, *1 fM, in die nächste M 2 fM; ab * wdh (24 M).
Runde 4: 1 Lm, *2 fM, in die nächste M 2 fM; ab * wdh (32 M).
Runde 5: 1 Lm, *3 fM, in die nächste M 2 fM; ab * wdh (40 M).
Runde 6: 1 Lm, *4 fM, in die nächste M 2 fM; ab * wdh (48 M).

Schauen Sie nun, wie der Teppich abhängig von der Stärke des Stoffgarns wirkt. Schlägt er Wellen, häkeln Sie noch 1 oder 2 Rd ohne Zunahme. Zieht sich der Rand hoch, müssen Sie weiter zunehmen. Die weitere Beschreibung ist daher nur als Beispiel zu sehen, wie ein solcher Teppich gemacht werden kann.
Runde 7–8: 1 Lm, dann fM bis zum Ende der Rd (48 M).
Runde 9: 1 Lm, *5 fM, in die nächste M 2 fM; ab * wdh (56 M).
Runde 10: 1 Lm, dann fM bis zum Ende der Rd (56 M).
Runde 11: 1 Lm, *6 fM, in die nächste M 2 fM; ab * wdh (64 M).
Runde 12: 1 Lm, dann fM bis zum Ende der Rd (64 M).
Runde 13: 1 Lm, *7 fM, in die nächste M 2 fM; ab * wdh (72 M).
Runde 14: 1 Lm, dann fM bis zum Ende der Rd (72 M).
Runde 15: 1 Lm, *8 fM, in die nächste M 2 fM; ab * wdh (80 M).
Runde 16: 1 Lm, *9 fM, in die nächste M 2 fM; ab * wdh (88 M).
Runde 17: 1 Lm, *10 fM, in die nächste M 2 fM; ab * wdh (96 M).
Runde 18: 1 Lm, *11 fM, in die nächste M 2 fM; ab * wdh (104 M).
Runde 19: 1 Lm, *12 fM, in die nächste M 2 fM; ab * wdh (112 M).
Runde 20: 1 Lm, *13 fM, in die nächste M 2 fM; ab * wdh (120 M).
Runde 21: 1 Lm, *14 fM, in die nächste M 2 fM; ab * wdh (128 M).
Runde 22: 1 Lm, *15 fM, in die nächste M 2 fM; ab * wdh (136 M).
Runde 23: 1 Lm, *16 fM, in die nächste M 2 fM; ab * wdh (144 M).
Runde 24: 1 Lm, *17 fM, in die nächste M 2 fM; ab * wdh (152 M).

Die beiden folgenden Rd ergeben den Rand des Teppichs. Soll der Teppich größer werden, häkeln Sie einfach noch ein paar weitere Rd mit Zunahme wie bisher.
Runde 25: 6 Lm, 5 M überspringen, in die nächste M 1 fM, *7 Lm, 6 M überspringen, in die nächste M 1 fM; ab * noch

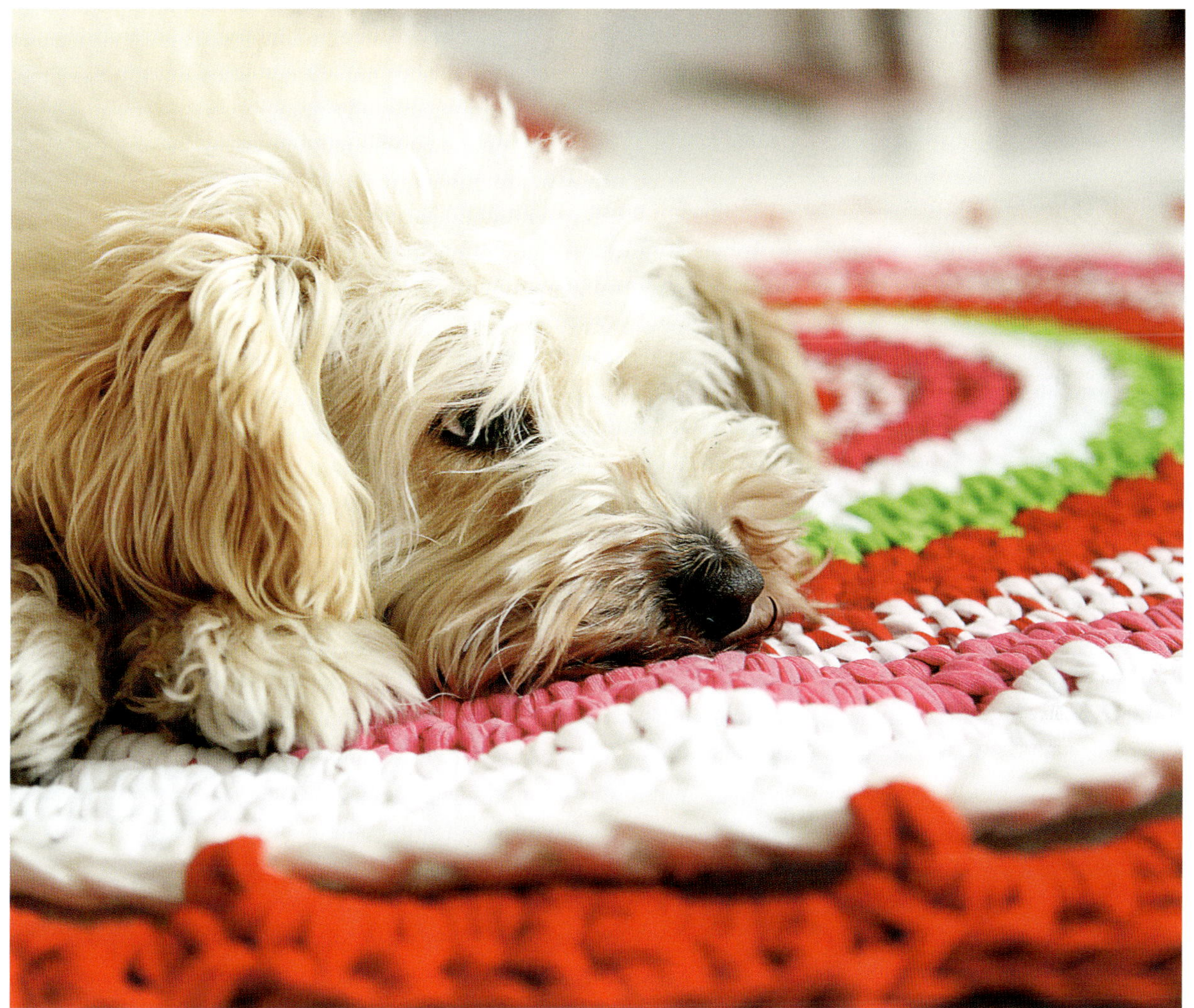

19 x wdh, dann 6 Lm, 5 M überspringen, in die nächste M 1 fM. Die Rd mit 1 Km schließen.

Runde 26: Für die Blütenblätter in jeden Lm-Bogen 1 fM, 6 Stb, 1 fM häkeln. Die Rd mit 1 Km schließen. Das Garn kürzen und den Faden durch die M ziehen.

Da sich das dicke Stoffgarn nicht gut auf eine Nadel fädeln lässt, das lose Ende mit einem Knoten an den umliegenden Fäden befestigen.

Weihnachtliche Topflappen

WEIHNACHTLICHER TOPFLAPPEN

Garn: Mandarin Petit doppelt *(siehe Seite 126)*
Garnverbrauch: ein typisches Garnresteprojekt
Häkelnadel: 4 mm

4 Lm häkeln und mit 1 Km zum Ring schließen. Jede Rd mit 1 Km schließen. Bei Rd mit Stb die Abschluss-Km in die 2. Anfangs-Lm häkeln, bei Rd mit fM in die 1. Anfangs-Lm.
Runde 1: 2 Lm (= 1. Stb), 11 Stb in den Ring.
Runde 2: 2 Lm (= 1. Stb), 1 Stb in den 1. Zwischenraum zwischen den Stb der vorherigen Rd, in jeden nachfolgenden Zwischenraum 2 Stb (12 Stb-Gruppen).
Runde 3: 2 Lm (= 2. Stb), 1 Stb in den 1. Zwischenraum zwischen den Stb der vorherigen Rd, *in den nächsten Zwischenraum zwischen 2 Stb-Gruppen 3 Stb; ab * wdh bis zum Ende der Rd (12 Stb-Gruppen).
Runde 4: 1 Lm, in alle M 1 fM, jedoch in jede 3. M 2 fM bis zum Ende der Rd.
Runde 5: 2 Lm, in jede M 1 Stb bis zum Ende der Rd.
Runde 6: 1 Lm, in alle M 1 fM, jedoch in jede 4. M 2 fM bis zum Ende der Rd.
Runde 7: 1 Lm, in alle M 1 fM, jedoch in jede 5. M 2 fM bis zum Ende der Rd.
Runde 8 (Einfassung): 1 Lm, *in die nächste M 3 Stb, 2 Km; ab * wdh bis zum Ende der Rd.

Für den Aufhänger eine beliebige Anzahl Lm häkeln. mit 1 Km in die 1. Lm zur Öse schließen, dann in alle Lm je 1 Km häkeln. Garn kürzen und Faden durch die M ziehen.

TOPFLAPPEN MIT STERN

Dieser Topflappen ist mit doppeltem Garn gehäkelt und fällt groß aus. Soll er kleiner werden, nehmen Sie das Garn nur einfach.

Garn: Mandarin Petit doppelt *(siehe Seite 126)*
Garnverbrauch: ein typisches Garnresteprojekt
Häkelnadel: 3,5 mm

Die Farben beliebig nach einzelnen Rd wechseln.
5 Lm häkeln und mit 1 Km zum Ring schließen.
Alle Rd mit 1 Km in die 2. Lm Anfangs-Lm schließen.
Runde 1: 4 Lm (= 1. Stb + 2 Lm), *1 Stb in den Ring, 2 Lm; ab * noch 5 x wdh.
Runde 2: 2 Lm, 1 Stb in den Lm-Bogen der vorherigen Rd, 2 Lm *2 Stb in den nächsten Lm-Bogen, 2 Lm; ab * wdh bis zum Ende der Rd.
Runde 3: 2 Lm, 1 Stb in die Km, 1 Stb *2 Lm, in die nächste M 2 Stb, 1 Stb; ab * wdh bis zum Ende der Rd, enden mit 2 Lm.
Runde 4: 2 Lm, 1 Stb in die Km, 1 Stb, in die nächste M 2 Stb, *2 Lm, in die nächste M 2 Stb, 1 Stb, in die nächste M 2 Stb; ab * wdh bis zum Ende der Rd, enden mit 2 Lm.
Runde 5: 2 Lm, 1 Stb in die Km, 3 Stb, in die nächste M 2 Stb, *2 Lm, in die nächste M 2 Stb, 3 Stb, in die nächste M 2 Stb; ab * wdh bis zum Ende der Rd, enden mit 2 Lm.
Runde 6: 2 Lm, 1 Stb in die Km, 5 Stb, in die nächste M 2 Stb, *2 Lm, in die nächste M 2 Stb, 5 Stb, in die nächste M 2 Stb; ab * wdh bis zum Ende der Rd, enden mit 2 Lm.
Runde 7: 2 Lm, 1 Stb in die Km, 7 Stb, in die nächste M

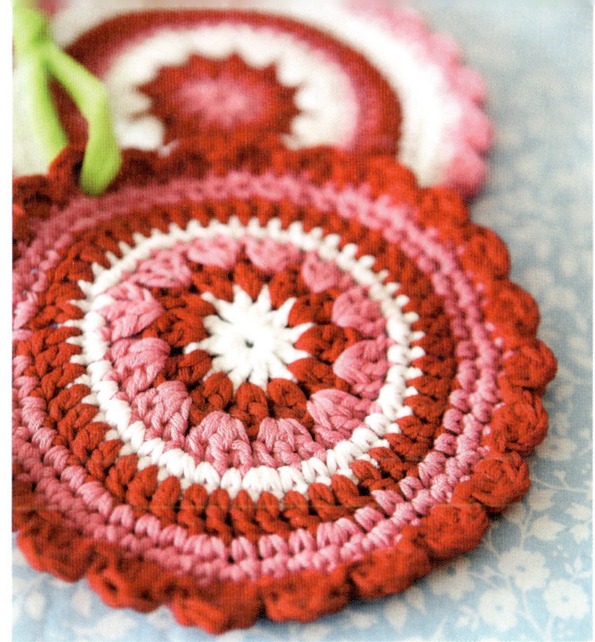

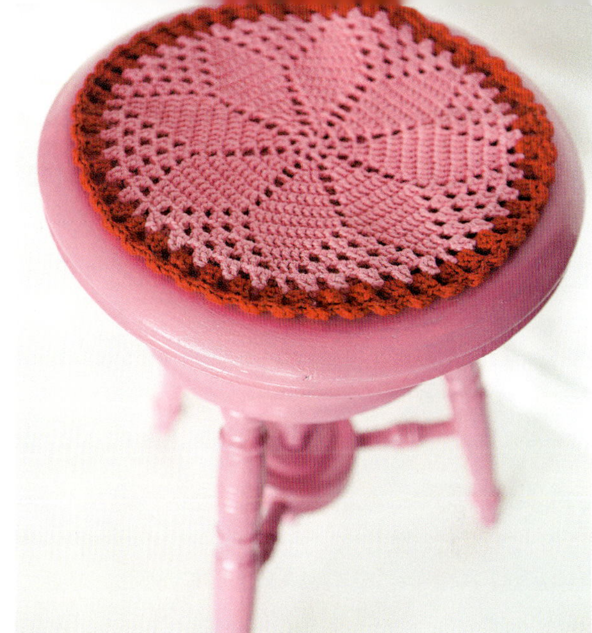

2 Stb, *2 Lm, in die nächste M 2 Stb, 7 Stb, in die nächste M 2 Stb; ab * wdh bis zum Ende der Rd, enden mit 2 Lm.

Runde 8: 1 Km, 2 Lm, 8 Stb, 2 Lm, 2 Stb in den Lm-Bogen, 2 Lm, *die 1. M des Sterns überspringen, 9 Stb, 2 Lm, 2 Stb in den Lm-Bogen, 2 Lm; ab * wdh bis zum Ende der Rd.

Runde 9: 1 Km, 2 Lm, 6 Stb, 2 Lm, 2 Stb in den Lm-Bogen, 2 Lm, 2 Stb[1], 2 Lm, *die 1. M des Sterns überspringen, 7 Stb, 2 Lm, 2 Stb[1], 2 Lm, 2 Stb[1], 2 Lm; ab * wdh bis zum Ende der Rd.

Runde 10: 1 Km, 2 Lm, 4 Stb, 2 Lm, 2 Stb in den Lm-Bogen, 2 Lm, 2 Stb[1], 2 Lm, 2 Stb[1], 2 Lm, *die 1. M des Sterns überspringen, 5 Stb, 2 Lm, 2 Stb[1], 2 Lm, 2 Stb[1], 2 Lm, 2 Stb[1], 2 Lm; ab * wdh bis zum Ende der Rd.

Runde 11: 1 Km, 2 Lm, 2 Stb, 2 Lm, 2 Stb in den Lm-Bogen, 2 Lm, 2 Stb[1], 2 Lm, 2 Stb[1], 2 Lm, 2 Stb[1], 2 Lm, *die 1. M des Sterns überspringen, 3 Stb, 2 Lm, 2 Stb[1], 2 Lm, 2 Stb[1], 2 Lm, 2 Stb[1], 2 Lm, 2 Stb[1], 2 Lm; ab * wdh bis zum Ende der Rd.

Runde 12: 1 Km, 2 Lm, 2 Lm, 2 Stb in den Lm-Bogen, 2 Lm, 2 Stb[1], 2 Lm, 2 Stb[1], 2 Lm, 2 Stb[1], 2 Lm, 2 Stb[1], 2 Lm, *die 1. M des Sterns überspringen, 1 Stb, 2 Lm, 2 Stb[1], 2 Lm, 2 Stb[1], 2 Lm, 2 Stb[1], 2 Lm, 2 Stb[1], 2 Lm, 2 Stb[1], 2 Lm; ab * wdh bis zum Ende der Rd.

Zwei gleiche Sterne anfertigen und am Rand wie folgt zusammenhäkeln:

Runde 13: *3 Stb in jeden Lm-Bogen, 3 Lm; ab * wdh bis zum Ende der Rd.

Runde 14: In die Stb der vorherigen Rd Km häkeln, in jeden Lm-Bogen 1 fM, 2 Stb, 1 fM häkeln.

Für den Aufhänger eine beliebige Anzahl Lm häkeln. mit 1 Km in die 1. Lm zur Öse schließen, dann in alle Lm 1 Km häkeln. Das Garn kürzen und den Faden durch die M ziehen.

[1] = in den nächsten Lm-Bogen

Weihnachtsschmuck

KLEINER WEIHNACHTSBAUM

Garn: Mandarin Petit *(siehe Seite 126)*
Häkelnadel: 3 mm
Sonstiges Material: Füllwatte, kleine Pompons

20 Lm häkeln.

Reihe 1: Von der 3. Lm ab der Häkelnadel an in alle M Stb häkeln (18 M). Wenden.

Reihe 2: 2 Lm, 2 Stb zusammen abmaschen (die letzten beiden Schlingen mit den letzten beiden Schlingen des 2. Stb abmaschen), 14 Stb, enden mit 2 Stb zusammen abmaschen (16 M). Wenden.

Reihe 3: 2 Lm, 2 Stb zusammen abmaschen, 12 Stb, enden mit 2 Stb zusammen abmaschen (14 M). Wenden.

Reihe 4: 2 Lm, 2 Stb zusammen abmaschen, 10 Stb, enden mit 2 Stb zusammen abmaschen (12 M). Wenden.

Reihe 5: 2 Lm, 2 Stb zusammen abmaschen, 8 Stb, enden mit 2 Stb zusammen abmaschen (10 M). Wenden.

Reihe 6: 2 Lm, 2 Stb zusammen abmaschen, 6 Stb, enden mit 2 Stb zusammen abmaschen (8 M). Wenden.

Reihe 7: 2 Lm, 2 Stb zusammen abmaschen, 4 Stb, enden mit 2 Stb zusammen abmaschen (6 M). Wenden.

Reihe 8: 2 Lm, 2 Stb zusammen abmaschen, 2 Stb, enden mit 2 Stb zusammen abmaschen (4 M). Wenden.

Reihe 9: 2 Lm, 2 x 2 Stb zusammen abmaschen (2 M). Wenden.

Reihe 10: 2 Lm, 2 x 2 Stb zusammen abmaschen (1 M). Garn kürzen und Faden durch die M ziehen.

Zwei Tannenbäumchen anfertigen und links auf links aufeinanderlegen. Am Rand entlang mit fM in einer anderen Garnfarbe zusammenhäkeln. Vor dem Schließen in den Baum etwas Füllwatte geben. Ich habe außerdem kleine Pompons (im Handarbeitsgeschäft erhältlich) aufgenäht, die Christbaumkugeln darstellen sollen. Stattdessen können Sie auch kleine Kreise häkeln und aufnähen. Als Aufhänger einen Faden durch die Spitze des Baums ziehen.

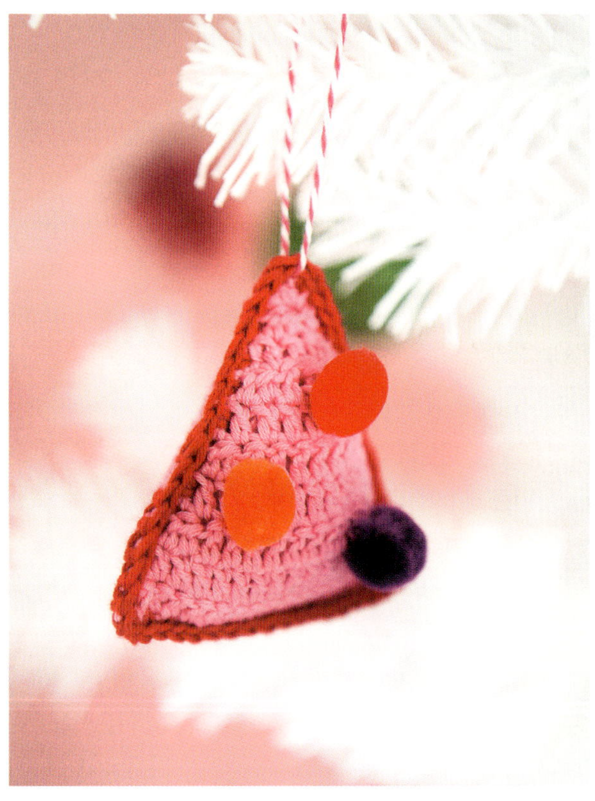

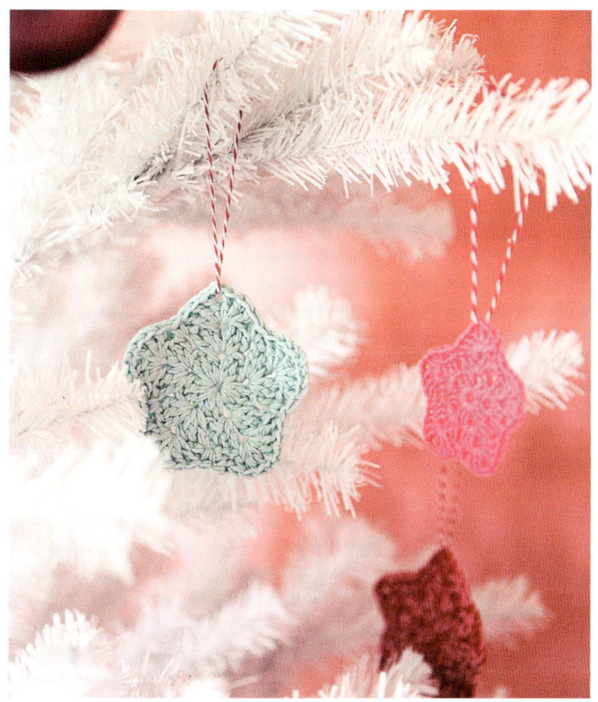

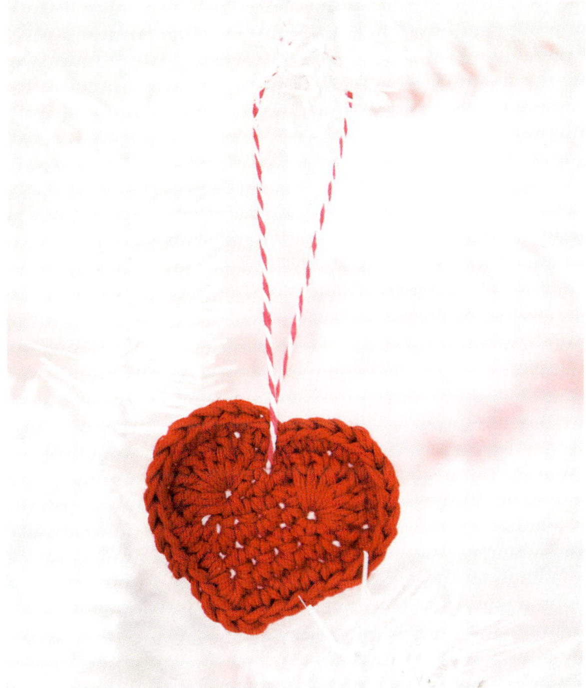

GRANNY STERN

Garn: Mandarin Petit doppelt oder einfach *(siehe Seite 126)*

Häkelnadel: 2,5 mm bei einfachem Garn, 4 mm bei doppeltem Garn

5 Lm häkeln und mit 1 Km zum Ring schließen.

Runde 1: 2 Lm (= 1. Stb), 2 Stb, 1 Lm *3 Stb, 1 Lm; ab * noch 3 x wdh, dabei alle Stb in den Ring häkeln. Die Rd mit 1 Km in die 2. Lm Anfangs-Lm schließen.

Runde 2: *2 Km, um zum nächsten Zwischenraum aus 1 Lm der vorherigen Rd zu gelangen, in den Zwischenraum 3 Stb, 2 Lm, 3 Stb häkeln, 1 Lm; ab * wdh bis zum Ende der Rd. Die Rd mit 1 Km schließen.

Runde 3: *2 Km, in die 2 Lm der vorherigen Rd 3 Stb, 2 Lm, 3 Stb häkeln, dann 1 fM in die einzelne Lm der vorherigen Rd; ab * wdh bis zum Ende der Rd. Die Rd mit 1 Km schließen.

HERZ

Garn: Mandarin Petit (*siehe Seite 126*)

Häkelnadel: 3 mm

Der Anleitung für „Größeres Herz", *siehe Seite 27*, folgen.

Weihnachtsgirlanden

Girlanden sind sehr dekorativ und schmücken nicht nur den Weihnachtsbaum, sondern auch die ganze Wohnung.

HERZCHENGIRLANDE

Garn: Mandarin Petit *(siehe Seite 126)*
Häkelnadel: 2,5 mm

4 Lm häkeln und mit 1 Km zum Ring schließen.
Runde 1: (Alle M in den Ring häkeln.) 2 Lm, 2 DStb, 3 Stb, 1 Lm, 1 DStb, 1 Lm, 3 Stb, 2 DStb, 2 Lm häkeln. Die Rd mit 1 Km in die 1. Lm schließen.
Reihe 2: 2 Lm, in die nächsten 2 DStb je 2 fM, in die nächsten 3 M je 1 fM, 1 Lm, in die nächsten 6 M je 1 fM, in die nächsten 2 M je 2 fM, 2 Lm. Die Rd mit 1 Km in die 1. Lm schließen.

Die fertigen Herzchen können Sie entweder auf einen Faden oder eine Schnur aufziehen oder mit einer Häkelschnur verbinden.

Die Häkelschnur besteht aus jeweils 42 Lm zwischen den Herzen. Von der Schnur aus 4 Lm zum Herz hin häkeln und mit 1 fM am Herz festhäkeln. Dann wieder 4 Lm zurück zur Schnur häkeln und dort mit 1 Km zur Öse schließen. Dann wieder 42 Lm zum nächsten Herz häkeln usw.

WIMPELGIRLANDE

Garn: Mandarin Petit *(siehe Seite 126)*
Häkelnadel: 2,5 mm

16 Lm häkeln.
Reihe 1: Ab der 2. Lm nach der Häkelnadel 15 fM häkeln, enden mit 1 Lm. Wenden.
Reihe 2: 12 fM, 1 Km, enden mit 1 Lm. Wenden.
Reihe 3: Die 1. M überspringen, 12 fM, enden mit 1 Lm. Wenden.
Reihe 4: 9 fM, 1 Km, enden mit 1 Lm. Wenden.
Reihe 5: Die 1. M überspringen, 9 fM, enden mit 1 Lm. Wenden.
Reihe 6: 9 fM, 3 Lm, enden mit 1 Lm. Wenden.
Reihe 7: In jede der 3 Lm 1 fM, dann 9 fM, enden mit 1 Lm. Wenden.
Reihe 8: 12 fM, 2 Lm, enden mit 1 Lm. Wenden.
Reihe 9: In jede der 2 Lm 1 fM, dann 12 fM. Das Garn kürzen und den Faden durch die M ziehen.

Das Kreuz auf den Wimpeln mit Km so aufhäkeln, dass es in der Mitte liegt.

Die fertigen Wimpel mit etwas Wasser besprengen und bügeln, damit sie glatter werden. Dann wie folgt zusammenhäkeln:

30 Lm, dann den Wimpel an der Schmalseite mit fM festhäkeln. 20 Lm zum nächsten Wimpel häkeln. Auf diese Weise alle Wimpel befestigen. Enden mit 30 Lm. Das Garn kürzen und den Faden durch die M ziehen.

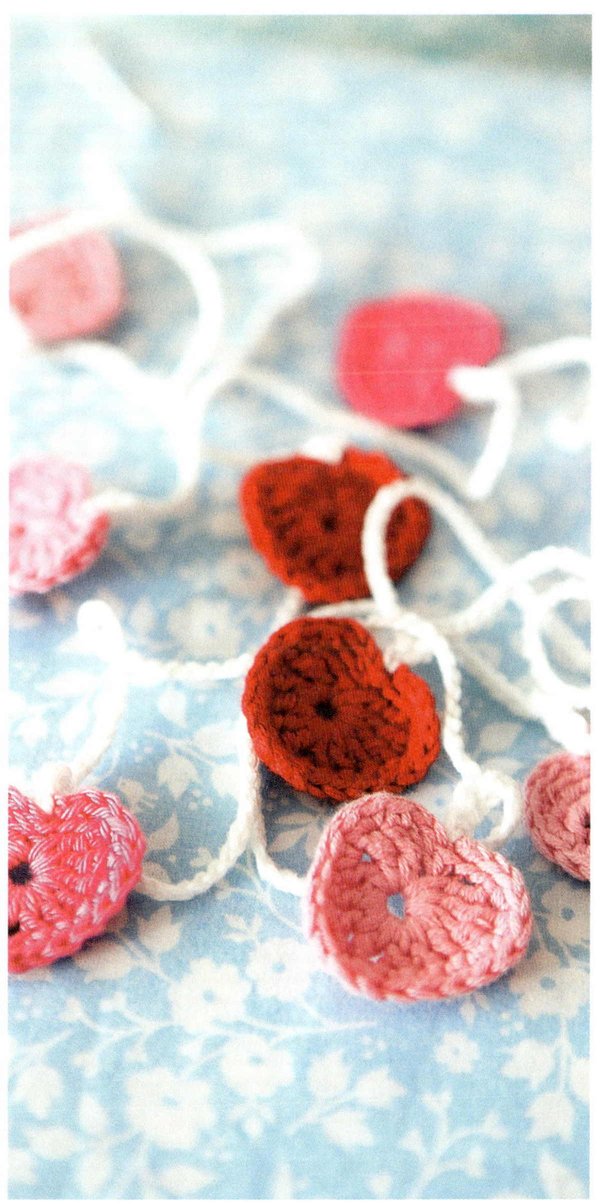

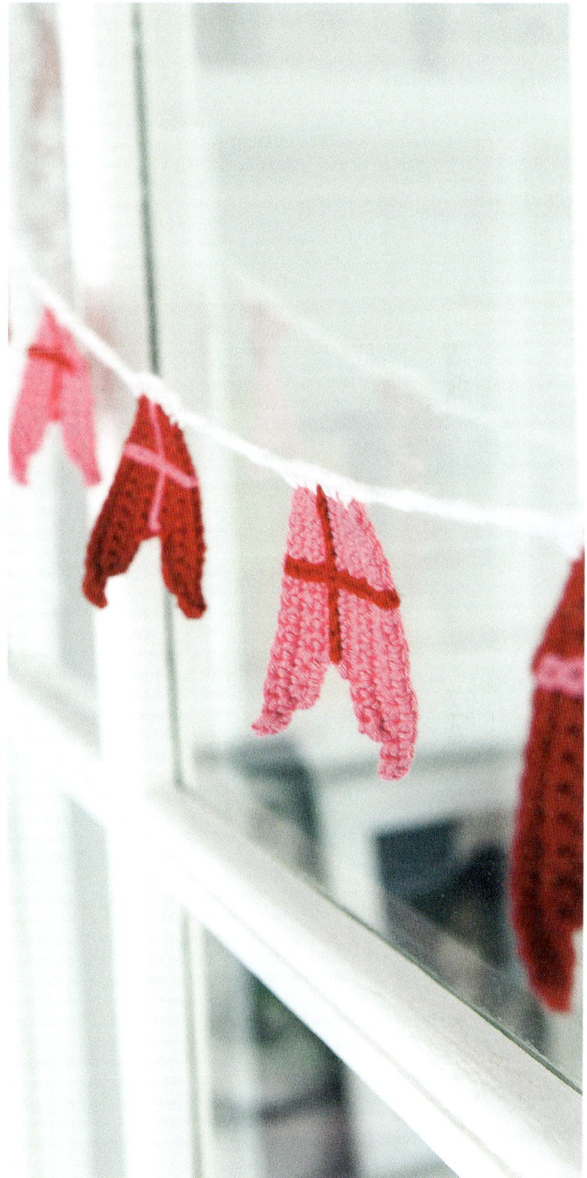

Wichtelmütze

Garn: Mandarin Petit, doppelt *(siehe Seite 126)*
Garnverbrauch: 100 g in Weiß, 100 g in Rot, 50 g in Grün
Häkelnadel: 4 mm

Jede Rd mit 1 Km in die Anfangs-Lm schließen. Alle 5 Rd zwischen Rot und Weiß wechseln. In Rot beginnen und nach 6 Rd zum ersten Mal die Farbe wechseln.
Diese Größe passt den meisten Kindern. Für eine kleinere Mütze weniger zunehmen, für eine größere Mütze mehr zunehmen, als in der Anleitung angegeben.

4 Lm häkeln, mit 1 Km in die 1. Lm zum Ring schließen.
Runde 1: 1 Lm, 6 fM in den Ring.
Runde 2: 1 Lm, dann in jede M 2 fM (12 M).
Runde 3–76: 1 Lm, dann fM bis zum Ende der Rd (12 M).
Runde 77: 1 Lm, *1 fM, in die nächste M 2 fM; ab * wdh (18 M).
Runde 78: 1 Lm, dann fM bis zum Ende der Rd (18 M).
Runde 79: 1 Lm, *2 fM, in die nächste M 2 fM; ab * wdh (24 M).
Runde 80: 1 Lm, dann fM bis zum Ende der Rd (24 M).
Runde 81: 1 Lm, *3 fM, in die nächste M 2 fM; ab * wdh (30 M).
Runde 82: 1 Lm, dann fM bis zum Ende der Rd (30 M).
Runde 83: 1 Lm, *4 fM, in die nächste M 2 fM; ab * wdh (36 M).
Runde 84: 1 Lm, dann fM bis zum Ende der Rd (36 M).
Runde 85: 1 Lm, *5 fM, in die nächste M 2 fM; ab * wdh (42 M).
Runde 86: 1 Lm, dann fM bis zum Ende der Rd (42 M).
Runde 87: 1 Lm, *6 fM, in die nächste M 2 fM; ab * wdh (48 M).
Runde 88: 1 Lm, dann fM bis zum Ende der Rd (48 M).
Runde 89: 1 Lm, *7 fM, in die nächste M 2 fM; ab * wdh (54 M).
Runde 90: 1 Lm, dann fM bis zum Ende der Rd (54 M).
Runde 91: 1 Lm, *8 fM, in die nächste M 2 fM; ab * wdh (60 M).
Runde 92: 1 Lm, dann fM bis zum Ende der Rd (60 M).
Runde 93: 1 Lm, *9 fM, in die nächste M 2 fM; ab * wdh (66 M).
Runde 94: 1 Lm, dann fM bis zum Ende der Rd (66 M).
Runde 95: 1 Lm, *10 fM, in die nächste M 2 fM; ab * wdh (72 M).
Runde 96–111: 1 Lm, dann fM bis zum Ende der Rd (72 M).
Runde 112–116: Zu Grün wechseln. 1 Lm, dann fM bis zum Ende der Rd (72 M).
Letzte Runde: Zu Rot wechseln und am Rand entlang fM von links nach rechts (Krebsmaschen) häkeln.

POMPON

An das Ende des Zipfels habe ich einen großen Pompon genäht. Die Herstellung ist einfach: Zwei Pappscheiben kreisförmig zuschneiden, in der Mitte jeweils einen kleinen Kreis ausschneiden. Das Garn im Kreis um die beiden Pappscheiben wickeln, bis kein Platz mehr ist. Dann das Garn zwischen den Pappscheiben aufschneiden, zwischen den Pappscheiben ein Stück Garn um die Fäden binden, fest anziehen und festknoten. Die Pappscheiben entfernen und den Bommel an der Mütze festnähen.

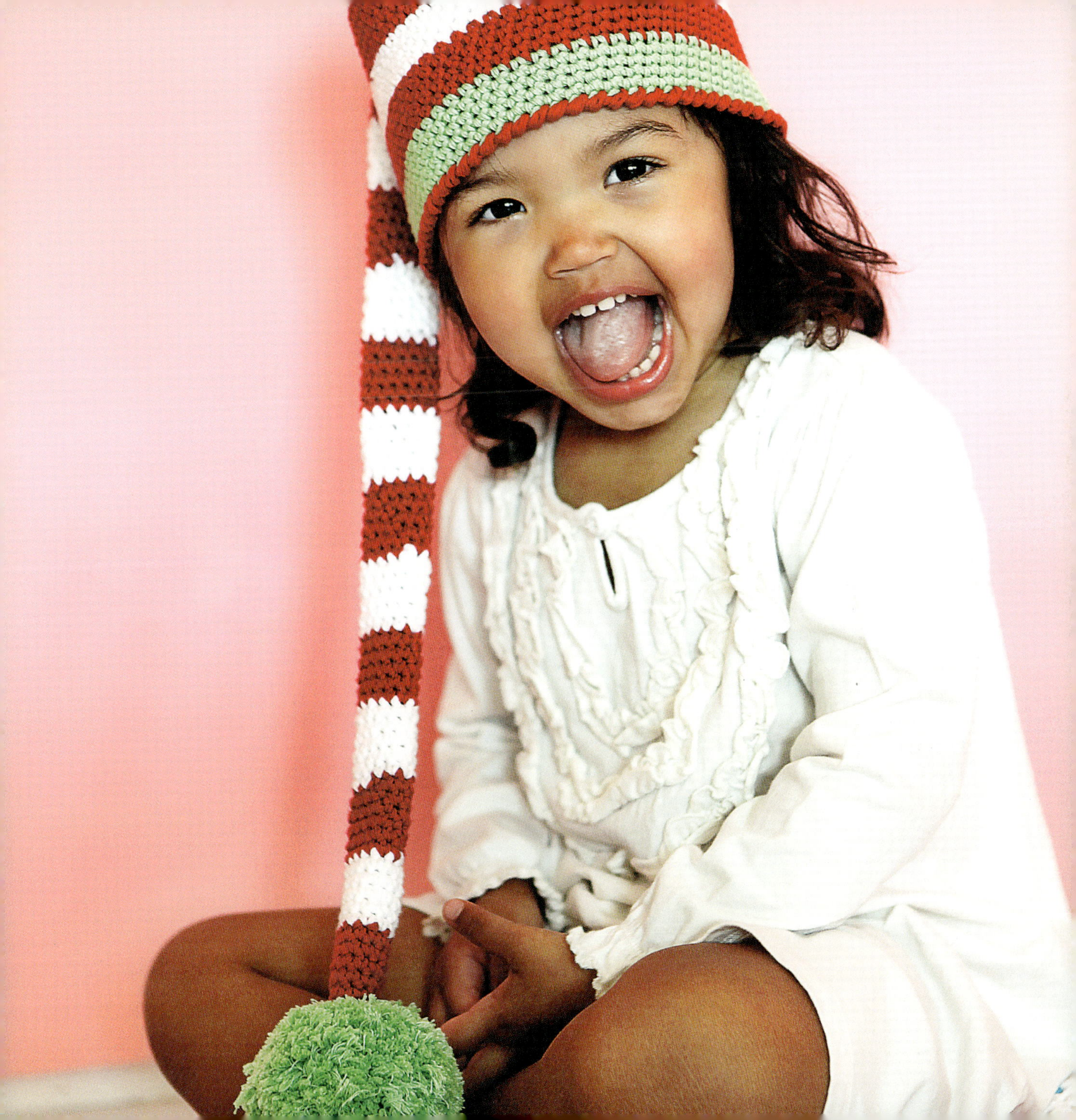

Drahtformen umhäkeln

In Bastelgeschäften sind die vrschiedensten Drahtformen erhältlich, unter anderem findet man auch Herz- und Sternformen. Hier habe ich unterschiedlich große Herzen verwendet. Das große Herz wurde letztes Jahr mit Moos überzogen, dieses Jahr sieht es ganz anders aus.

ANLEITUNG

Das große Herz habe ich mit einer Häkelnadel in Stärke 12 mm vollständig mit fM in Textilgarn (Hooked Zpagetti) umhäkelt. Bei diesem Beispiel habe ich die fM abwechselnd zu beiden Seiten des Stahlrahmens gearbeitet. Dazu nimmt man das Garn nach jeder M abwechselnd von der einen und von der anderen Seite auf. Das Garnende an einer geeigneten Stelle festknoten.

Bei den kleinen Herzen habe ich mit einer Häkelnadel Stärke 3 mm das Garn für die fM immer auf derselben Seite des Stahlrahmens aufgenommen. Das Garn kürzen und den Faden durch die M ziehen. Das Ende vernähen oder als Aufhänger verwenden, wie beim ganz großen Herz in der Abbildung auf der rechten Seite.

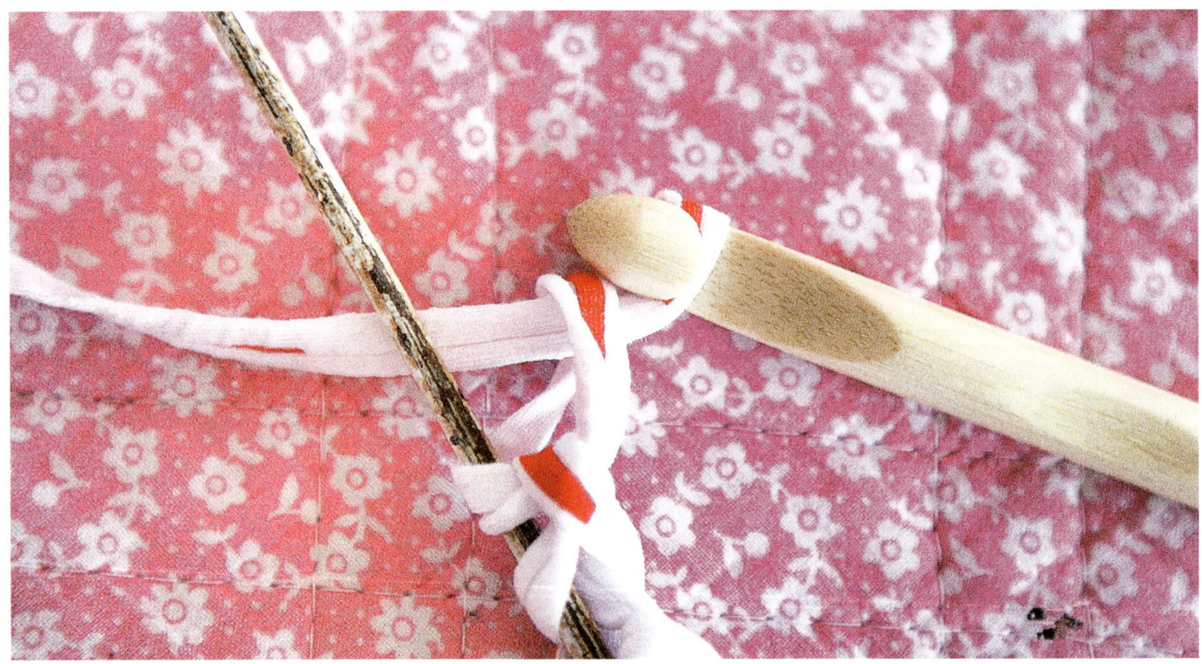

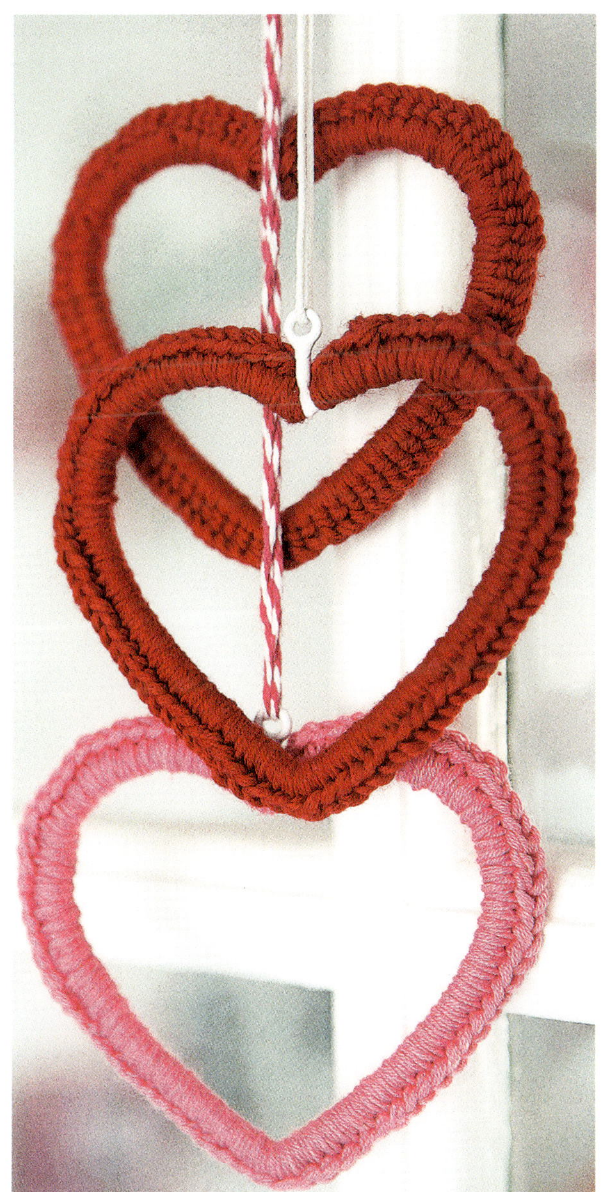

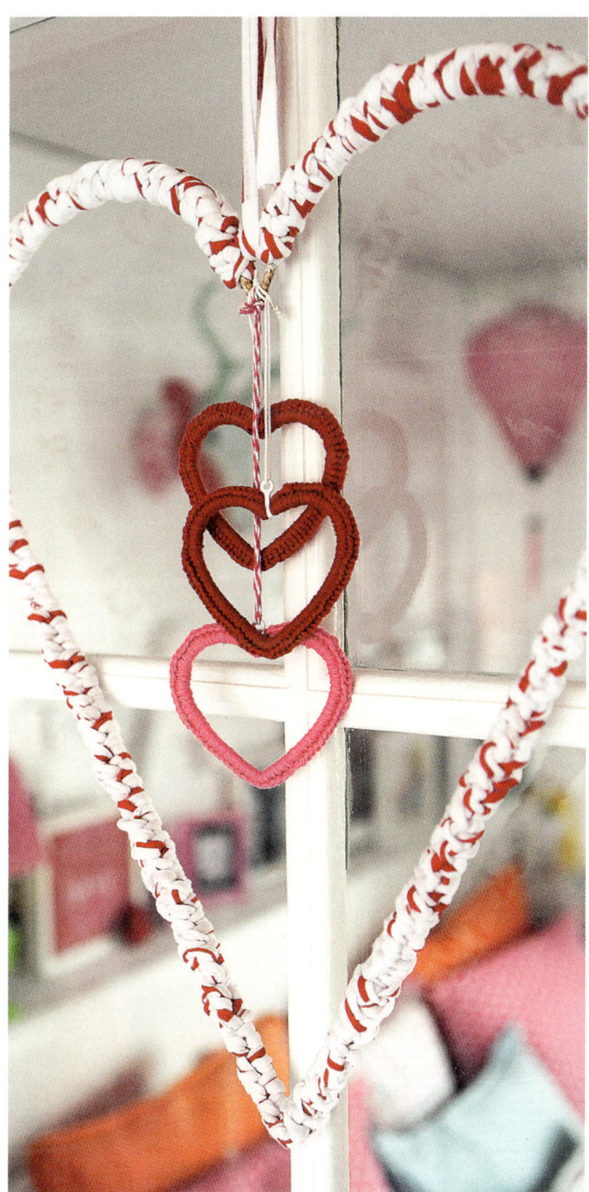

Garnverzeichnis

Im Buch wurden fast nur die Garne Mandarin Petit und Sandnes Duo von Sandnes Garn verwendet. Die Farbnummern finden Sie in der Tabelle. Online zu bestellen über http://www.schmeichelgarne.de bzw. über https://shop.strato.de/epages/61377086.sf/

Mandarin Petit

100 % BAUMWOLLE, LL 180 M/50 G

Farbe	Nummer
WEISS	1001
NATURWEISS	1002
GELB	2315
ORANGE	2709
KORALLE	4007
ROT	4418
PINK	4517
ROSA	4505
HELLROSA	4301
LILA	4915
MARINE	6073
TÜRKIS	6705
HELLLILA	5212
MITTELLILA	5314
DUNKELLILA	5226
HELLTÜRKIS	6803
LIMONE	8722
GRÜN	8514

Sandnes Duo

55 % MERINOWOLLE, 45 % BAUMWOLLE, LL 124 M/50 G

Farbe	Nummer
NATURWEISS	1002
HELLBRAUN	244141
DUNKELBRAUN	3161
HELLROSA	4312
ROSA 1	4515
ROSA 2	4616
LILA	4823
DUNKELLILA	4762
ROT	4219
PETROL	6534
HELLGRAU	6030
DUNKELGRAU	5873
SCHWARZ	1099
ORANGE	2709

Für die Projekte auf Seite 34, 42 und 48 wurde außerdem rotes Garn eines anderen Herstellers verwendet: Mark & Kattens Flox (100 % Baumwolle, LL 140 m/50 g), Farbnummer 4747-1765, online zu bestellen über www.marks-kattens.se.

Danke!

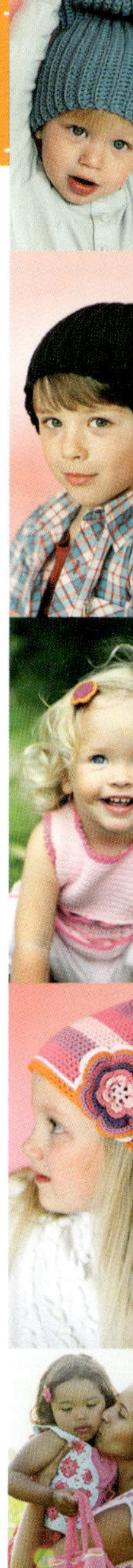

EIN GROSSES UND HERZLICHES DANKESCHÖN AN ALL DIEJENIGEN, OHNE DIE DAS BUCH NICHT ZUSTANDE GEKOMMEN WÄRE:

Leo und Ozzy – meine geliebten Kinder - danke für all die Inspiration und das Licht, das ihr in mein Leben bringt. Ich liebe euch!!!

Ronnie - mein geliebter Mann, der mich in meiner Begeisterung und meinen Ideen unterstützt - danke, dass es dich in meinem Leben gibt und dass du verstehst, wofür ich brenne und kämpfe. Ich liebe dich!

Mama Kerstin - danke, Mama, für all die Hilfe, die ich trotz deiner Gelenkschmerzen von dir bekomme. Danke, dass du mir das Häkeln beigebracht, beim Anfertigen vieler Modelle im Buch geholfen, Tipps beigesteuert und beim Korrekturlesen geholfen hast. Ohne dich hätte es niemals ein Buch gegeben!

Papa Owe - für die allgemeine Unterstützung und die Betreuung der Kinder zusammen mit Mama.

Tante Lisbeth Grandin mit ihrem Garngeschäft 2knit. Danke für die Anregungen, die Tipps und das Sponsoring mit Material für die Modelle im Buch.

Petra Setterberg - meine Freundin, die mich während der ganzen Zeit motiviert hat und auch das wunderbare Layout des Buchs erstellt hat. Du bist die Beste, Petra!

Linda Cibri mit ihrem Geschäft Sally Butiken, die mich nicht nur mit Inspirationen und positiver Rückmeldung unterstützt hat, sondern auch Requisiten aus ihrem Laden zur Verfügung gestellt hat, durch die meine Fotos sehr viel hübscher geworden sind. Danke für deinen Einsatz!

Sandnes Garn hat mich mit vielen schönen Garnen für die Modelle in diesem Buch gesponsort. Danke, Birgitta Andersson, für Ihre Großzügigkeit, jedes Mal, wenn ich um Garn gebeten habe.

Cotton & Button heißt die Marke der vielen schönen Schlafanzüge und Nachthemden, die die Models in meinem Buch tragen. Danke, Charlotta Persson, dass ich Ihre schönen Sachen leihen durfte, durch die meine Häkelwerke noch viel schöner aussehen.

Familie Skoglund, Anna und Maya, ihr seid in jeder Hinsicht toll, sodass ich gar nicht weiß, wo anfangen. Ich bin unglaublich dankbar, dass ihr euch als Models für mein Buch zur Vefügung gestellt habt. Unglaublich, solche Model-Talente als Nachbarn zu haben.

Bei Meja Grankvist möchte ich mich bedanken für eine unglaublich gute Arbeit als Fotomodell für einen Tag. Du bist fantastisch!

Malin Magnusson und die kleine Ebba – mein jüngstes Modell, das mich ganz schön herumrennen und auf allerlei Möbel steigen ließ, damit ich schließlich die süße Maus endlich auf einem Bild festhalten konnte. Danke Mama Malin und Ebba, wir haben gute Arbeit geleistet!

Schließlich möchte ich meinem Verlag danken, dem Ica Bokförlag, und dort besonders meinen Redakteuren, Heidi-Maria Wallinder und Roger Carlsson, die an mich geglaubt und mich auf dem Weg durch diesen für mich ganz neuen, mit viel Freude verbundenen Auftrag begleitet haben.

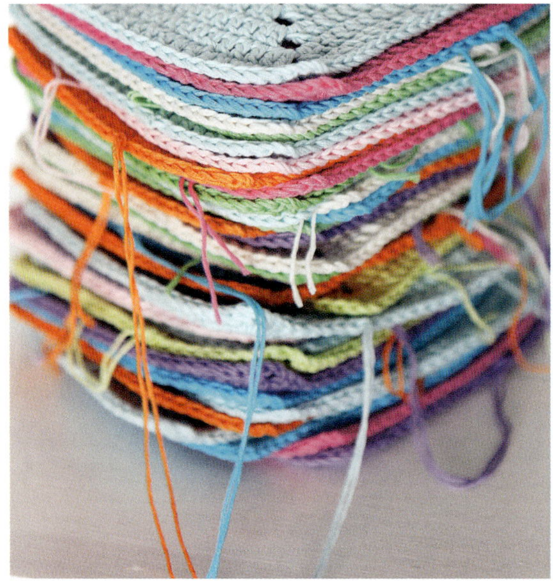

ISBN 978-3-8094-3435-1

3. Auflage 2022

Originaltitel: Färgglad virkning

Umschlaggestaltung: Atelier Versen, Bad Aibling
Fotos: Therese Hagstedt
Illustrationen: Jan Jäger
Projektleitung: Herta Winkler
Übersetzung: Heike Scherer
Producing: Thema media GmbH & Co. KG, München
Herstellung: Elke Cramer

Druck und Bindung: PBtisk, a. s., Pribram

Printed in the Czech Republic

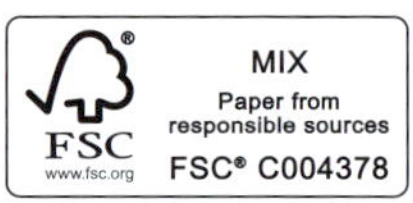

Penguin Random House Verlagsgruppe FSC® N001967